Wirtschaft & Recht

für das Gymnasium

Band 1
für die Jahrgangsstufe 9

bearbeitet von Gotthard Bauer
Michael Demel
Jochen Frickel
Juliane Frickel
Ina Hesse

C.C. Buchner Bamberg

Wirtschaft & Recht 1

für das Gymnasium
Jahrgangsstufe 9

Autoren: Gotthard Bauer (Kapitel 2.2, Kapitel 3)
Michael Demel (Kapitel 2.1, Kapitel 2.3)
Jochen Frickel (Kapitel 1.2)
Juliane Frickel (Kapitel 1.3)
Ina Hesse (Kapitel 1.1, Kapitel 2.2)

Dieses Werk folgt der reformierten Rechtschreibung und Zeichensetzung. Ausnahmen bilden Texte, bei denen künstlerische und lizenzrechtliche Gründe einer Änderung entgegenstehen.

1. Auflage 5 4 3 2 2011 2010 2009 2008 2007
Die letzte Zahl bedeutet das Jahr dieses Druckes.
Alle Drucke dieser Auflage sind, weil untereinander unverändert, nebeneinander benutzbar.

Grafische Gestaltung und Herstellung: creo Druck & Medienservice GmbH, Bamberg
Umschlaggestaltung: Renate Gunnermann, creo Druck & Medienservice GmbH, Bamberg
Druck- und Bindearbeiten: Stürtz GmbH, Würzburg

ISBN 978-3-7661-**7221**-1

Die Reihe Wirtschaft & Recht wurde für das G8 des bayerischen Gymnasiums neu entwickelt. Dabei wurde großer Wert auf die didaktischen Prinzipien **Handlungsorientierung**, **Methodenorientierung** und **Nachhaltiges Lernen** gelegt.

Zur Arbeit mit dem Buch

Jede Lehrplaneinheit beginnt mit einer **Auftaktseite**, die collageartig gestaltet ist und einen motivierenden Einstieg in das Kapitel eröffnet.

▶M12
▶M12

Daran schließt sich der **Materialteil, eine strukturierte Sammlung vielfältiger Quellen** (Autorentexte, Zeitungsartikel, Karikaturen, Statistiken, ...) zu einem Thema. Die Auswahl der Quellen ermöglicht einen handlungsorientierten und abwechslungsreichen Unterricht und fördert das selbstständige, methodische Arbeiten der Schülerinnen und Schüler. Die Materialien sind unterteilt in „Lernmaterialien" (farbiger Pfeil vor der Materialnummer) und „Arbeitsmaterialien" (grauer Pfeil vor der Materialnummer). **Lernmaterialien** dienen insbesondere der Vermittlung der zentralen Fachinhalte. **Arbeitsmaterialien** eignen sich als Unterrichtseinstiege, Problematisierungen oder Vertiefungen. Die Vielfalt der Quellenmaterialien stellt ein **Angebot für Lehrerinnen und Lehrer** dar und eröffnet **Freiräume für eigene Schwerpunktsetzungen**.

Infobox

Infoboxen erklären kurz und prägnant wichtige Begriffe.

Aufgaben

Die **Arbeitsaufträge** geben Anregungen zur Übung, Wiederholung sowie zum erweiterten Transfer und wollen die Schülerinnen und Schüler befähigen, in wirtschaftlichen und rechtlichen Entscheidungssituationen als „mündige Bürger" bewusst zu handeln. Sie sind durch entsprechende Verweise konkret auf einzelne Quellen bezogen und deshalb von den Schülerinnen und Schülern leicht selbstständig zu bearbeiten.

Methode

Methodenseiten dienen dazu, wichtige Methoden des Faches (Textarbeit, Expertengespräch, Internetrecherche, ...) vorzustellen und sinnvoll auf die jeweiligen Inhalte anzuwenden. So werden die Schülerinnen und Schüler motiviert, methodengeleitet zu lernen.

Zusammenfassung

Am Ende der Unterkapitel stehen **Zusammenfassungen der wichtigsten Inhalte eines Kapitels**. In der Randspalte wird auf die zur Wiederholung, zur Nacharbeit oder zur Vorbereitung einer Leistungsmessung besonders geeigneten Lernmaterialien verwiesen.

Im **Serviceteil** befinden sich eine **Sammlung wichtiger Paragrafen**, eine **Sammlung nützlicher Internetadressen** und ein **ausführliches Stichwortregister**.

Inhaltsverzeichnis

Bildnachweis

Agentur Focus/Justin Jin, Hamburg – S. 75; Jost Amman, Die Stände, 114 Holzschnitte. Mit erl. Texten von Hans Sachs, Nürnberg 1962, S. 70 – S. 50; Archiv für Kunst und Geschichte, Berlin – S. 51; Argus, Hamburg – Titel; Artvertise- Fotodesign & Werbung, Gütersloh – S. 7; Gotthard Bauer, München – S. 33; Bildagentur-online, Burgkunstadt – S. 7; Bilder-Box/Erwin Wodicka, A-Thening – S. 58; BMW AG, München – S. 138, 139; Bulls Press, Frankfurt – S. 10, 12, 26; Bernard Canavan, Economists for Beginners, Writers and Readers, Publishing Cooperative Limited, London 1982, S. 19f. – S. 136; CARO Fotoagentur, Berlin – S. 93; CCC – Cartoon-Caricature-Contor, Pfaffenhofen – S. 42, 51; Coca-Cola GmbH, Berlin – S. 22; Daimler-Chrysler AG, Communications Media Support, Stuttgart – Titel, 51; Das Fotoarchiv/Markus Matzel, Essen – S. 121; Dpa Picture-Alliance, Frankfurt – 57, 72, 125; Ecopix Fotoagentur, Berlin – S. 80; Editions Albert Renè, Paris – S. 32, 33, 103; Evangelischer Pressedienst, Frankfurt – S. 21; F1-online, Frankfurt – S. 93; Foto-Kunst-Presse, Peter Sundermann, Dortmund – S. 7; Jochen Frickel, Grafing – S. 57; Globus Infografik, Hamburg – S. 10, 20, 23, 34, 43 (2), 45, 46, 47, 55, 57, 60, 63, 129, 145; Images.de digital, Berlin – Einband; Institut der Deutschen Wirtschaft, Köln – S. 128; Mauritius, Mittenwald – Titel, 7; Pan Maximilian, London – S. 114; Panini Verlags GmbH, Nettetal – S. 113; Preußischer Kulturbesitz, Berlin – S. 116; Random Acts of Management/Scott Adams, London – S. 114, 144; Erich Schmidt Verlag, Berlin – S. 125; Süddeutsche Zeitung, München – S. 114; VISUM/Sven Döring, Hamburg – S. 53; VISUM/Stefan Härtel, Hamburg – S. 80; VISUM/Markus Hanke, Hamburg – S. 7; VISUM/Andy Ritter, Hamburg – S. 12; VISUM/Heiko Specht – S. 119; Vodafone, Ratingen – S. 48; Wolfram Weiner, Eine Geschichte des Geldes, 1. Aufl., Insel Verlag, Frankfurt – S. 30

1 Wirtschaftliches Handeln der privaten Haushalte

1.1 Entscheidungen beim Konsum

1.1.1 Wie entscheiden Verbraucher?

M1 Entscheidungen beim Konsum

Bettina: Ich brauche noch Geld für die Schullektüre in Deutsch. Und dann wollte ich auch mit Jasmin und Tina ins Kino.

Fr. Fischer: Fürs Kino musst du schon dein Taschengeld verwenden. Die Schullektüre bezahle ich selbstverständlich.

Bettina: Aber Mama, mit dem Taschengeld habe ich doch schon meine neue Handykarte bezahlt – und sogar das Shampoo! Jetzt sind nur noch 3 Euro übrig.

Fr. Fischer: Naja, du musst dir dein Geld eben besser einteilen. Ich muss diesen Monat jedenfalls noch die Autoreparaturrechnung überweisen und dann hat dein Bruder ja auch Geburtstag. Da sind keine unvorhergesehenen Ausgaben mehr drin.

Bettina: Dann hebe ich eben was von meinem Sparbuch ab.

Fr. Fischer: Das lässt du schön bleiben! Tante Juliane finanziert dir mit ihren regelmäßigen Einzahlungen den Führerschein. Wenn du 18 bist, kannst du ihn damit bezahlen. Du wirst wohl an deine Babysittingkasse gehen müssen, oder ist die etwa leer?

Bettina: Ja, ja, ich weiß schon – Bert ist natürlich wichtiger. Ist ja typisch. Und überhaupt, meine Freundin Birgit bekommt immer alles von ihrer Mutter!

Autorentext

Aufgaben

1. Erstelle eine Liste deiner Wünsche und ordne sie nach ihrer Dringlichkeit. Vergiss nicht, die Preise für die einzelnen Dinge anzugeben. Vergleiche deine Liste mit der deines Nachbarn. Welche Unterschiede stellst du fest?
2. Begründe, ob Bettina ihr Taschengeld monatlich oder wöchentlich erhalten sollte (M1).
3. Stelle dir vor, du bist Bettinas Bruder/Schwester. Versuche bei ihr Verständnis für ihre Mutter zu gewinnen und einen Ausweg aus ihrer (chronischen) Geldnot zu weisen.

M2 Die Qual der Wahl

Bettinas knappe Finanzmittel erlauben ihr leider nicht, den Kinobesuch mit ihren Freundinnen zu bestreiten und Geld für den verbleibenden Monat zu sparen. In ihrer Babysittingkasse befinden sich noch 15 Euro, sodass sie mit den übrigen drei Euro ihres Taschengeldes über 18 Euro verfügt. Sie überlegt nun, ob sich nicht ein einträglicher Job als das Kinderhüten finden lässt. Folgende Alternativen stehen zur Wahl:

Alternative / Kriterien	Babysitting	Bewertung	Zeitungen austragen	Bewertung	Nachhilfe in Mathe geben	Bewertung
Stundenlohn	5 Euro		7 Euro		6 Euro	
Zeitaufwand pro Woche	durchschnittlich 2 Stunden		2 Stunden		1 Stunde, vor Test mehr	
Spaß an der Arbeit	groß – niedliches Kind		gering, vor allem bei Regen		ist o.k., wenn der Schüler mitmacht	
Anfahrtsweg	keiner, bei den Nachbarn		Zeitungen abholen: 10 Minuten		15 Minuten (hin und zurück)	
Flexibilität	nein, auf Abruf		nein, immer dienstags vor 18 Uhr		ja, da einzeln zu vereinbaren	
Summe						

Man bezeichnet eine solche Darstellungsweise auch als einfache Entscheidungsmatrix. Sie kann Entscheidungen – ob wie hier für einen Job oder auch bei einem Kauf – erleichtern.
Im Kopf der Tabelle werden die verschiedenen Entscheidungsalternativen mit einem Stichwort eingetragen. Anschließend werden Kriterien ausgewählt, die für die Entscheidung maßgeblich sind. Bettina hat sich auf fünf Kriterien beschränkt, die Matrix kann jedoch um weitere Alternativen und/oder Kriterien erweitert werden. Für jede Alternative werden nun die einzelnen Kriterien bewertet, wobei das beste 10, das schlechteste 1 Punkt erhält. Die Bewertungen für die einzelnen Kriterien werden addiert. Die Alternative mit der höchsten Summe ist die beste.
Autorentext

M3 Die gewichtete Entscheidungsmatrix

Alternativen		Babysitting		Zeitungen austragen		Nachhilfe in Mathe geben	
Kriterien	Gewichtung	Bewertung	gewichtete Bewertung	Bewertung	gewichtete Bewertung	Bewertung	gewichtete Bewertung
Stundenlohn	30 %						
Zeitaufwand	30 %						
Spaß	15 %						
Anfahrt	10 %						
Flexibilität	15 %						
Summe	100 %						

Gewichtung

Bewertung: Beste ist 10

Bewertung x Gewichtung

In der einfachen Entscheidungsmatrix wird nicht berücksichtigt, dass die Entscheidungskriterien von unterschiedlicher Bedeutung sein können. In der gewichteten Entscheidungsmatrix werden die einzelnen Kriterien deshalb zusätzlich durch Prozentangaben gewichtet. Alle Prozentangaben müssen addiert 100 ergeben. Die durchschnittliche Wichtigkeit ergibt sich, wenn man 100 % durch die Anzahl der Kriterien (im Beispiel: 5) teilt. Für Bettina sind beispielsweise die Kriterien Stundenlohn und Zeitaufwand relativ wichtig (deshalb mit 30 % überdurchschnittlich gewichtet), während der Anfahrtsweg für sie keine entscheidende Rolle spielt, da sie gerne mit ihrem Rad fährt (deshalb mit 10 % unterdurchschnittlich gewichtet). Am Ende werden die vergebenen Punkte für die einzelnen Kriterien mit der Gewichtung multipliziert, so ergibt sich eine gewichtete Bewertung der Kriterien einer Alternative. Wie auch bei der einfachen Entscheidungsmatrix ist die Alternative mit der höchsten Summe der Punktzahlen die beste.
Autorentext

Aufgaben

1. Bewerte aus der Sicht Bettinas die einzelnen Kriterien in M2 und bestimme die beste Alternative.
2. Übertrage die Tabelle in M3 in dein Heft und berechne nun die gewichteten Punktzahlen für die angegebenen Alternativen.
3. Überlege, welche Vor- und Nachteile das Arbeiten mit einer Entscheidungsmatrix hat (M2, M3).

M4 Jugend und Konsum

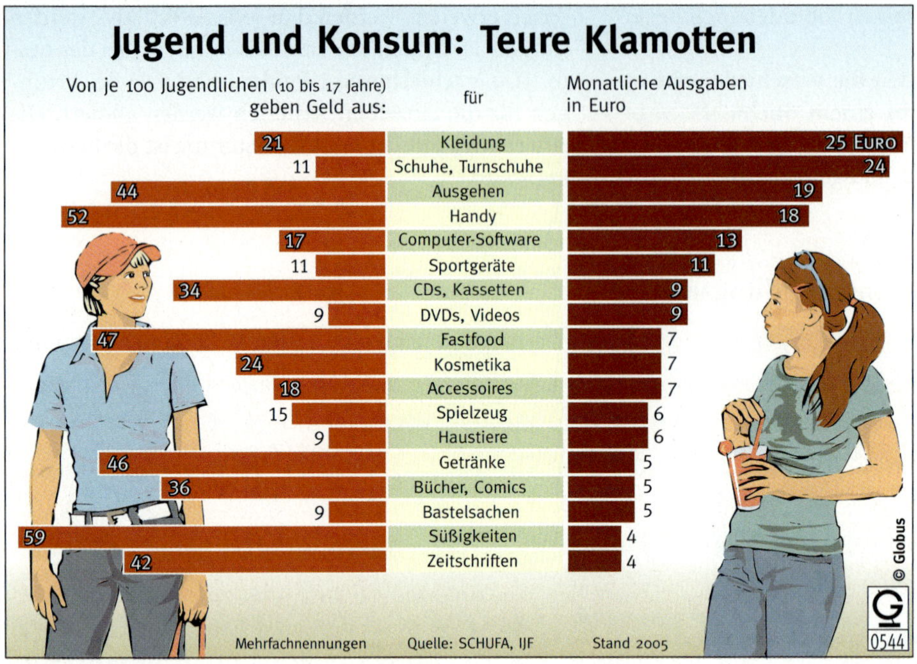

Eis, Hamburger oder coole Turnschuhe – es gibt viele Dinge, die die „Jugendlichen von heute“ so brauchen. Am häufigsten geben die 10- bis 17-Jährigen Geld für Süßes aus (59 Prozent), am meisten für Kleidung (durchschnittlich 25 Euro im Monat). Wie viel der Einzelne ausgibt, hängt sehr vom Alter und von den Einnahmen ab. Umgerechnet auf alle, geben die Jugendlichen 39 Euro im Monat oder 469 Euro im Jahr aus. Obwohl inzwischen 70 Prozent der Youngsters ein eigenes Handy besitzen, geben nur 52 Prozent dafür Geld aus, durchschnittlich 18 Euro im Monat. Einen großen Teil der Handy-Kosten tragen die Eltern.

Globus, 17.3.2006

M5 Der Sinn des Taschengeldes

Bill Watterson, Calvin and Hobbes 2. One Day the Wind Will Change, London 2003, o. S.

an allowance = Taschengeld; I blew it = ich hab's verpatzt

Aufgaben

1. Welche Geldquellen stehen Jugendlichen zur Verfügung? Erstelle eine Liste und ordne sie nach ihrer Bedeutung für dich.
2. Vergleiche die Statistik in M4 mit deinem eigenen Konsumverhalten.
3. Was bezweckt Calvins Vater mit dem Taschengeld? Welche Bedeutung hat Geld für Calvin und welche für dich (M5)?

M6 Die Bedürfnishierarchie nach Maslow

[1] Wachstumsbedürfnisse können nicht abschließend befriedigt werden.

Eine Geschichte macht die Bedürfnishierarchie verständlich. Stell dir Robinson Crusoe vor, der gerade auf der einsamen Insel gestrandet ist. Was wird er wohl tun?

- Zunächst wird er versuchen, sein nacktes Überleben zu sichern, also Essen und frisches Wasser zu suchen, damit er wieder zu Kräften kommt. Wenn er erschöpft ist, wird er eine Weile schlafen. (Physiologische Bedürfnisse)
- Dann überlegt er sich, ob es auf der Insel wilde Tiere gibt. Und was ist, wenn das Wetter mal schlecht wird und ein Sturm aufkommt? Also versucht Robinson Crusoe, sich eine kleine Hütte zu bauen und vielleicht auch Waffen zu seiner Verteidigung herzustellen. (Sicherheitsbedürfnisse)
- Nachdem er das geschafft hat, beginnt Robinson Crusoe sich zu langweilen. Er führt Selbstgespräche und ist erfreut, als er endlich einen Gefährten – Freitag – trifft. (Soziale Bedürfnisse)
- Zu Beginn läuft auch alles gut zwischen beiden, aber dann möchte Robinson sich von Freitag abheben und diesem zeigen, dass er ihm überlegen ist. Insgeheim freut Robinson sich riesig über die großen Augen von Freitag, als dieser ihn beim Schnitzen einer Tabakspfeife beobachtet. Die Pfeife wird für Robinson zu einem Statussymbol. (Wertschätzungs- und Geltungsbedürfnisse)
- Im Laufe der Zeit findet sich Robinson mit seiner Lage ab und freundet sich mit dem Gedanken an, für immer auf der Insel zu bleiben. Er liest die Bücher, die an seiner Bucht stranden. Er erlernt Fertigkeiten von Freitag. Er baut sein Haus aus, schmückt es und legt ein Blumenbeet an. Als alles geschafft ist, sitzt er den Großteil des Tages am Strand und philosophiert über den Sinn des Lebens. (Bedürfnis nach Selbstverwirklichung)

nach: Abraham Maslow (1908 – 1970), A Theory of Human Motivation, Psychological Review (1943), 50, S. 370–396

M7 Bedürfnisse – eine Frage der Perspektive

Dik Browne, Hägar der Schreckliche. Butter bei die Fische, München 2002, o. S.

M8 Worauf man beim Handykauf achten sollte

Die Auswahl ist riesig, doch sollte man sich die einzelnen Tarife genau ansehen.

Ihr Handy leuchtet noch in blassen Grau- oder Grüntönen und piepst in Klingeltönen, die schon längst außer Mode sind? Eine Zumutung. Also muss ein neues Gerät her. Nur, auf was ist zu achten, um sich nicht in den Fallstricken diverser Handy- und Mobilfunkanbieter zu verheddern?

Ein Grundsatz vorweg: Gute Geräte gibt es zwar schon für [wenige] Euro. Sie werden allerdings über einen Vertrag mit meist 24-monatiger Laufzeit subventioniert. Soll heißen: Der Anbieter holt sich den einmaligen Zuschuss für das neue Gerät durch die Monatsgebühr und versteckte Kosten zurück. So kann das Schnäppchen unter dem Strich schnell zum teuren Fehlkauf werden. ...

Generell gilt: Wer sich per Vertrag zwei Jahre an den Tarif eines Anbieters bindet, sollte auf

- Grundgebühr
- Mindestumsatz
- Gesprächskosten
- Minutenpreise für Gespräche tagsüber ins Festnetz
- Taktung und
- Gebühren für Telefonate in andere Mobilfunknetze

achten.

Antworten auf fünf wichtige Fragen

Im Tarifdschungel tummeln sich viele Handy- und Serviceanbieter. Um den richtigen Tarif für sich zu finden, sollten wichtige Fragen geklärt sein:

- In welchem Mobilfunknetz telefonieren die meisten Freunde und Verwandten? Entscheiden Sie sich für das beliebteste Netz in ihrem Bekanntenkreis, da netzinterne Gespräche am preiswertesten sind.
- Wozu wird das Handy benötigt? Teurer Schnickschnack wird so überflüssig.
- Wollen Sie anrufbar sein oder hauptsächlich selbst telefonieren? Im ersten Fall sind Prepaid-Handys, im zweiten Fall ist ein Handyvertrag mit Laufzeit (zwei Jahre) die bessere Wahl.
- Wie ist der Abrechnungstakt? Das ist ein wichtiger Punkt für die Höhe der Telefonrechnung. Je kürzer der Takt, um so besser.
- Wann beginnen die Haupt- und Nebenzeiten? Achten Sie darauf, wann die preiswerte Nebenzeit beginnt.

AVM, Guter Rat für Quasselstrippen, in: Aktiv, 25.9.2004, S. 7

Aufgaben

1. Nimm Stellung zu folgendem Ausspruch von Wilhelm Busch: „Ein jeder Wunsch, wenn er erfüllt, kriegt augenblicklich Junge“ (M6).
2. Auf welcher Stufe der Bedürfnispyramide (M6) befinden sich die Bedürfnisse, die du zu Aufgabe 1 auf S. 9 genannt hast?
3. Erkläre, warum physiologische Bedürfnisse erst erfüllt sein müssen, bevor Sicherheitsbedürfnisse empfunden werden. Finde Beispiele aus deinem Alltag für dieses Phänomen (M6).
4. Vergleiche Hägars Meinung zu Verschwendung in M7 mit der Einteilung der Bedürfnisse in M6.
5. Welche Bedürfnisse werden mit einem Handy bei Jugendlichen, ihren Eltern, einem Rettungsarzt befriedigt (M8)?

Methode

Die Recherche im Internet

Bettina will sich nun endlich mehr mit wirtschaftlichen Fragestellungen beschäftigen. Sie geht an den Computer ihres Vaters und ruft das Internet auf. Natürlich weiß sie, wie sie mit einer Suchmaschine an Informationen kommt. Nach nur 0,08 Sekunden verkündet der Computer triumphierend: „Es wurden 27.234 Ergebnisse zum Suchbegriff ‚Taschengeld' gefunden". Bettina ist wütend, als sie feststellt, dass sie außerdem aufgefordert wird, Handyzubehör zu bestellen.

In den nächsten Tagen fragt Bettina bei Eltern und Freunden, was diese tun, um mithilfe von Suchmaschinen schnell an Informationen zu kommen. Sie sammelt die folgenden Tipps:

Infobox

Eine **Suchmaschine** ist ein Programm zur Recherche von Dokumenten, die in einem Computer oder einem Computernetzwerk wie z. B. dem World Wide Web gespeichert sind. Nach Eingabe eines Suchbegriffs liefert eine Suchmaschine eine Liste von Verweisen (Links) auf möglicherweise relevante Dokumente, in denen der Begriff enthalten ist, meist dargestellt mit Titel und einem kurzen Auszug des jeweiligen Dokuments.

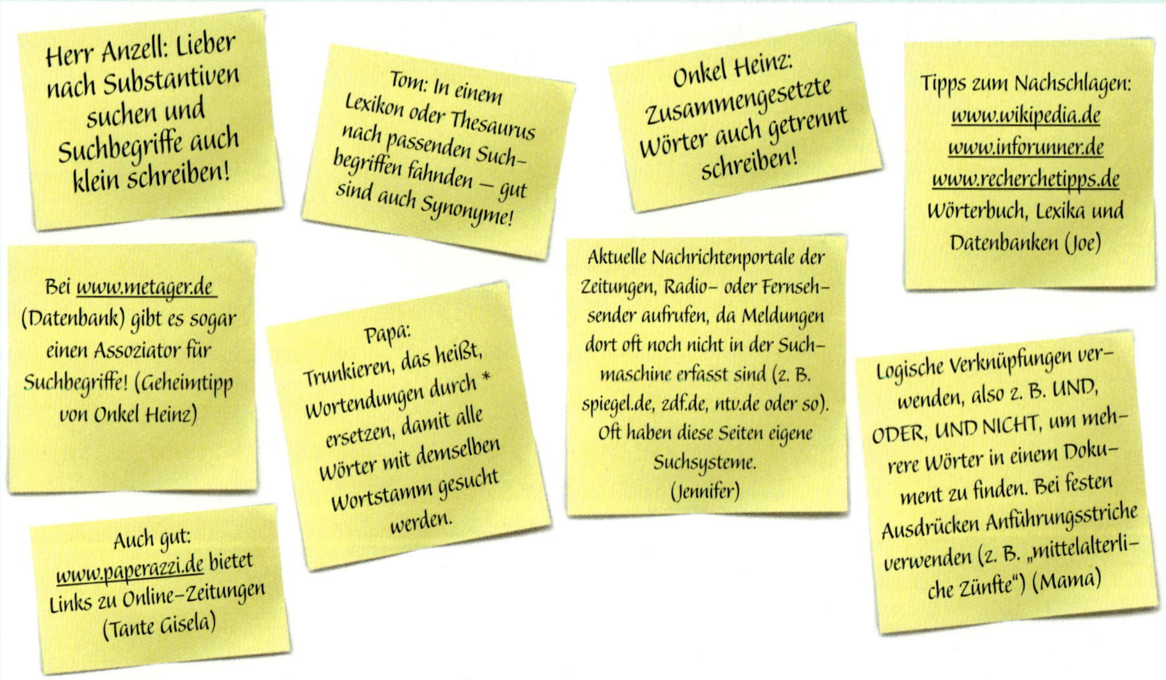

In der Schule erklärt der Informatiklehrer außerdem den Unterschied zwischen verschiedenen Suchmaschinen:
MetaGer ist eine „Meta-Suchmaschine", die in anderen Suchmaschinen sucht, z. B. in Universalsuchmaschinen (google, yahoo, altavista etc.), oder in Spezialsuchmaschinen (www.statistik-bund.de, www.jobrobot.de, www.europa.eu.int/cj/de, www.wr-unterricht.de usw.).

Bettina erhält nun zwar bessere Treffer, sie tut sich aber noch schwer dabei zu beurteilen, ob die gefundene Seite seriös und für ihre Zwecke auch brauchbar ist. Tom rät ihr, den folgenden Steckbrief zur Bewertung der Internetseiten zu verwenden:

Steckbrief zur Auswertung eines Internetdokuments

Adresse: http://www.schulbank.de/html/archiv						
Verantwortlich: Schulbankverlag, Köln						
Abrufdatum: 12.07.06	Rechercheziel: Lohnnebenkosten					
Bewertungsprofil für das Internet-Dokument						
positiv	+2	+1	0	−1	−2	negativ
Zu Autor/Quelle (bevorzugt sollten anerkannte öffentliche Institutionen wie Behörden, Universitäten, Ministerien oder journalistische Quellen wie Zeitungen, Rundfunksender, Magazine usw. verwendet werden, wo die Inhalte vor der Veröffentlichung geprüft werden)						
angesehen	X					unbekannt/unseriös
Zum Inhalt						
aktuell		X				überholt/unbekannt
systematisch				X		ungeordnet
nachprüfbar			X			unbelegt
sachlich	X					unsachlich
ausgewogen		X				einseitig/extrem

Bei seriösen Anbietern sind in der Regel sowohl ein Erstellungsdatum als auch ein Autor angegeben. Gerade für Referate muss Bettina schließlich wissen, ob die Quellen aktuell sind. Manchmal vertraut sie einfach auf den Verantwortlichen. Die Süddeutsche Zeitung, das Statistische Bundesamt oder BR-Alpha haben schließlich einen guten Ruf. Außerdem sind ihre Seiten rasch abzurufen, weil sie nicht viele Bilder oder Werbeseiten aufbauen müssen. Das ist einfach „userfreundlich“, findet Bettina. Jetzt geht es aber an die Nagelprobe. Um ihre Eltern davon zu überzeugen, dass sie ein eigenes Handy braucht, will sie handfeste Argumente sammeln.

Autorentext, Steckbrief in Anlehnung an: Nutzung des Internet im Fach Wirtschafts- und Rechtslehre, Donauwörth 2000, S. 36ff.

Aufgaben zur Internetrecherche

1. Recherchiere mithilfe von Suchmaschinen die Handytarife von drei verschiedenen Anbietern (Wertkarten).
2. Erstelle einen Steckbrief über deine Fundorte im Internet. (Bettina tippt das Formular für den Steckbrief einmal ab und speichert ihn – so kann sie ihn immer wieder nutzen.)
3. Stelle deine Ergebnisse in einem Tabellenkalkulationsprogramm gegenüber, das unterschiedliche Leistungsmerkmale berücksichtigt (SMS, Tageszeiten, Wochenende).
4. Erstelle eine Grafik aus deiner Tabelle, die die unterschiedlichen Tarife in Form eines Säulendiagramms darstellt.
5. Bereite stichpunktartig eine schlüssige Argumentation vor, mit der Bettina ihre Eltern überzeugen kann. Gehe dabei sowohl auf die Vorteile eines Handys allgemein als auch auf die Wirtschaftlichkeit deines konkreten Vorschlages ein. Nutze die im Internet recherchierten Informationen und deine Grafiken.

M9 Budgetplanung in einem Haushalt

Herrn Fischer ist von seiner Firma gekündigt worden. Für 1 Jahr wird er nun zunächst Arbeitslosengeld I (ALG I) beziehen, welches 67 % seines vorangegangen Nettoarbeitseinkommens beträgt. Für seine Familie bedeutet dies neben der psychischen Belastung auch Verzicht. Die Eltern diskutieren nun mit den drei Kindern, wo am besten eingespart werden kann und wie viel.

Einnahmen	**Bisheriges Nettoeinkommen: 3.000 € + 480 € Kindergeld**	**Zukünftig: Arbeitslosengeld I + 480 € Kindergeld**
Ausgaben	**Monatliche Ausgaben bisher in €**	**Monatliche Ausgaben zukünftig in €**
Miete	500,–	
Mietnebenkosten	130,–	
Heizung	70,–	
Strom	60,–	
Telefon	80,–	
Tageszeitung	25,–	
Benzin	60,–	
Monatsfahrkarte/Tochter	35,–	
Mitgliedsbeiträge, Sportverein	150,–	
Lebensversicherung	125,–	
Lebensmittel	1.000,–	
Körperpflege, Medikamente	60,–	
Kultur (Kino, Theater, Bücher usw.)	100,–	
Taschengeld für Bert und Bettina	30,–	
Unterhaltszuschuss für Simone (Studentin)	200,–	
	Jährliche Ausgaben bisher	**Jährliche Ausgaben zukünftig**
KFZ-Versicherung	260,–	
KFZ-Steuer	195,–	
Haftpflichtversicherung	50,–	
Hausratversicherung	125,–	
Urlaub	3.150,–	
Klassenfahrten	250,–	
Möbel	1.000,–	
Garderobe, Schuhe	2.000,–	
Monatlich gesamt		

Autorentext

Aufgaben

1. Übertragt die Tabelle in euer Heft und erstellt in Gruppen für Familie Fischer einen Haushaltsplan für die Zukunft. Vergleicht, bei welchen Ausgaben ihr eingespart habt, und begründet eure Maßnahmen (M9).
2. Welche Folgen könnten die Sparmaßnahmen in den einzelnen Bereichen für die Familienangehörigen haben? Übernimm die Rolle eines Familienmitglieds und stelle die Auswirkungen aus dessen Sicht dar.

M10 Zeitmanagement: wirtschaftlicher Umgang mit einem knappen Gut

Alles hat seine Stunde, und eine Zeit für jedes Vorhaben unter dem Himmel: Eine Zeit fürs Geborenwerden, und eine Zeit fürs Sterben; eine Zeit fürs Pflanzen und eine Zeit, das Gepflanzte auszureißen ... (Prediger 3:1–2)

Aktivitäten in Woche ... bis ...	Mo	Di	Mi	Do	Fr	Sa	So	Ges.
Schlafen	8 h	8 h	7 h	7 h	7 h	10 h	9 h	56 h
Essen	0,5 h	1 h	1 h	1 h	0,5 h	2 h	1,5 h	7,5 h
Freizeitjobs	2 h		2 h					4 h
Arbeiten im Haushalt	0,5 h		0,5 h	1 h		0,5 h	0,5 h	3 h
Schule	5 h	7 h	5 h	8 h	5 h			30 h
Hausaufgaben	2 h	2,5 h	3 h	0,5 h			1 h	9 h
Fernsehen	1 h		2 h	0,5 h	0,5 h		2 h	6 h
Computer		1,5 h			3 h		3 h	7,5 h
Lesen					1,5 h	2 h	2 h	5,5 h
Sport		2 h			2 h	1,5 h		5,5 h
Freunde treffen			1 h	2 h	1 h	5 h	4 h	13 h
andere Aktivitäten	5 h	2 h	2,5 h	4 h	3,5 h	3 h	1 h	21 h

Autorentext

Aufgaben

1. Notiere für deine typische Schulwoche die für jede Aktivität verwendete Zeit in einer Tabelle wie in M10 dargestellt.
2. Stelle die Ergebnisse in Form eines Kreis- oder Säulendiagramms dar (ggf. mithilfe eines Grafikassistenzprogramms).
3. Du bekommst jeden Tag zusätzliche Hausaufgaben (1 h). Bei welcher Aktivität würdest du die Zeit einsparen? Erläutere deine Entscheidung mit Überlegungen zu Nutzen und Aufwand (M6, M10).
4. Überprüfe die Zeitplanung eines Mitschülers im Hinblick auf die Wirtschaftlichkeit der Nutzung des knappen Gutes „Zeit". Wie könnte sie/er ihren/seinen Nutzen steigern?

M11 Unbegrenzte Bedürfnisse – knappe Güter

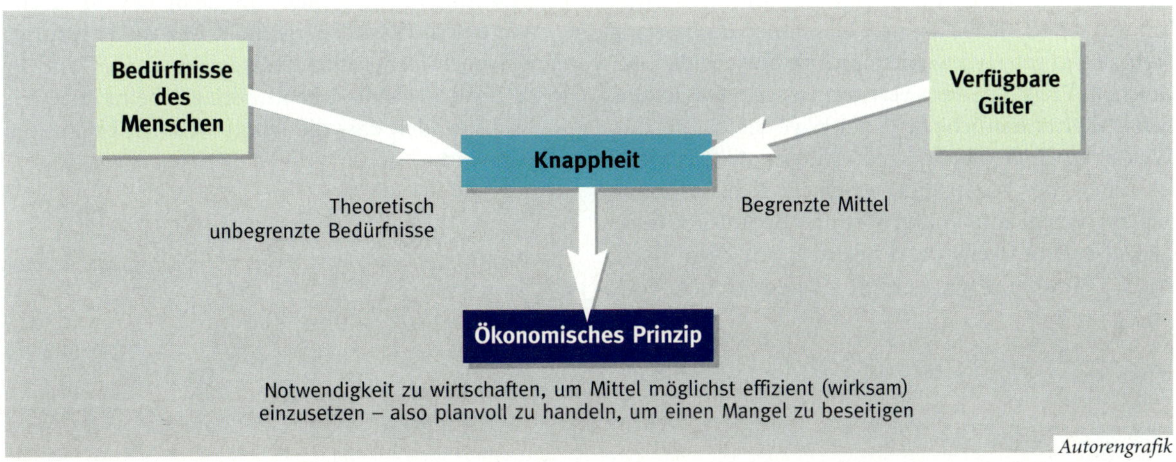

Autorengrafik

M12 Zur Vertiefung: Welche Güter lassen sich unterscheiden?

Die Mittel, mit denen Bedürfnisse befriedigt werden können, heißen Güter. Sie können entweder Sachgüter (materielle Güter, Waren) oder Dienstleistungen (immaterielle Güter) sein. Nicht jeder Gegenstand und nicht jede Tätigkeit an sich ist schon ein Gut. Güter werden sie erst, wenn sie vom Menschen nachgefragt werden, das heißt, wenn sie einen Nutzen bringen. Nur die wenigsten Güter stellt uns die Natur in unbegrenzter Menge und ohne Gegenleistung zur Verfügung, z. B. Luft und Sonnenlicht. Man spricht in diesem Fall von freien Gütern. Ihr Vorrat ist in genügender Menge vorhanden, wenn auch die Reinheit, z. B. der Luft, verständlicherweise zu einem erstrebenswerten Gut wird. Die nur beschränkt vorhandenen Güter heißen knappe oder wirtschaftliche Güter. Wir unterscheiden dabei Sachgüter und immaterielle Güter, die wiederum zu untergliedern sind in Dienstleistungen und Rechte wie Patente und Lizenzen. Güter, die wir als Verbraucher verwenden, werden als Konsumgüter bezeichnet. Dienen Güter jedoch dazu, wieder andere Güter zu produzieren, so spricht man von Produktionsgütern. Es handelt sich hierbei also um Güter, die bei der Güterherstellung (Produktion) oder der Güterverteilung (Distribution) eingesetzt werden. Sowohl die Konsumgüter als auch die Produktionsgüter können Gebrauchs- oder Verbrauchsgüter sein. Gebrauchsgüter können über mehrere Zeitabschnitte (z. B. Jahre) hinweg „gebraucht" werden. Verbrauchsgüter werden in einem einmaligen Verbrauchvorgang vernichtet. Der Mantel wird über mehrere Jahre hinweg getragen, genauso wird das Messer über längere Zeit gebraucht, dagegen werden die Papierservietten, das Streichholz und die Tageszeitung nur einmalig verwendet.

Günther Schnürch, in: Geno Schul-Info, Grundlagen der Wirtschaft – Teil 2. Lehrerbegleitheft A2, hg. vom Württ. Genossenschaftsverband Raiffeisen/Schulze-Delitzsch e. V., Stuttgart o. J. u. S.

M13 Wirtschaften heißt Entscheiden

Die Wirtschaft hat viele Seiten. Da ist zunächst einmal die grundlegende Bedeutung: Wirtschaft ist die optimale Verteilung von knappen Gütern. Das Ergebnis wirtschaftlicher Prozesse ist es, dass die Regale im Supermarkt gefüllt sind, dass Öl, Gas und Kohle dann vorhanden sind, wenn sie gebraucht werden, dass es Kinos, Fernseher und Radios gibt, Autos, Busse und Flugzeuge und natürlich auch genügend Treibstoff.

Die Chefs der Betriebe kaufen beispielsweise alle für den Bau von Autos notwendigen Teile ein, sie organisieren die Produktion, das heißt, wie und wann und mit wie vielen Menschen und Maschinen die Teile zu Fahrzeugen gefertigt werden, und sie entscheiden, zu welchem Preis die Autos verkauft werden. Das ist die betriebswirtschaftliche Seite der Wirtschaft.

Wirtschaft gibt es aber auch im Kleinen: Jede Familie ist ein eigener Wirtschaftsbetrieb für sich. Da muss geplant, eingekauft, vorbereitet und organisiert werden, damit morgens das Frühstück auf dem Tisch steht, T-Shirts müssen gekauft und gewaschen werden, es muss geputzt, gekocht und aufgeräumt werden. Alle diese Abläufe müssen aufeinander abgestimmt und in einer bestimmten Reihenfolge erledigt werden, damit Ordnung herrscht und keiner sagen kann: Was ist denn das hier für eine Wirtschaft?!

Das geht schon mit dem Wecker los, der einen morgens aus dem Schlaf reißt. Na klar, der war ein Weihnachtsgeschenk vom Großvater. Großvater hat ihn im Kaufhaus gekauft. Und wer hat ihn bedient? Das Geld entgegengenommen, den Wecker nett verpackt? Und überhaupt, wo hat das Kaufhaus den Wecker herbekommen? Ah, es steht „Made in Taiwan" drauf ... Wer hat das Gerät hergestellt, wer dafür gesorgt, dass es nach Deutschland verschickt wurde? Und so weiter, und so weiter. Irgendwann erscheint es einem wie ein Wunder, dass die Dinge wirklich bis zu uns gelangt sind.

Christiane Oppermann, Nachgefragt: Wirtschaft, Bindlach 2003, S. 12 ff.

Aufgaben

1. Stelle die Einteilung der Güter in M12 in einer übersichtlichen Grafik zusammen. Wähle für die Darstellung ein Baumdiagramm.
2. Welche Entscheidungsfelder werden in M13 angesprochen?
3. Ordne die in M13 genannten Produkte den Güterkategorien aus M12 zu.
4. Wähle ein Produkt aus deinem Alltag und nenne fünf Entscheidungen, die getroffen werden mussten, um es dir zur Verfügung zu stellen (M13).
5. Nenne die Ziele, welche die Beteiligten am Wirtschaftsprozess mit ihren Entscheidungen verfolgen (M13).

1.1.2 Beeinflusst Werbung das Konsumverhalten?

M14 Wie spricht Werbung an?

Autorengrafik

Aufgabe

Kannst du die Werbesprüche in M14 vervollständigen? Haben die Werbestrategen bei denen, die die Sprüche kannten, ihre Ziele erreicht?

M15 Werbe-Wirkung

M16 Kleines Einmaleins der Werbung

AIDA-Modell

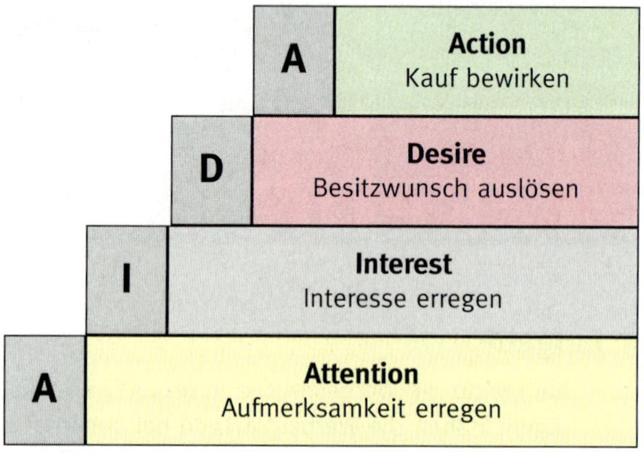

Das ursprünglich als Anleitung für ein Verkaufsgespräch entwickelte Modell sollte die verschiedenen Phasen aufzeigen, durch welche ein Verkäufer seinen Kunden im Verkaufsgespräch führen muss, um zum Verkaufsabschluss zu gelangen

Jedoch ist man heute der Überzeugung, dass ein so einseitig ausgerichtetes Modell die wahren Werbewirkungen zu stark vereinfacht. Einige Ansätze sollen dies belegen:

- *Andere Reihenfolge der Werbewirkungen möglich:* Die im AIDA-Modell behauptete Reihenfolge der einzelnen Phasen trifft nicht immer zu. So ist zum Beispiel „Interest" oft nicht die Folge von „Attention" für ein Werbemittel, sondern gerade umgekehrt deren Voraussetzung: Weil sich der Verbraucher für diese Kategorie oder Marke interessiert, steigt seine Aufmerksamkeit, sobald er eine Werbung dafür bemerkt. Ebenso kann die Kaufabsicht dazu führen, dass jemand aktiv Informationen sucht und dadurch erst auf eine bestimmte Werbung aufmerksam wird.
- *Werbewirkung bei Verwendungserfahrung:* AIDA unterstellt den Erstkauf eines bisherigen Nichtver-

wenders. Das trifft aber für die meisten Verbraucher bei den Marken der Güter des täglichen Bedarfs nicht zu. Sie haben bereits Erfahrung mit diesem Produkt, und diese beeinflusst ihre Markeneinstellungen in erheblichem Umfang. Welche Wirkung hat die Werbung in solchen Fällen noch? Dass sie eine Wirkung auch bei lange eingeführten Marken hat, weiß man. Auch in Märkten, in denen die Verbraucher die beworbenen Marken aus eigener Erfahrung kennen, kann man nicht aufhören zu werben, sonst bricht auf die Dauer der Marktanteil ein.

- *Werbewirkung ohne Aufmerksamkeit:* Beiläufig, das heißt ohne besondere Aufmerksamkeit aufgenommene Werbung kann sich positiv auf die Einstellung zur beworbenen Marke auswirken. Nicht nur wird die Werbung nicht bewusst beachtet (keine „Attention"), sondern der Konsument lernt in diesen Fällen natürlich auch nichts über die Eigenschaften der Marke.

Jürgen Lürssen, AIDA – reif für das Museum? In: www.absatzwirtschaft.de, 22.7.2004

M17 Versteckte Werbung: Wie man Jugendliche beeinflusst ...

Um die Kinder und Jugendlichen als Konsumenten zu gewinnen, versuchen Firmen mit ihren Produkten sehr nah an deren Lebenswelt heranzukommen und Orientierungshilfen zu geben. Gute Beispiele hierfür lassen sich im Bereich der „Daily Soaps" finden. Das Kultmarketing (auch: Product-Placement) hat sich dies zunutze gemacht und koppelt die Serienwelt mit einer Produktwelt, die sich wiederum sehr nahe an die Lebenswelt von Kindern und Jugendlichen anlehnt.

Beispielsweise lassen die Produktanbieter MTV-Moderatoren und Bands auftreten, kreieren eigene Bands oder produzieren Zeitschriften, die zu den jeweiligen Sendungen erscheinen. Mit diesen Strategien stoßen sie in die Orientierungslücke der Jugendlichen hinein und bestätigen sie in ihrem Konsumverhalten.

Inwieweit Jugendliche in ihrer Stilfindung von Vorgaben der Werbung beeinflusst werden, lässt sich nicht bzw. nur bedingt von der sozialen Herkunft ableiten. Zusätzliche Faktoren wie Verfügbarkeit von Geld, ethnische Herkunft sowie das Geschlecht sind ebenfalls bedeutend.

http://www.praxis-umweltbildung.de/dwnl/kleidung/info_werbestrategien.pdf (12.3.2005)

L'Tur-Slogan im „Marienhof": Um Kinder und Jugendliche als Konsumenten zu gewinnen, versuchen Firmen auch in den beliebten „Daily Soaps" mit ihren Produkten zu werben.

Aufgaben

1. Wie könnten die Ergebnisse aus M15 erklärt werden?
2. Stelle eine Liste von Produkten zusammen, deren Werbung sich den Methoden „AIDA", „Andere Reihenfolge der Werbewirkungen", „Werbewirkung bei Verwendungserfahrung" und „Werbewirkung ohne Aufmerksamkeit" zuordnen lassen (M16).
3. Kultmarketing oder Product-Placement wird vom Konsumenten oft gar nicht wahrgenommen. Diskutiert, inwieweit es zulässig ist, den Verbraucher so zu beeinflussen (M17).

M18 Die Rolle der Bilder in der Werbung

Ganz gleich, ob es sich um Fernseh- oder Kinospots, um Anzeigen in Zeitschriften, Bannerwerbung oder Flyer handelt: Das wichtigste Mittel der Werbung – sieht man von der Radiowerbung ab – ist das Bild. Bilder gehen einem näher, als es Radioberichte oder Zeitungsartikel je könnten. Bilder werden besser erinnert als Sprache und sie transportieren Botschaften schneller und für jeden verstehbar. Man muss sich nicht anstrengen, um sie zu verstehen, muss nicht zuhören oder sich konzentrieren. …

Diese Überlegenheit der Bilder macht sich auch die Werbung zunutze. „Bilder sind schnelle Schüsse ins Gehirn“, schreibt der Werbeforscher Kroeber-Riel, der sich besonders intensiv mit der Wirkung von Bildern beschäftigt hat. Es gibt eine Menge Eigenschaften, die das Bild für die Werbung – aber auch für andere Bereiche – so wirkungsvoll macht:

Werbung der Coca-Cola GmbH aus dem Jahr 2006.

- Ein Bild erfasst man viel schneller als einen Text. Um das Thema eines Bildes zu erkennen, braucht man ca. 1/100 Sekunde. Um ein Bild (mittlerer Komplexität) so aufzunehmen, dass man sich später daran erinnert, braucht man ca. 1–2 Sekunden.
- Bilder werden wie Wirklichkeit aufgenommen. Wenn man ein Bild von einem Apfel sieht, bekommt man vielleicht direkt Lust reinzubeißen. Das Wort Apfel hingegen ist ein abstraktes Zeichen, das kaum imstande ist, diese Lust zu wecken.
- Durch Bilder vermittelte Informationen werden besser behalten und erinnert. Bilder erzeugen sogenannte „innere Bilder“ („Gedächtnisbilder“), die leichter abgerufen werden können als sprachliche Informationen. Wollt ihr z. B. einer Freundin ein gutes Shampoo empfehlen, so fällt euch wahrscheinlich am ehesten eines ein, welches aufgrund der Werbung mit einer bildlichen Vorstellung verknüpft ist. Das Shampoo, das ihr vor eurem inneren Auge sehen könnt, kommt euch schneller in den Sinn, als eines, das ihr nur vom Namen her kennt.
- Bilder transportieren Emotionen besser als Sprache. Zeige ich z. B. immer wieder schöne, glückliche Menschen im Zusammenhang mit einer Limonade-Flasche, so setzt sich diese Verknüpfung langsam aber sicher in den Köpfen fest. Das funktioniert besser, als wenn man versuchte, die „Vorteile“ der Limo sachlich zu erklären: Sie hat viel Zucker und schmeckt daher sehr gut. …

Oft sind es Kleinigkeiten, die unsere Wahrnehmung beeinflussen, ohne dass wir es so richtig merken. So kann z. B. ein am Rande eines Bildes platzierter Blumenstrauß („peripheres Bildelement“) eine positive Stimmung („Wahrnehmungsklima“) schaffen, sodass wir das ganze Bild einschließlich des Firmennamens positiv wahrnehmen. Auch die Tatsache, dass man Bilder so gut erinnert und wiedererkennt, kann dazu führen, dass man im Supermarkt zu einem Produkt greift, das man aus der Werbung kennt. Ohne dass einem das wirklich so bewusst wäre. Insofern werden wir also durchaus beeinflusst, und es ist offenbar schwer, sich dem zu widersetzen. Oder könnt ihr überzeugend erklären, warum 3 Streifen auf den Turnschuhen besser sind als 2? Das heißt aber nicht, dass Werbung grundsätzlich schlecht und böse ist und uns nur verführt ... man sollte aber einfach wissen, womit man es zu tun hat: mit Gaukelei!

Sabine Melchior, www.lizzynet.de, 15.10.2001

Aufgaben

1. Erkläre, warum die Werbung mit Bildern besonders wirkungsvoll ist (M18).
2. Werbung ist „Gaukelei“. Diskutiert in der Klasse, ob diese Aussage zutrifft.
3. Werbestrategen gehen davon aus, dass Werbung Bedürfnisse schafft. Überlege, wo dies bei dir schon einmal der Fall gewesen sein könnte.
4. Zur Vertiefung: Vergleiche die Werbung eines Unternehmens im Internet, im Fernsehen und in Magazinen/Illustrierten:
   a) Was ist gleich?
   b) Wo liegen die Unterschiede?
   c) Welche Zielgruppen werden angesprochen?
   d) Welche Werbung hältst du für besonders wirksam? (mit Bildbeispielen!)

1.1.3 Nachhaltigkeit und Konsumverhalten

M19 Tagesbilanz der Umweltzerstörung

M20 Warum werden die Meere überfischt?

Man stelle sich etwa einen großen Fischteich vor, aus dem verschiedene anliegende Einsiedler ihren Fischbedarf decken. Wäre ein einziger dieser Einsiedler der alleinige Besitzer des Teiches, so hätte er ein großes Interesse daran, die optimale Fangquote nicht zu überschreiten. Er würde daher nur in entsprechend begrenztem Ausmaß Fische entnehmen und sie an die anderen Einsiedler verkaufen. Auch eine noch so hohe Fischnachfrage würde ihn nicht dazu verleiten, den Teich jemals vollständig leerzufischen, denn dies würde ihn ja seiner Lebensgrundlage berauben. Stattdessen würde er lieber den Preis der Fische entsprechend erhöhen.

Hätte dagegen jeder Einsiedler unbegrenzten Zugang zu dem Teich, so wäre die Gefahr einer Überfischung sehr groß. Zwar könnte man sich im Prinzip auch hier auf eine optimale Fangquote einigen, die den Bestand nicht überfordert. Aber jeder einzelne Fischer wäre stets in Versuchung, heimlich mehr Fische zu entnehmen im Vertrauen darauf, dass die anderen sich schon an die Quoten halten werden. Tatsächlich treten solche Probleme bei der Befischung der Weltmeere trotz der inzwischen getroffenen internationalen Vereinbarungen immer wieder auf. ...

Wenn niemandem die Fische wirklich gehören, dann kann ihre Nutzung auch nicht durch den Preismechanismus[1] begrenzt werden. Ähnlich ist es mit der sauberen Luft. Solange sie von dem einzelnen praktisch kostenlos verschmutzt werden kann, beispielsweise durch die Emission von Kohlendioxid, droht eben ein insgesamt zu hoher Ausstoß von Schadstoffen.

Ulrich van Suntum, Die unsichtbare Hand. Ökonomisches Denken gestern und heute, Berlin 1999, S. 153

[1] Durch das Aufeinandertreffen von Angebot und Nachfrage entsteht der Preismechanismus. Er bewirkt, dass ein Gut umso teurer wird, je knapper es ist – zumindest solange jemand einen Preis dafür verlangt.

Aufgaben

1. Finde weitere Beispiele, wo eine Übernutzung von Gemeinschaftsgütern stattfindet (M19).
2. Erkläre, warum die optimalen Fangquoten für Fisch aus den Weltmeeren nicht eingehalten werden (M20).

M21 Die Weltreise einer Jeans

Um gute Gebrauchs-, Trage- und Pflegeeigenschaften zu erreichen, sind für eine Jeans viele Bearbeitungsschritte nötig.

Die Baumwolle für die Herstellung einer Jeans wird in Kasachstan von Hand oder mit der Maschine geerntet. Anschließend wird die Baumwolle nach China versandt und dort mit Schweizer Maschinen gesponnen. Auf den Philippinen wird die Baumwolle mit blauem Farbstoff aus Deutschland gefärbt. In Polen wird sie mit deutschen Maschinen verwebt. Anschließend wird der Stoff nach Marseille transportiert, Washinglabel und Innenfutter stammen aus Frankreich, Knöpfe und Nieten aus Italien. Alle Zutaten werden nun erneut auf die Philippinen geflogen und dort zusammengenäht. Schnittmuster und Design stammen aus Deutschland. In Griechenland erfolgt noch die abschließende Bearbeitung der Jeans mit Bimssteinen, um ihr das typische Aussehen zu geben. Die fertige Jeans wird nach Deutschland transportiert und dort verkauft. Wenn sie nicht mehr getragen wird, kommt sie oft in die Altkleidersammlung. In Betrieben in den Niederlanden werden die Kleidungsstücke sortiert. Die Secondhand-Jeans wird nun eventuell auf dem afrikanischen Kontinent wieder verkauft und erneut getragen.

Eine Welt in der Schule, Heft 3, September 2001, S. 12

Aufgaben

1. Ermittle ungefähr, wie viele Kilometer die „typische" Jeans bzw. deren Bestandteile in M21 vom Baumwollanbau bis zum Verkauf in Deutschland zurückgelegt hat.
2. Welche sozialen und ökologischen Folgen bringt die in M21 geschilderte Jeansproduktion mit sich?

M22 Die Ökobilanz eines Computers

Computer sind scheinbar ein Segen für die Umwelt: Wer zu Hause am Rechner arbeitet, verstopft keine Autobahn, und statt Briefe auf gebleichtem Papier gehen Mails auf den Weg. Doch ganz so positiv sieht die Umweltbilanz nicht aus: Schwer wiegt die ökologische Last des Energieverbrauchs und der Schadstoffe. Und: Der Export von Computerschrott ist regelrecht zum Politikum geworden.

Wissenschaftler des Wuppertal Instituts für Klima, Umwelt und Energie haben sich die Ökobilanz frühzeitig angeschaut. Schon im Jahr 2000 warnten sie vor dem enormen Stromverbrauch der Internetrechner: Bis ins Jahr 2010 könnte der Energiehunger der Computer und angeschlossenen Geräte 35 Milliarden Kilowattstunden ausmachen – mehr als sechs Prozent des Strombedarfs.

Aber nicht nur die Industrie ist für den Stromverbrauch verantwortlich. Kuhndt rät auch Privatleuten, stromsparende Computer zu kaufen: „Die meisten haben zu Hause einen Rolls-Royce oder einen Porsche stehen, brauchen aber nur einen Mini-Cooper."

Vor allem die in der Werbung groß angebotenen Modelle entpuppen sich bei genauem Hinsehen als Stromfresser: Der schnelle Prozessor, die hochgerüstete Grafikkarte, die Multimedia-Ausstattung – all das verbraucht viel Energie, auch wenn der Computer unausgelastet ist.

In einer jüngeren Studie haben sich die Wuppertaler die Gesamtbilanz der schönen neuen Internetwelt angesehen – von der Herstellung der PC über den Stromverbrauch bis zur Auslieferung von Waren, die im Internet bestellt wurden. Um die Ergebnisse zu veranschaulichen, schnüren sie ökologische Rucksäcke. Die enthalten alles an Energie, Wasser und Stoffströmen, was ein Gerät über seine Lebenszeit verbraucht. So hat ein drei Kilogramm schwerer Laptop ein ökologisches Zusatzgewicht von 400 Kilo, ein Handheld kommt immerhin noch auf 60 Kilo Ökolasten.

Neben Verbrauch und Produktion ist die Entsorgung der Computer ein Problem. Die Umweltorganisation Greenpeace prangert die Praxis an, Elektro- und Computerschrott in Entwicklungsländer zu bringen, wo billige Arbeitskräfte mit den enthaltenen giftigen Stoffen hantieren. Zwar gibt es Vereinbarungen gegen den Export. Doch viele Staaten sehen die gefährliche Fracht als Wertstoff und holen sie ins Land.

Torsten Kleinz, Frankfurter Rundschau online, 16.6.2005

M23 Was bedeutet Nachhaltigkeit?

Allgemein bedeutet Nachhaltigkeit, die Bedürfnisse der Gegenwart so zu befriedigen, dass die Möglichkeiten künftiger Generationen, ihre Bedürfnisse zu befriedigen, nicht eingeengt werden. So wenigstens im Verständnis der Konferenz von Rio de Janeiro 1992. Dieses allgemeine Verständnis lässt vieles offen. Niemand kennt zum Beispiel die Bedürfnisse künftiger Generationen. Wichtig ist hier vor allem, die Auswirkungen heutigen Handelns auf die Zukunft stärker zu berücksichtigen.

- Die Nutzung einer erneuerbaren Ressource darf nicht größer sein als ihre Regenerationsrate.
- Die Freisetzung von Stoffen darf nicht größer sein als die Aufnahmefähigkeit der Umwelt.
- Die Nutzung nichterneuerbarer Ressourcen muss minimiert werden. Ihre Nutzung soll nur in dem Maße geschehen, in dem ein physisch und funktionell gleichwertiger Ersatz in Form erneuerbarer Ressourcen geschaffen wird.
- Das Zeitmaß der menschlichen Eingriffe muss in einem ausgewogenen Verhältnis zum Zeitmaß der natürlichen Prozesse stehen, sei es der Abbauprozesse von Abfällen, der Regenerationsrate von erneuerbaren Rohstoffen oder Ökosystemen. …

Von diesen Prinzipien ausgehend wurden zur Definition eines nachhaltigen Warenkorbes[1] Entscheidungsregeln vorgeschlagen. Wir geben hier nur die wieder, die für [das Bauen und Wohnen] wichtig sind:

- Verwendung von umweltfreundlichem Material, wenn möglich aus nachwachsenden Rohstoffen
- Beauftragung von Handwerkern aus der Region, wenn möglich solcher, die ausbilden
- Energie und Wasser sparen, wenn möglich auf regenerative Quellen umstellen (z. B. Nutzung von Regenwasser, Bezug von grünem Strom, Einsatz nachwachsender Rohstoffe zum Heizen, Nutzung von Solarenergie zur Warmwasserbereitung und Stromerzeugung)
- Bevorzugung langlebiger und reparaturfreundlicher, zeitloser Produkte
- Vor allem teure und selten benutzte Geräte sollten ausgeliehen oder mit Nachbarn gemeinschaftlich angeschafft werden.
- Haushaltgeräte, die viel Strom verbrauchen, und Stand-by-Betrieb sollten vermieden werden.
- Mit allem sollte sparsam umgegangen werden. Was nicht gekauft und benutzt wird, verbraucht auch keine Ressourcen und schädigt die Umwelt nicht.

Dr. Leonhard Kasek u.a., Nachhaltige Verkaufsentscheidungen. Möglichkeiten der Optimierung von spontanen Lernprozessen bei Einkaufs- und Investitionsentscheidungen privater Haushalte, Haus der Umwelt, Leipzig September 2002, S. 11 ff.

[1] Warenkorb: Zusammenstellung ausgewählter Güter, die den gesamten Verbrauch der privaten Haushalte repräsentieren und für die Berechnung der Preisentwicklung herangezogen werden

M24 Nachhaltiges Wirtschaften als für Gegenwart und Zukunft verträgliches Handeln

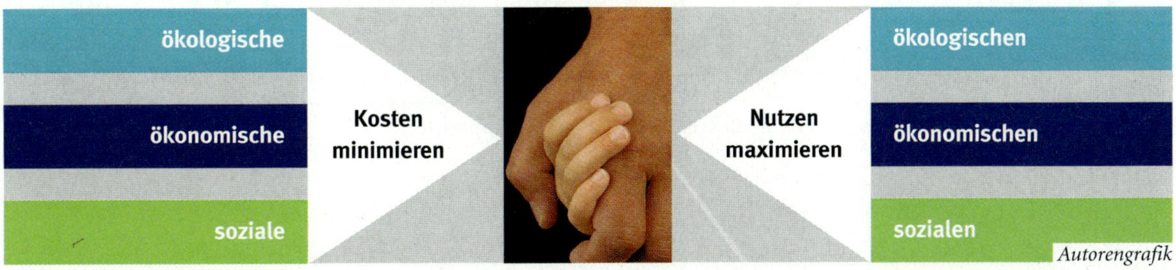

Unabhängig davon, ob in einem Bereich die Kosten für denselben Ertrag verringert oder in einem anderen der Nutzen bei gleichem Aufwand vergrößert wird (= Effizienzsteigerung): Es muss das Ziel sein, die Chancen auch für künftige Generationen zu erhalten.

M25 Egoismus für die Umwelt?

Jeder Einzelne möchte zwar eine weniger belastete Umwelt, der persönliche Beitrag zur Entlastung der Umwelt ist insgesamt aber so gering, dass der Einzelne selbst davon so gut wie „nichts" hat. Eventuelle Nachteile – und seien es nur vermutete – aus dem umweltfreundlichen Verhalten beeinflussen deshalb die private Nutzen-Kosten-Rechnung bei den meisten Menschen so, dass sie sich lieber umweltunfreundlich und als „Trittbrettfahrer" verhalten: Wenn die anderen Mitmenschen sich umweltfreundlich verhalten, wird ihre Umwelt positiv beeinflusst, ohne dass sie etwaige Nachteile aus eigenem umweltfreundlichem Verhalten in Kauf zu nehmen brauchen. Dieses umweltpolitische Grundproblem wird von den Ökonomen als „Kollektivgutproblem" der Umwelt bezeichnet. Es ist – wenn man den unrealistischen Fall, dass alle Menschen zu Umweltidealisten werden und sich auch so verhalten, außer Acht lässt – nur auf zwei Wegen zu überwinden:
Alle Menschen werden einem bestimmten umweltfreundlichen Verhalten unterworfen (Beispiel: Fahrverbote 1973 aus Energiespargründen). ... Dieses Prinzip wird per Verordnung in einer Reihe wichtiger Fälle auch durchgeführt, z. B. Abgas(sonder)untersuchungen bei Autos oder Heizungsanlagen, Vorschriften über Wärmedämmeigenschaften von Häusern usw. Man kann aber unmöglich das gesamte umweltbedeutsame Verhalten total reglementieren ...
Im marktwirtschaftlichen System sollte ein anderer Weg beschritten werden, um wesentlich mehr Verbraucher für ein umweltfreundliches Verhalten zu gewinnen. ... Realistischerweise darf man sich aus den genannten Gründen ... nicht auf den Umweltidealismus allein verlassen. Wenn man aufzeigen kann, dass der Einzelne durch umweltfreundliches Verhalten nicht nur einen Beitrag zur Entlastung der Umwelt leisten, sondern zugleich die eigene Gesundheit schützen und den Geldbeutel schonen kann, dann wird das Eigeninteresse angesprochen und damit die stärkste, wenn auch höchst unsympathische (wirtschaftliche) Kraft, der Egoismus aller, in den Dienst des Umweltschutzes gestellt.

Lutz Wicke, Die ökologischen Milliarden, München 1986, S. 173 f.

M26 Do You Know where Babies Come from?

aus: Bill Watterson, Calvin and Hobbes 2. One Day the Wind Will Change, London 2003, o. S.

M27 Übersicht: Einflussfaktoren auf das Konsumverhalten

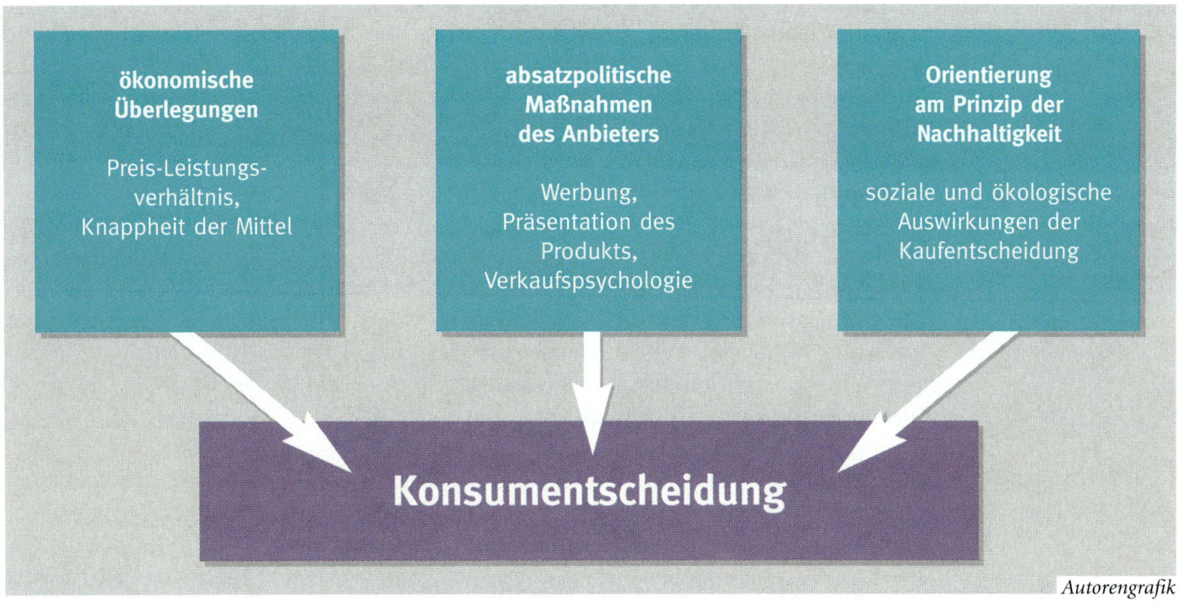

Autorengrafik

Aufgaben

1. Fasse zusammen, welche ökologischen, ökonomischen und sozialen Kosten beim Kauf eines Computers entstehen (M22).
2. Stelle in der Klasse ein Produkt vor, das du umweltfreundlich (auch im Sinne der Nachhaltigkeit) findest. Verwende dafür die in M23 genannten Kriterien.
3. Verfasse sechs Handlungsgrundsätze für den Bereich „Mobilität und Verkehr", um das Nachhaltigkeitsprinzip ähnlich wie für den Bereich „Bauen und Wohnen" zu verwirklichen (M23).
4. Erläutere die Bedeutung des Egoismus für einen wirkungsvollen Umweltschutz (M25).
5. Nenne Beispiele, wie der Staat seine Bürger dazu bringen kann, ihr Konsumverhalten nach den Grundsätzen der Nachhaltigkeit auszurichten (M25).
6. Finde Fälle von „Trittbrettfahrerverhalten" in deiner Umgebung. Wie könnte man den dadurch ausgelösten Problemen begegnen (M25)?
7. Erstelle eine differenzierte Mindmap, in der alle in Kapitel 1 genannten Einflussfaktoren auf die Konsumentscheidung enthalten sind. Die Grafik M27 kann dazu als Ausgangspunkt dienen.
8. Stelle mögliche Informationsquellen für die Kaufentscheidung mit ihren Vor- und Nachteilen gegenüber.
9. Diskutiert in der Klasse (und zu Hause), warum es für den Verbraucher schwierig sein kann, die Kriterien der Wirtschaftlichkeit und Nachhaltigkeit bei der Kaufentscheidung zu beachten.

1 Zusammenfassung

Entscheidungen beim Konsum

Entscheidungen beim Konsum
M3

Jeder Mensch hat unzählige **Bedürfnisse**. Diese unterscheiden sich auf Grund des Alters, des Geschlechts oder des kulturellen Hintergrunds. Um sich seine Wünsche erfüllen zu können, braucht man Geld, das für die meisten ein knappes Gut ist. Deshalb sollte man einen Überblick über seine Geldquellen, seine Bedürfnisse und Ausgaben haben. Indem man z. B. mithilfe einer Entscheidungsmatrix prüft, was man benötigt, und die Bedürfnisse gewichtet, kann man sinnvolle Entscheidungen treffen.

Bedürfnishierarchie
M6

Grundsätzlich wird zwischen physiologischen Bedürfnissen, Sicherheitsbedürfnissen, sozialen Bedürfnissen und Wertschätzungs- oder Geltungsbedürfnissen unterschieden. Dabei gilt, dass ein übergeordnetes Bedürfnis erst dann richtig empfunden werden kann, wenn das vorherige erfüllt ist. Werden diese Defizitbedürfnisse nicht befriedigt, drohen negative Konsequenzen für das Individuum (z. B. Krankheit). Sind sie erfüllt, stellt sich das Bedürfnis nach Selbstverwirklichung ein.

Wirtschaftliches Handeln
M11

Aus der Tatsache, dass die meisten Güter nicht unbegrenzt und kostenlos zu Verfügung stehen (im Gegensatz zu freien Gütern), menschliche Bedürfnisse aber ständig zunehmen, ergibt sich eine Mangelsituation (**Knappheit**). Sie zwingt uns z. B. beim Handykauf, bei der Budgetplanung im Haushalt oder beim Umgang mit dem knappen Gut Zeit zu **wirtschaftlichem**, also **planvollem Handeln**, um unsere Mittel möglichst wirkungsvoll (effizient) für die Güter einzusetzen, die wir benötigen. Um zu einer rationalen Entscheidung zu gelangen, müssen Informationen über die angebotenen Güter gesammelt und **Nutzen und Kosten** sorgfältig gegeneinander abgewogen werden. Die **Entscheidungsmatrix** ist ein dafür geeignetes Instrument.

Güter

Güter können Sachgüter, z. B. Waren, oder immaterielle Güter wie Dienstleistungen oder Rechte sein.

Beeinflussung des Verbraucherverhaltens durch Werbung
M16

Durch **Werbung** für ein Produkt soll unsere Kaufentscheidung beeinflusst werden. Dabei folgt die Werbung oft dem klassischen **AIDA-Modell**. Ihm zufolge wird zunächst Aufmerksamkeit für ein Produkt erregt und so das Interesse am Produkt geweckt. Dies soll zum Besitzwunsch und schließlich zum Kauf führen. Da Bilder besonders gut im Gedächtnis der Menschen haften bleiben, ist inzwischen das Kultmarketing (Product-Placement) in Fernsehsendungen weit verbreitet. Allerdings führt die Überflutung der Verbraucher mit Werbung auch zu einer gewissen Abstumpfung gegenüber Werbeinhalten.

Nachhaltigkeit und Konsum
M20, M23–M25, M27

Wirklich billig ist nicht immer auch wirklich wirtschaftlich, denn mit unserem Konsum belasten wir oft auch unsere Umwelt und verbrauchen nicht erneuerbare Ressourcen. Daraus erwächst die Forderung nach mehr **Nachhaltigkeit** beim Konsum. Dies bedeutet, dass **bewusste Konsumentscheidungen** dazu beitragen sollen, dass auch künftige Generationen eine lebenswerte Umwelt vorfinden und dass ihre ökologische und ökonomische Lebensgrundlage erhalten bleibt. Insbesondere der Konsum von **freien Gütern** (Luft, Wasser, ...) und **Kollektivgütern** (Straßen, staatliches Gesundheitswesen, ...) hat zur Folge, dass diese Güter übernutzt werden, da der Einzelne keinen (angemessenen) Preis bezahlen muss und die Kosten letztlich auf die Allgemeinheit umgelegt werden.
Über Verordnungen und marktwirtschaftliche Anreize wird versucht, die Menschen zu einem nachhaltigen Konsumverhalten anzuregen.

1.2 Entscheidungen beim Umgang mit Geld

1.2.1 Wofür brauchen wir Geld?

M1 „Geld regiert die Welt“

Nicht wer wenig hat, sondern wer viel hat, ist arm!
Seneca (65 n. Chr.)

Geld stinkt nicht!
(lateinisches Sprichwort)
Kaiser Vespasian

Geld ist geprägte Freiheit!
Fjodor Dostojewski (1881)

GELD ALLEIN MACHT NICHT GLÜCKLICH, ABER ES IST BESSER, IN EINEM TAXI ZU WEINEN ALS IN DER STRAßENBAHN!
Marcel Reich-Ranicki (Literaturkritiker)

Und Jesus ging in den Tempel hinein und trieb heraus alle Verkäufer und Käufer im Tempel und stieß die Tische der Geldwechsler um und die Stände der Taubenhändler
Matthäus, 21, Vers 23

DIE PHÖNIZIER HABEN DAS GELD ERFUNDEN. ABER WARUM SO WENIG?
Seneca (65 n. Chr.)

Zusammenstellung des Autors

M2 Warum das Geld erfunden werden musste

Der Tausch „Ware gegen Ware“ war in den früheren Zeiten nicht immer ganz einfach. Oft musste um mehrere Ecken herum getauscht werden, bis jeder das hatte, was er brauchte. Ein anderes Problem lag darin, dass viele der Tauschgegenstände nicht teilbar waren. Was geschah, wenn ein Brot eigentlich 2 1/2 Eier kosten sollte? Außerdem war es nicht besonders praktisch, mit Eiern zum Einkaufen zu gehen. Was machte ein Bauer, der eine Ziege gegen ein Schwein tauschen wollte, wenn das Schwein aber wertvoller war? Dann musste er dem Schweinebesitzer zusätzlich noch ein Zicklein oder vielleicht nur einen Krug Wein anbieten, damit beide mit dem Tausch einverstanden waren. Wäre das Geld nicht schon erfunden worden, müsste man es heute allein aus praktischen Gründen schnellstens erfinden!

Den Menschen damals wurde allmählich klar, dass es einfacher war, sich auf einen bestimmten Gegenstand als Zahlungsmittel zu einigen, gegen den immer getauscht wurde. Damit war das Geld erfunden, obwohl es noch keine Ähnlichkeit mit unserem heutigen Geld hatte und auch noch nicht so hieß. Das Geld wurde nicht von einer bestimmten Person erfunden. Es war eine Entwicklung über etwa 4.000 Jahre hinweg. Überall dort, wo die Menschen auf Tausch angewiesen waren, entstand zu unterschiedlichen Zeiten Geld.

Woraus bestand das erste Geld? In den verschiedenen Teilen der Erde benutzten die Menschen ganz unterschiedliche Dinge als Geld, z. B. Salz oder Tee. In anderen Gegenden hat man sich auf Tierfelle oder Muscheln als Tauschgegenstände geeinigt. Meist waren es seltene und damit kostbare Produkte aus der Natur. Daher nennt man diese frühe Form des Geldes auch „Naturalgeld“. Damals wie heute war das Allerwichtigste bei Geld, dass sich die Menschen alle einig darüber waren, es als Tauschgegenstand anzunehmen. Heute spricht man von der Zahlungsmittelfunktion bestimmter Gegenstände. Geld ist, was gilt – egal, woraus es besteht.

Angenommen, Max lebt in einer Gegend, in der man sich auf Muscheln als Zahlungsmittel geeinigt hat. Wenn ein Bauer dort zum Markt geht, bekommt er für den Verkauf seiner Ziege vielleicht 10 Muscheln. Damit geht er zum Bäcker und kauft sich für 1 Muschel ein Brot. Beim Tuchmacher kauft er sich für 3 Muscheln Stoff und bezahlt mit 6 Muscheln einen Landarbeiter, der ihm am nächsten Tag bei der Ernte hilft. Geld vereinfacht das Leben! Sonst hätte er sich alles für eine Ziege bei vier Leuten ertauschen müssen.

Geld aus aller Welt

Die ersten Münzen wurden von den Lydern, einem Volk in Kleinasien, um 650 v. Chr. erfunden. Es wurden einheitlich große Metallstücke hergestellt.

Kaurimuscheln waren in ganz Südostasien gängiges Zahlungsmittel.

Das wäre nur gegangen, wenn er die Ziege geschlachtet und in mehrere Teile geteilt hätte. Ob seine Tauschpartner aber gerade Lust auf Ziegenfleisch gehabt hätten?

Das Geld war nicht nur Tauschmittel, sondern gleichzeitig eine Recheneinheit. Wenn alle dasselbe Tauschmittel zum Bezahlen benutzen, lassen sich die Preise besser berechnen und vergleichen. Beim Tausch ohne Geld hätte Max nur schwer feststellen können, ob eine Ziege, die 3 Hühner kostet, billiger oder teurer war als eine Ziege, die 2 Meter gewebtes Tuch kostete. Mit Geld dagegen war es schnell klar, dass eine Ziege für 10 Muscheln günstiger war als eine für 12 Muscheln.

Die Menschen merkten immer mehr, dass das Geld aber noch eine andere Aufgabe erfüllt: Man konnte das Geld und damit seinen Wert aufbewahren und sparen. Wenn man Geld verdiente, konnte man es zur Seite legen und später auch noch verwenden. Die Muscheln aus dem Verkauf der Ziege konnte der Bauer erst einmal mit nach Hause nehmen und sich irgendwann zu einem späteren Zeitpunkt etwas dafür kaufen.

Mit dem Naturalgeld wurde das Einkaufen und Verkaufen sehr viel einfacher und schneller. Vielleicht bekamen die Kinder damals das erste Taschengeld der Geschichte, z. B. eine Muschel im Monat, die sie in einem Tongefäß aufbewahrten. Dafür konnten sie sich Zuckerrohrstangen zum Auslutschen oder Schnitzwerkzeug für Pfeil und Bogen kaufen. Aus heutiger Sicht wären Muscheln ein merkwürdiges Taschengeld, aber die Kinder von früher würden sich genauso darüber wundern, dass man heute mit Metallstücken oder bunt bedruckten Papierstreifen bezahlen kann.

Eigentlich ist die Entwicklung des Geldes auch heute längst noch nicht abgeschlossen. Münzen und Scheine sind nicht mehr die einzigen heute gültigen Zahlungsmittel. Die Eltern von Max zahlen auch mit Plastikkarten, Banküberweisungen oder sogar elektronisch per Computer. Wer weiß schon, womit die Kinder und Kindeskinder von Max in hundert Jahren zahlen werden?

Birgit Neiser, Ralf Butschkow, Max macht Mäuse, Kempen 2000, S. 11–15

▶M3 Phasen der Geldentstehung

Nach der Phase des Naturaltausches (einstufiger Tauschhandel) begann man allmählich, das Naturalgeld als Zwischentauschmittel (zweistufiger Tauschhandel) zu verwenden. Kaurimuscheln oder Salz waren typisch für die Verwendung als Naturalgeld. Metalle wie Kupfer, Silber oder Gold waren ebenfalls Naturalgeld, denn auch sie waren vergleichsweise selten, haltbar und gut zu transportieren. Anfangs wurden diese in Ringe, Stäbe oder aber Barren gegossen. Von diesen Metallbarren hackte man bei Bedarf entsprechende Stücke ab und wog diese. Doch stand nicht überall eine Waage zur Verfügung. Erst mit der Einführung von Münzen als einheitlich große Stücke aus Edelmetall garantierte der Hersteller dieser Münzen für deren Gewicht und Wert.

Eine große Inflation (vgl. Infobox S. 34) setzte mit der Entdeckung der Neuen Welt durch Kolumbus und weitere Abenteurer ein. Das viele Silber und Gold, das in den beiden Amerikas gewonnen und nach Europa verschifft wurde, traf die dortigen Märkte unvorbereitet. Immense Mengen Goldes standen plötzlich zur Verfügung, es kam zur Entwer-

tung der Goldwährung und damit zur ersten Inflation. In der folgenden Zeit entwickelten sich neben den Münzen auch Geldscheine, die leichter zu transportieren waren und auch einen vergleichsweise höheren Wert haben konnten. Als Urkunde bestätigte der Herausgeber der Banknote, dass er für den darauf verbrieften Wert haftet. Natürlich waren nun auch Fälschungen leichter möglich als bei Münzen.
In jüngster Zeit haben sich, nicht zuletzt durch die Einführung von Computern, die Zahlungssysteme verbessert bzw. werden Dienstleistungen immer differenzierter. Neben Telefon- und Onlinebanking, die von jedem beliebigen Ort durchgeführt werden können, erlauben diverse Formen von Kreditkarten ein schnelles und unbürokratisches Abheben von Geld und das Bezahlen von Rechnungen vor Ort. Einlagen auf Girokonten werden als Sichteinlagen bezeichnet. Über dieses sogenannte Buchgeld können die Kontoinhaber jederzeit verfügen. Schlagworte wie „PIN“ (Persönliche Identifikations-Nummer; vierstellig), „TAN“ (Transaktionsnummer, meist fünfstellig) oder „IBAN“ (International Banking Account Number) werden heutzutage ganz selbstverständlich verwendet. Jedoch wird es auch immer Zahlungen geben, die nur mittels Bargeld ausgeführt werden können. Oder wie will man einem Obdachlosen eine kleine Aufmerksamkeit zukommen lassen ...?
Autorentext

Aufgaben

1. Wähle ein Zitat aus M1, das dich besonders anspricht, und erkläre warum.
2. Formuliere eine mögliche Definition für den Begriff „Geld“. Beziehe dich dabei auf die Funktionen des Geldes, wie sie in M2 beschrieben werden.
3. Sammle Argumente, warum die Geldwirtschaft der Tauschwirtschaft überlegen ist (M2, M3).
4. Internettipp: Unter www.moneymuseum.com und unter www.geldmuseum.de erhältst du weitere, anschaulich aufbereitete Informationen zur Geschichte des Geldes.

Methode

Expertenbefragung

Experten sind fachlich qualifizierte und meist auch wissenschaftlich ausgebildete Fachleute, in weiterem Sinn aber auch alle, die in einem Problembereich, z. B. als Beteiligte oder Betroffene, sich besonders gut auskennen. Ziel einer Expertenbefragung ist es, genauere Kenntnisse über einen Sachbereich zu erhalten.

Informationsphase
Ohne Vorinformationen macht eine Expertenbefragung keinen Sinn. Sie kann also immer erst nach der Recherche (z. B. Fachliteratur oder Internet) erfolgen. Will man z. B. einen Experten zur Entwicklung der Zinsen befragen, muss man die aktuellen Daten und die Entwicklung der letzten Monate kennen.

Vorbereitung
Nach diesem Arbeitsschritt beginnt die Planung der Expertenbefragung. Bevor diese konkret werden kann, müssen grundsätzliche Fragen geklärt werden, z. B.:

- Zu welchem Problemfeld / Thema sollen zusätzliche Informationen oder Beurteilungen eingeholt werden?
- Welche Informationen sind schon vorhanden? Muss noch weiter recherchiert werden?
- Welche Fragen aus unserem Problembereich haben wir an den Experten?
- Welcher Experte ist für unsere Fragestellung geeignet? Was können wir von ihm zu unserem Thema erwarten? Wo liegen die Schwerpunkte seiner Arbeit? Vertritt er bestimmte Interessen?

Wie soll die Befragung strukturiert werden? Man kann z. B. einen Leitfaden erstellen, in dem festgehalten wird, wie der Kontakt aufgenommen werden soll; welche Informationen, Erfahrungen, Einschätzungen oder Bewertungen erfragt werden sollen; wie die Fragen aufgebaut werden sollen – vom Allgemeinen zum Besonderen – von offenen zu geschlossenen Fragen; und wie das Gespräch beendet werden soll.

- Konkrete Fragen sollten am besten vorformuliert werden.
- Wer stellt die Fragen?
- Wo wird die Befragung durchgeführt? (Welche Sitzordnung ist geeignet?)
- Wie soll die Befragung aufgezeichnet werden (Video, Tonband, Mitschrift)?
- Vor allem wenn Video- oder Tonbandmitschnitte geplant sind, ist es sinnvoll, eine Testbefragung durchzuführen, um sicherzustellen, dass die Technik auch das gewünschte Ergebnis liefert.

Durchführung
- Kontaktaufnahme: Dies ist der erste Schritt und sollte persönlich erfolgen. Man begrüßt den Gast, und man stellt sich vor. Ziele und Ablauf der Befragung werden offengelegt, um den Gesprächspartner zu motivieren.
- Eröffnungsfragen („Wir interessieren uns für ...", „Können Sie uns sagen, ...?") führen zum Thema hin.
- Informationsfragen („Wir haben gelesen, dass ... Stimmen Sie dem zu?", „Der Leiter der Abteilung hat gesagt ... Sehen Sie das auch so?") legen die Grundlage für das Gespräch.
- Sondierungsfragen („Können Sie uns dies näher erläutern?") führen in die Einschätzungsphase.
- Einschätzungsfragen: „Was halten Sie von ...?" „Woran liegt das Ihrer Meinung nach?", „Welche Erfahrungen haben Sie damit gemacht?"
- Offene Fragen: „Wie haben Sie das gemacht?" (warum, wozu?)
- Bewertungsfragen stehen am Ende des Gesprächs. Hier geht es in die Bewertung des Problems und um das Aufzeigen von Lösungsmöglichkeiten („Wie beurteilen Sie den Vorschlag ...?", „Welche Vorschläge haben Sie zu machen?").
- Rhetorische Fragen („Davon sind Sie wohl nicht überzeugt!") können die Skepsis gegenüber bestimmten Wegen verdeutlichen.
- Dank: Am Ende sollte man nicht vergessen, sich für das Gespräch zu bedanken. Ist eine Veröffentlichung geplant (z. B. in der Schülerzeitung), muss das Gespräch autorisiert werden.

Auswertung
Zielsetzung der Befragung, Leitfaden, Ergebnisse müssen nun zusammengefasst werden. Man kann dabei nach folgenden Kriterien vorgehen:
- Beschreiben: Ziele, Rahmenbedingungen, Inhalt
- Untersuchen: Sind alle Sachverhalte beantwortet worden? Sind einige offen geblieben? Ist der Experte einigen Fragen bewusst ausgewichen?
- Beurteilen: Aussagewert der Expertenbefragung. (Welche Ansätze/Interessen hat der Experte vertreten? War er zu einseitig? Sollte man eine weitere Expertenbefragung durchführen, um andere Ansätze genauso beurteilen zu können?)

nach: LEU (Hg.), Seminarkursbuch, Stuttgart 1999, Heft 99/14, S. 53 und Elisabeth Mehrmann, Vom Konzept zum Interview, Düsseldorf 1995

M4 Der Wert des Geldes

In der Trabantenstadt, die nahe dem gallischen Dorf errichtet wurde, sind Einwohner aus Rom eingezogen. Ihre täglichen Einkäufe erledigen Sie in der Nachbarschaft bei den Galliern ...

G. Goscinny, A. Uderzo, Die Trabantenstadt, übers. von Gudrun Penndorf, Berlin 1974, S. 32 f.

M5 Was bedeutet Inflation?

Victor Klemperer (1881–1960), deutscher Schriftsteller und Literaturwissenschaftler, erlebte die Inflation von 1923. In seinen Tagebucheinträgen schildert er den Alltag:

Freitag Abend, 29. Juni

Am Nachmittag kam ein geschriebener Brief vo[m] Athenaion[-Verlag] mit Teilzahlung. Check über zwei Millionen. Aber was ist das alles? Eva wünschte, ein paar Laken anzuschaffen; das Stück sollte gegen 140.000 Mark kosten. Wir kaufen noch sehr billigen Kaffeevorrat: das Pfund 48.000 Mark. Heute kostet es schon 60.000 Mark. Und so ist es mit allem.

Samstag Abend nach 10, 7. Juli

Vormittag meine 2 Millionen vom Athenaion erhalten und mit Eva in glühender Hitze zu Einkäufen in città. Ein billigster Anzug für 600.000 gekauft – Eva schalt, dass ich nicht noch einen zweiten, besseren für eine Million dazu nahm. Eine Wringmaschine für 250.000, Nähgarn, eine 2.000 Meter-Rolle, für 60.000 usw., mehr als eine Million ausgegeben. Auf der Staatsbank Auftrag: Duxpapiere bei 125.000 zu verkaufen, Sächs. Handelsbank bis 65.000 zu kaufen. ...

Sonntag Morgen, 30. September

Gestern Abend zu Gerstles geladen. Ich trug das erstemal einen Anzug, den ich im Juli für eine Million gekauft habe. Gestern kostete eine Semmel auf Marken eine Million u. eine Straßenbahnfahrt 10 Millionen. Die wahnsinnige Teuerung und qualvolle Finanzlage frisst alles Geistige u. Seelische auf. Gestern lieh ich mir von Thieme, der ebensoviel Geld bezieht wie ich, 500 Millionen u. kaufte für Eva in der Stadt ein paar Stiefel für 688 Millionen, denn Montag, wenn ich mein eigenes Geld in Händen halte, werden sie das Doppelte kosten.

Victor Klemperer, Leben sammeln, nicht fragen wozu und warum, Tagebücher 1918–1924, Berlin 1996

Die Reichsbank konnte den schwindelerregenden Wertverlust des Geldes durch vermehrten Notendruck nicht mehr ausgleichen. Deshalb wurden von mehr als 5.800 Städten, Gemeinden und Firmen eigene Notscheine herausgegeben.

▶ M6 Verbraucherpreise in Deutschland

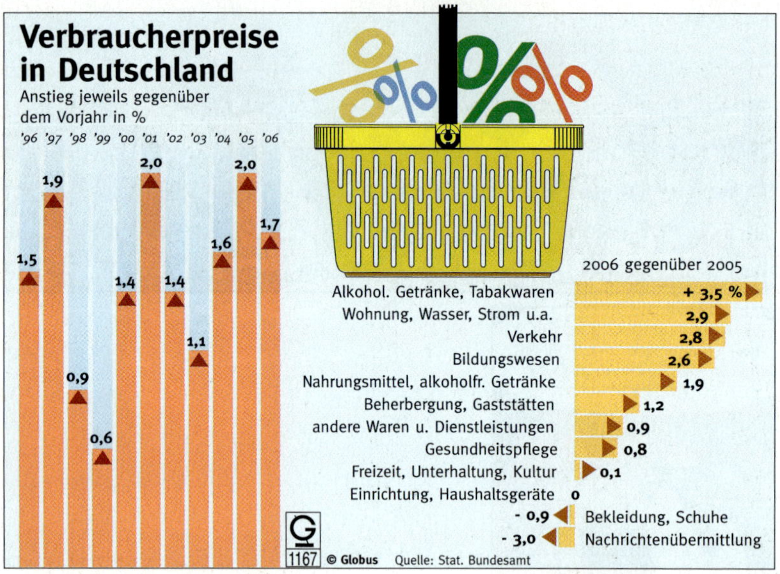

Infobox

Inflation

Eine Inflation gibt es dann, wenn in einem Staat insgesamt mehr Geld vorhanden ist, als es Waren und Güter gibt. Wie kann es dazu kommen? Wenn zum Beispiel die oberste Bank in einem Staat, die Zentralbank, zu viel Geld drucken lässt. Der Grund dafür kann sein, dass eine Regierung zu viele Schulden hat und deshalb von der Zentralbank verlangt, mehr Geld zu drucken, um die Schulden zu bezahlen. Das kommt heute aber nur noch selten vor, weil die meisten Regierungen und Zentralbanken wissen, dass das für die Wirtschaft eines Landes gefährlich ist.

Eine Inflation kann dadurch anfangen, dass bestimmte Waren mehr und schneller gekauft werden, als sie hergestellt werden können. Dann steigen zuerst die Preise und die Menschen kaufen die Waren noch schneller, bevor sie noch teurer werden. Oft befürchten Menschen und Unternehmen, dass auch andere Waren jetzt teurer werden und kaufen diese dann auch. Das kann dazu führen, dass plötzlich alle ihr Geld nicht mehr behalten, sondern schnell ausgeben. Vielleicht machen die Menschen zusätzlich auch noch Schulden, um noch mehr Waren kaufen zu können. Die mittlerweile seltenen Waren werden teurer und teurer und das viele Geld, das man dafür bezahlen muss, verliert immer mehr an Wert.

Die Zentralbanken passen daher immer sehr gut auf, wenn die Preise steigen und beobachten genau, wie schnell die Menschen das Geld ausgeben. Damit die Menschen nicht noch mehr Schulden machen und so die Inflation antreiben, sorgt die Bank dafür, dass es teurer wird, Geld zu leihen. Die wichtigste Aufgabe der Zentralbanken ist es also, dafür zu sorgen, dass der Wert unseres Geldes stabil bleibt.

http://www.hanisauland.de/lexikon/i/inflation.html (1.3.2007)

▶ Aufgaben

1. Erkläre, warum es in der Bildergeschichte zu einer Preiserhöhung gekommen ist (M4).
2. Beschreibe, wie die Familie Klemperer unter der Inflation leidet. Wie würdest du in dieser Situation reagieren (M5)?
3. Erläutere, wie sich Inflation auf die Funktion des Geldes als Tauschmittel und Wertübertragungsmittel auswirkt (M5, Infobox).
4. Berichte, in welchen Bereichen dir selbst schon einmal eine Preissteigerung aufgefallen ist (M6).

1.2.2 Zahlungsarten und Zahlungsverkehr

▶ M7 Rechnungen über Rechnungen

VIELEN DANK
FÜR
IHREN EINKAUF
27/01/07 000001
12:42
POPP
SCHLEMMERBAGUETTE €1.95 B
Zwischensumme €1.95
MWST 7% €0.13
***Gesamt €1.95
Bar Bar €5.00
Wechselgeld €3.05
BACKSHOP
IM BAHNHOF
LEICHT'S SERVICE BETRIEBE

Hübscher Buch & Medienhaus
Carl Hübscher GmbH
Grüner Markt 16
96047 Bamberg
Tel: 0951/982250
www.huebscher.de
F001 Kasse 01 Bed. 014 Bon 01350416
L620 1* 978-3-89940-927-7 24,95 V
Talk Talk. 4 CDs (AV)
Pos. 1 Summe EUR 24,95
Bar EUR 30,00
Bar Bar zurück EUR 5,05
-Mehrwertsteuerausweis-
MWKZ MWST ST-BETRAG NETTOBETRAG
(V) 19 % 3.98 20.97 EUR
Es bediente Sie Marie Luise B[redacted]hoff
Datum 17.02.2007 Zeit 11:31:23
Unsere USt-Id. NR.: DE 199379926
Wir danken für Ihren Besuch

DEUTSCHE POST AG
Bonn
82046206 1902 0030R
22.01.2007
15:21
Postwertzeichen
ohne Zuschlag
Nettoumsatz *0.55 EUR
Umsatzsteuerbefreiter Umsatz
gem. § 4 Nr. 11 b UStG
Ust-Identnr: DE 169838187

Klaus Maier
Am Brunnen 17
80687 München

Überweisung

Die Warmmiete für die
Wohnung „Karl-Ludwig-Str. 24"
beträgt 800.- Euro und
ist zahlbar bis zum
3. jeden Monats.

Mit freundlichen Grüßen

Klaus Maier

* Marktkauf *
Tankstelle
Dr. Robert Pfleger Str. 1
96052 Bamberg
* BENZIN BLEIFREI 64,16EU 1 *
* ZP 2 51,78 1 *
ZW-SUMME 64.16
MWST-BRUTTOUMS 64.16
19.00% MWST 1 10.24
NETTOUMSATZ 53.92
ZV-TERMINAL 64.16
Mit Karte
* Gute Fahrt *
UST-ID : DE 182734033
0313 02.03.07 12:59 0001 0001

▶ Aufgabe

Vergleiche die abgebildeten Rechnungen und beschreibe die einzelnen Bestandteile.
Wie wurden die Rechnungen wohl bezahlt?

M8 Zahlungsverkehr im Spannungsfeld

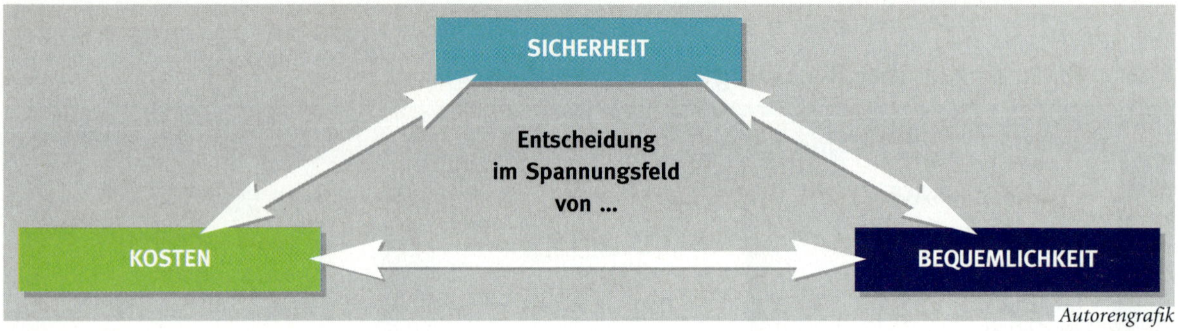

Autorengrafik

M9 Übersicht über die wichtigsten Zahlungsarten

Heute stehen einem Schuldner verschiedene Möglichkeiten offen, seine Schuld zu begleichen. Er kann beispielsweise bar bezahlen, eine Überweisung tätigen oder einen Dauerauftrag einrichten.

Barzahlung	Bezahlung mittels Münzen bzw. Geldscheinen.
Überweisung	Die Überweisung ist in Deutschland eines der häufigsten Zahlungsmittel. Dabei wird durch einen Zahlungsauftrag (Überweisungsformular) einmalig Geld von einem Konto auf ein anderes übertragen. Bei internationalen Überweisungen müssen auf dem Überweisungsbeleg sowohl der Internationale Bank-Code (BIC) als auch die Internationale Kontonummer (IBAN) enthalten sein.
Scheck	Kontoinhaber können auch mit einem Scheck über ihr Konto verfügen. Der Aussteller eines Schecks weist die Bank an, dem Überbringer des Schecks (Inhaber) eine bestimmte Geldsumme aus seinem Guthaben auszuzahlen. Enthält der Scheck die Aufschrift „Nur zur Verrechnung", so wird eine Barzahlung ausgeschlossen, da der Betrag dem Inhaber nur auf dessen Konto gutgeschrieben wird.
Dauerauftrag	Hiermit weist der Kontoinhaber die Bank an, Zahlungen von gleichbleibender Höhe in regelmäßigen Abständen an bestimmte Gläubiger auszuführen. Er wird z. B. für regelmäßig wiederkehrende Zahlungen wie Miete, Beiträge oder Überträge auf Sparkonten nur einmal ausgefertigt und gilt, wenn er nicht zeitlich begrenzt wird, bis zu seinem Widerruf.
Lastschrift	Die Lastschrift ist ein sogenanntes Einzugspapier. Der Zahlungsempfänger lässt durch Vermittlung eines Kreditinstituts aus dem Guthaben des Kontoinhabers einen ihm zustehenden Betrag abbuchen. Hierzu ist aber erforderlich, dass der Schuldner eine Einzugsermächtigung bzw. einen Abbuchungsauftrag erteilt hat. Lastschriften werden besonders bei periodisch wiederkehrenden Forderungen mit wechselnden Betragshöhen (z. B. Telefonkosten, Stromrechnungen etc.) gewählt.

Autorentext

Aufgabe

Wähle für folgende Zahlungen die geeignete Zahlungsart aus M9 und begründe deine Wahl mithilfe von M8:

a) Bezahlung der monatlichen Miete inklusive Nebenkosten
b) Kauf eines Fernsehers in einem Discounter
c) Darlehen von 100 Euro an einen Bekannten
d) Übergabe eines Lottogewinns von 100.000 Euro an den glücklichen Gewinner
e) Kauf einer Eigentumswohnung und Bezahlung der Kaufpreissumme
f) Bezahlung eines T-Shirts
g) Bezahlung der Rechnung für die Nutzung eines Handys

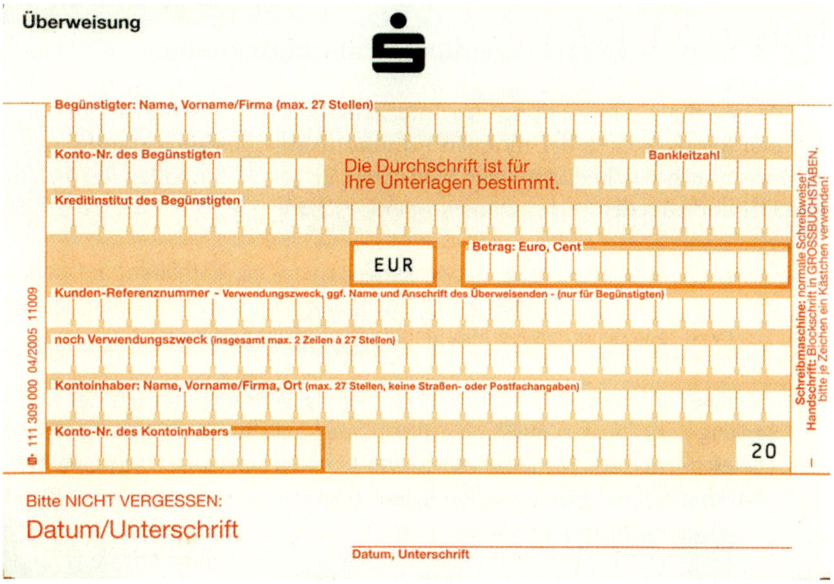
Überweisung

Begünstigter: Name, Vorname/Firma (max. 27 Stellen)
Konto-Nr. des Begünstigten
Bankleitzahl
Die Durchschrift ist für Ihre Unterlagen bestimmt.
Kreditinstitut des Begünstigten
EUR
Betrag: Euro, Cent
Kunden-Referenznummer - Verwendungszweck, ggf. Name und Anschrift des Überweisenden - (nur für Begünstigten)
noch Verwendungszweck (insgesamt max. 2 Zeilen à 27 Stellen)
Kontoinhaber: Name, Vorname/Firma, Ort (max. 27 Stellen, keine Straßen- oder Postfachangaben)
Konto-Nr. des Kontoinhabers
20
Schreibmaschine: normale Schreibweise! Handschrift: Blockschrift in GROSSBUCHSTABEN, bitte je Zeichen ein Kästchen verwenden!
111 309 000 04/2005 11009
Bitte NICHT VERGESSEN:
Datum/Unterschrift
Datum, Unterschrift

Das Überweisungsformular

Vordrucke für Überweisungen liegen in jeder Bankfiliale aus. Sie sind einfach auszufüllen: Name des Empfängers, dessen Kontonummer, Bankverbindung mit Bankleitzahl, der Betrag in EUR sowie der „Absender“, d. h. der Name des Kontoinhabers und dessen Kontonummer. Beim Verwendungszweck gibt man die Rechnungsnummer oder allgemein den Zweck der Überweisung an. Dann muss noch das Datum eingetragen und – ganz wichtig – der Auftrag muss unterschrieben werden. Die Durchschrift bewahrt man auf. Den ausgefüllten Überweisungsauftrag gibt man nun bei der Bank ab oder sendet ihn ihr zu. Dort wird geprüft, ob man über ein ausreichendes Guthaben auf dem Konto verfügt. Weist das Konto ein ausreichendes Guthaben auf, wird das Geld auf das Konto des Empfängers überwiesen.

Autorentext

M10 Bankbelege aufbewahren

Privatpersonen sind gesetzlich grundsätzlich nicht verpflichtet, Kontoauszüge und andere Bankbelege aufzuheben. Sie sollten es dennoch tun, um wichtige Zahlungen nachweisen zu können. Denn die Verjährungsfrist bei Alltagsgeschäften beträgt in der Regel drei Jahre. Rechnungen vom Versandhändler gehören ebenso dazu wie der Kauf eines Handys oder eines Computers. Eine Ausnahme gilt allerdings in den Fällen, die mit Leistungen im Zusammenhang mit einem Grundstück stehen. Hier ist eine gesetzliche Aufbewahrungsfrist von zwei Jahren festgelegt. Also: Kontoauszuge nicht zu früh entsorgen!

Bundesverband deutscher Banken (Hg.), Schul/Bank, 02/2005

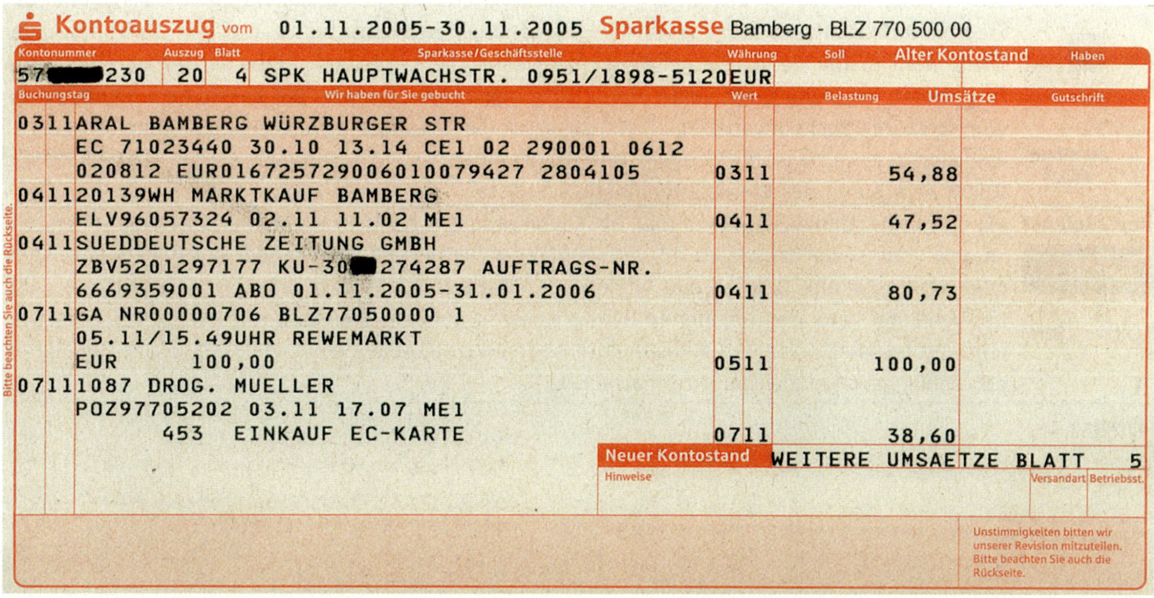
Kontoauszug vom 01.11.2005-30.11.2005 Sparkasse Bamberg - BLZ 770 500 00

Kontonummer	Auszug	Blatt	Sparkasse/Geschäftsstelle	Währung	Soll	Alter Kontostand	Haben
57[redacted]230	20	4	SPK HAUPTWACHSTR. 0951/1898-5120	EUR			

Buchungstag	Wir haben für Sie gebucht	Wert	Belastung (Umsätze)	Gutschrift
0311	ARAL BAMBERG WÜRZBURGER STR EC 71023440 30.10 13.14 CE1 02 290001 0612 020812 EUR0167257290060100794 27 2804105	0311	54,88	
0411	20139WH MARKTKAUF BAMBERG ELV96057324 02.11 11.02 ME1	0411	47,52	
0411	SUEDDEUTSCHE ZEITUNG GMBH ZBV5201297177 KU-30[redacted]274287 AUFTRAGS-NR. 6669359001 ABO 01.11.2005-31.01.2006	0411	80,73	
0711	GA NR00000706 BLZ77050000 1 05.11/15.49UHR REWEMARKT EUR 100,00	0511	100,00	
0711	1087 DROG. MUELLER POZ97705202 03.11 17.07 ME1 453 EINKAUF EC-KARTE	0711	38,60	

Neuer Kontostand WEITERE UMSAETZE BLATT 5
Hinweise | Versandart | Betriebsst.
Unstimmigkeiten bitten wir unserer Revision mitzuteilen. Bitte beachten Sie auch die Rückseite.
Bitte beachten Sie auch die Rückseite.

M11 Neue Formen bargeldloser Zahlungssysteme

Mit der rasanten Entwicklung des Internethandels und den Möglichkeiten der mobilen Kommunikation wächst auch das Bedürfnis der Menschen, an jedem Ort und zu jeder Zeit einkaufen oder Geschäfte abschließen zu können. Deshalb entstanden und entstehen ständig neue elektronische Zahlungssysteme. Sie sollen flexibel, nutzerfreundlich und sicher sein.

Geldkarte	Auf der ec- oder Servicekarte ist ein Chip enthalten, auf dem ein Guthaben speicherbar ist. Von diesem Guthaben werden dann die Käufe bezahlt. Wenn das Guthaben verbraucht ist, kann es an speziellen Ladestationen wieder aufgeladen werden.
Online-Banking / Telefon-Banking	Durch einen elektronischen Zugang per Computer hat der Nutzer Zugang zu seinen Konten. Hierzu muss zumeist eine PIN (= persönliche Identifikationsnummer) und ein Codewort eingegeben werden. Für jede Transaktion benötigt man zusätzlich eine TAN (= Transaktionsnummer), die nur einmal gültig ist. Von seiner Bank erhält man neben der PIN eine TAN-Liste, auf der die jeweils möglichen TAN stehen. Im Falle des Telefon-Bankings erfolgt der Zugang ebenfalls per Passwort bei einem Call-Center der Bank.
POS (point of sale) electronic cash	Die ec-Kartendaten werden in der dafür vorgesehenen Kasse eingelesen und vom Kunden wird durch die Eingabe einer PIN eine Erlaubnis zur Abbuchung des Betrages erteilt. Der Bezahler erhält eine Quittung. Hierzu wird die Nummer bei einer Autorisierungszentrale überprüft und die Zahlung dann mit Zahlungsgarantie freigegeben.
POZ-System (point of sale ohne Zahlungsgarantie)	Mit der Unterschrift auf einem Beleg gibt man sein Einverständnis, dass der Rechnungsbetrag vom Girokonto per Lastschrift abgebucht werden darf.
Kreditkarte	Das Verfahren ist sehr ähnlich dem POZ-Verfahren. Der Unterschied besteht darin, dass die mit der Kreditkarte bezahlten Beträge in aller Regel monatlich per Lastschrift von einem Girokonto abgebucht werden. Der Besitzer einer Kreditkarte kann die Leistungen eines Vertragsunternehmens (z. B. Hotel, Restaurant) mit seiner Kreditkarte begleichen. Er muss die Rechnung lediglich unterschreiben. Den Rechnungsbetrag ersetzt zunächst das Kreditkartenunternehmen unter Abzug einer Provision dem Vertragsunternehmen. Alle eingehenden Rechnungsbeträge werden dann einmal im Monat dem Konto des Kreditkarteninhabers belastet.
Bezahldienst	Mit diesen Bezahldiensten kann man als Käufer jederzeit bequem und sicher online bezahlen, ohne dass man seine Bankdaten an den Empfänger herausgibt. Man sendet per Banküberweisung oder per Kreditkarte Geld an den Anbieter des Bezahlsystems bzw. lädt dort sein Guthaben auf. Der Verkäufer kann den erhaltenen Betrag jederzeit auf sein Bankkonto überweisen. Dieses System wird beispielsweise von online-Auktionsbörsen (z. B. ebay) verwendet, um für alle Beteiligten den Zahlungsvorgang sicherer zu machen.

Autorentext

M12 Sicherheit im Internet: Gefahren des „Phishing“

Sicherheit im Internet: Spam-Mails, Viren und Trojaner sind für die Internetnutzer bekannte Plagen. Seit kurzem gibt es eine neue: das sogenannte „Phishing“. Das Wort setzt sich aus „Password“ und „fishing“ zusammen. Gemeint ist damit „nach Passwörtern angeln“. Phishing-Betrüger fälschen E-Mails und auch Internetseiten von Banken und Sparkassen, um unbedarfte Bankkunden zu verleiten, vertrauliche Daten wie Passwörter, Zugangsdaten oder Kreditkartennummern preiszugeben. Dabei erhält der Kunde eine E-Mail mit dem gefälschten Absender seiner Bank. In dieser E-Mail wird der Kunde entweder direkt aufgefordert, seine Kontonummer, PIN und TANs in der Rückantwort anzugeben. Oder die E-Mail verlinkt auf eine gefälschte Internetseite, die das Aussehen der offiziellen Banken- oder Sparkassen-Homepage hat. Als seriöse Bank getarnt gelangen Phishing-Betrüger so an die Daten argloser Kunden. Auf keinen Fall sollte man auf diesen Seiten irgendwelche persönlichen Daten eingeben. Grundsätzlich sollte man sich daher nicht auf das Aussehen der Webseite verlassen, sondern deren Echtheit prüfen.

http://www.sskm.de/sskmwww/sskmwww_prod/sskmwww/tipps_hilfe/internetbanking/sicherheit (13.8.2005)

Aufgaben

1. Stelle in einer Tabelle gegenüber, welche Vor- und Nachteile die einzelnen Zahlungsverfahren aus der Sicht des Schuldners generell haben (M8, M9, M11).
2. Erläutere, wie man sich gegen die Gefahren des „Phishing“ schützen kann (M12).
3. Recherchiere auf den Internetseiten verschiedener Banken, welche Kosten für den Kunden bei den verschiedenen Zahlungsformen anfallen.
4. Vergleiche die Preise für die Einrichtung und Führung eines Girokontos bei verschiedenen Kreditinstituten. Erkundige dich, wofür man ein Girokonto benötigt und welche Vorteile dieses bietet.
5. Zur Vertiefung: Führt eine Expertenbefragung bei einer Bank durch (vgl. Methode S. 31).

1.2.3 Entscheidungen bei der Geldanlage

M13 Die Qual der Wahl!

Liebe Frau Claudia Hutterer,

hiermit möchte ich Ihnen mitteilen, dass Sie von Ihrer Tante Clara die Summe von 25.000,– € als Erbteil erhalten haben. Ich bitte Sie, in den nächsten Tagen Kontakt mit mir aufzunehmen.

Mit freundlichen Grüßen
C. Claasen, Notar

M14 Kriterien für die Geldanlage im Zielkonflikt

Für die Bewertung von Geldanlagen gibt es drei Hauptkriterien: Sicherheit, Rendite und Liquidität.

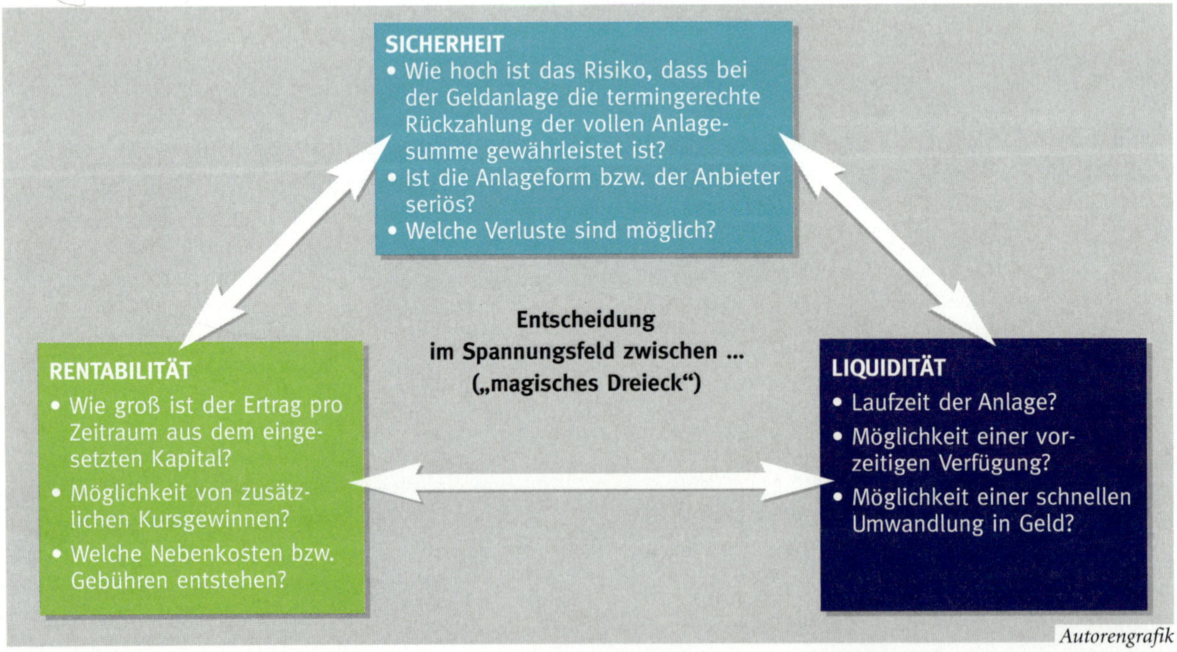

Autorengrafik

Aufgaben

1. Claudia Hutterer und ihre Mutter haben unterschiedliche Vorstellungen davon, wie Claudias Erbschaft verwendet werden sollte. Versucht in einem Rollenspiel die unterschiedlichen Positionen von Claudia Hutterer und ihrer Mutter darzustellen (M13, nebenstehende Rollenkarten).
2. Welche Alternativen für die Verwendung des Erbes sind dargestellt? Finde weitere Alternativen und wäge jeweils die Vor- und Nachteile ab (M13).
3. Die Comicfigur Dagobert Duck hortet ihre Goldtaler in einem riesigen Geldspeicher. Bewerte diese Form der Geldanlage anhand der Kriterien aus M14.

Claudia ...

- ... freut sich über das Geld und möchte sich sofort viele Wünsche erfüllen:
  - → ein Pferd erwerben
  - → einen Motoroller kaufen
  - → neue Kleidung anschaffen
- ... da sie bald volljährig wird, will sie
  - → den Führerschein machen
  - → ein bisschen Geld zur Seite legen

Claudias Mutter ...

- ... denkt an die Zukunft ihrer Tochter und möchte deswegen das Geld möglichst längerfristig anlegen.
- Sie überlegt, wie man am sinnvollsten die geerbten 25.000 Euro anlegen könnte.
- Da ihre Tochter erst 17 Jahre alt ist, ist sie der Meinung, dass sie später auch noch konsumieren kann.

M15 Wer die Wahl hat ...

Claudia möchte 1.000 Euro gewinnbringend anlegen. Hierzu hat sie sich von verschiedenen Banken Prospekte über Anlageformen, die jeweiligen Konditionen und Laufzeiten besorgt. Aus diesen hat sie drei Alternativen ausgewählt:

SPARBRIEF unserer Bank
über eine Laufzeit
von 5 Jahren bei *sagenhaften*

3,0 %

Zinsen jährlich bis zum
Laufzeitende.
Sichern Sie noch heute Ihre
Top-Zinsen!

Ein Angebot Ihrer A-Bank

SPARKASSEN
Bundesschatzbrief (Typ A)

der
Bundesrepublik Deutschland
mit einer Laufzeit
von 5 Jahren bei jährlicher
Zinsausschüttung von
garantierten **3 %.**

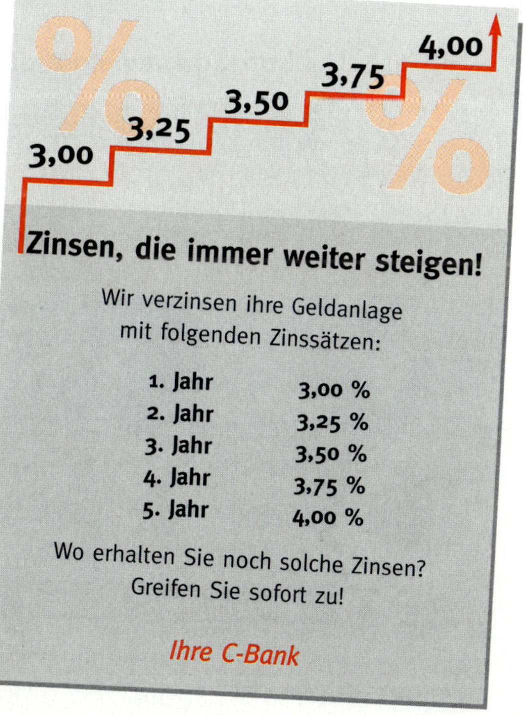

Zinsen, die immer weiter steigen!

Wir verzinsen ihre Geldanlage
mit folgenden Zinssätzen:

1. Jahr	**3,00 %**
2. Jahr	**3,25 %**
3. Jahr	**3,50 %**
4. Jahr	**3,75 %**
5. Jahr	**4,00 %**

Wo erhalten Sie noch solche Zinsen?
Greifen Sie sofort zu!

Ihre C-Bank

M16 Rentabilitätsberechnung am Beispiel einer Geldanlage

- Bank A bietet einen **Sparbrief** zu 3 % Zins mit einer Laufzeit von fünf Jahren an.
  Die Formel für Zins und Zinseszins lautet:

$$K(t) = K(0) \times (1 + i)^t$$

K(t)	Kapital am Ende des Jahres t
K(0)	Startkapital am Jahresbeginn (im Beispiel 1.000 €)
i	Zinssatz
t	Zeit in Jahren

Berechnung der Gesamtsumme mit Zinssatz:

$$K(5) = 1.000\ € \times (1{,}03)^5 = 1.159{,}27\ €$$

- Sparkasse B empfiehlt einen **Bundesschatzbrief** (Typ A) mit einem Zinssatz von ebenfalls 3 % und einer Laufzeit von 5 Jahren. Allerdings wird kein Zinseszins berechnet und die Zinszahlung erfolgt jährlich.

Berechnung der Endsumme mit jährlichen Zinsen:

$$K(5) = 1.000\ € + 5 \times 30 = 1.150\ €$$

- Bank C empfiehlt das **Zuwachssparen** mit unterschiedlich gestaffelten Zinssätzen. Danach erhält der Kunde im ersten Jahr 3,0 %, im zweiten Jahr 3,25 % usw. bis im fünften Jahr 4,0 %.

Berechnung der Gesamtsumme:

K(1) = 1.000,00 € x 1,03	= 1.030,00 €
K(2) = 1.030,00 € x 1,0325	= 1.063,48 €
K(3) = 1.063,48 € x 1,035	= 1.100,70 €
K(4) = 1.100,70 € x 1,0375	= 1.141,98 €
K(5) = 1.141,98 € x 1,04	= 1.187,66 €

Autorentext

Aufgabe

Berechne die Rentabilität der Anlagen, wenn für den Sparbrief 4,0 %, den Bundesschatzbrief 4,1 % und für das Zuwachssparen 3,5–4,5 % Zinsen gezahlt werden (M16).

M17 Die Konsumenten im Kaufrausch ...

Suttmann/ccc, www.c5.net

M18 Das Sparverhalten der Deutschen

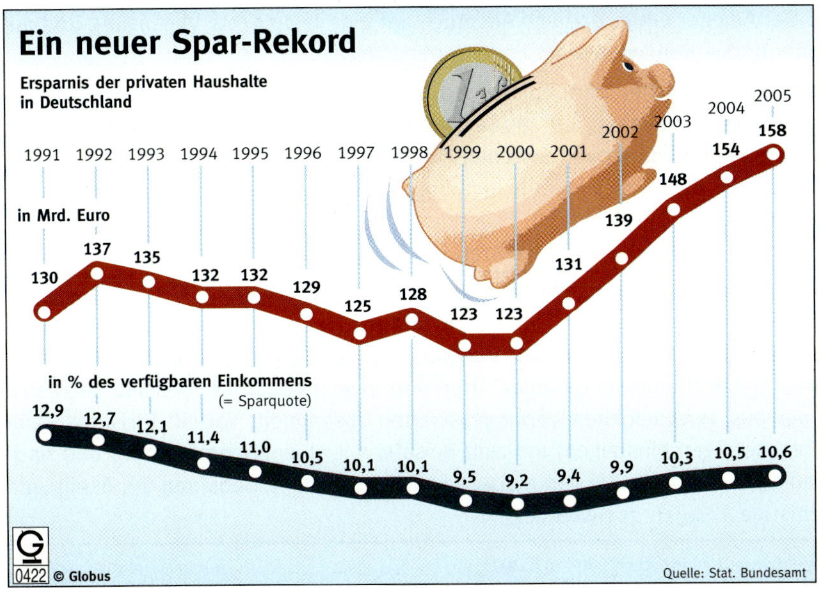

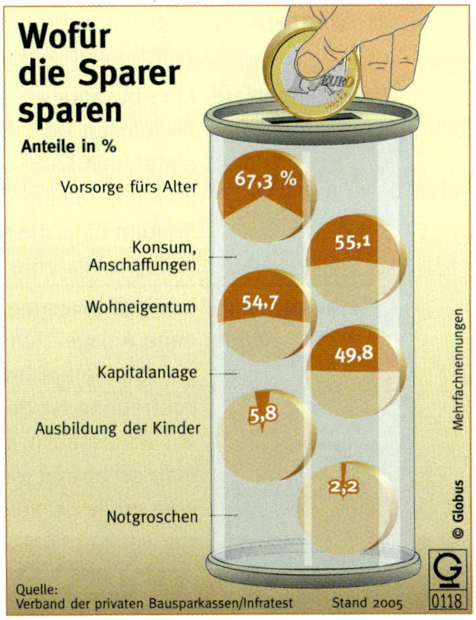

M19 Anlageformen in der Übersicht

Die meisten Menschen haben konkrete Wünsche: die eigene Wohnung, den Führerschein, den nächsten Urlaub, einen Computer. Nur wie diese Wünsche erfüllen? Wenn man nicht gerade die Millionen gewinnt, heißt das wohl Sparen. Die folgende Tabelle zeigt typische Beispiele für eine Geldanlage:

Anlageart	Bewertung
Spareinlagen (Sparbuch) **und Sparbriefe**	Sicherheit bietet das Sparbuch zweifellos. Bei der Rendite allerdings enttäuscht dieses, da viele Institute lediglich einen niedrigen Zinssatz bieten. Mit anderen Worten, der Sparer verliert bei einer Inflationsrate von derzeit rund zwei Prozent jeden Tag Geld. Ein weiterer Nachteil besteht in einer mangelnden Liquidität: Wenn man sein Geld unerwartet benötigt, bekommt man zunächst nur 2.000 Euro monatlich und den Rest nach Ablauf der dreimonatigen Kündigungsfrist – oder man muss sogenannte Vorfälligkeitsentschädigungen bezahlen, welche die ohnehin mageren Zinsen mehr als auffressen. Sparbriefe dagegen bringen je nach Laufzeit fast immer höhere Zinsen.
Aktien	Die Aktie stellt einen Anteil an einer Aktiengesellschaft (AG) dar und lässt den Besitzer direkt am Erfolg des Unternehmens teilhaben, z. B. in Form von Kursgewinnen. Der Anleger trägt jedoch insbesondere das Kursrisiko. Allerdings sollte man schon etwas Zeit haben, sich um die richtige Zusammensetzung seines Aktien-Depots zu kümmern: Künftige Aktionäre sollten das Kapital, das sie investieren wollen, für längere Zeit entbehren können. Neulinge sollten sich unbedingt ein gewisses Grundwissen über die Börse aneignen.
Termineinlagen	Dabei handelt es sich meist um befristete Geldeinlagen bei Banken oder Sparkassen mit einer zuvor vereinbarten Fälligkeit. Solche Gelder können sowohl von einem Girokonto als auch von einem Sparbuch stammen und in Termineinlagen umgewandelt werden. In der Regel geschieht dies, wenn der Anleger absieht, dass er das Geld auf bestimmte Zeit nicht braucht. Durch die Festlegung kann eine deutlich höhere Verzinsung erzielt werden als bei einer Sparbuch- oder Girokontoeinlage. In der Regel laufen solche Termingelder über ein bis drei Monate, die Mindestanlage beträgt dabei circa 5.000 Euro. Kurzfristig und vorzeitig an sein Geld kommt der Sparer hier nur unter Zahlung von Strafzinsen, da das Geldinstitut seinerseits mit dem Geld arbeitet und sich ebenfalls teuer anderweitig Kredit verschaffen muss.

Festverzinsliche Wertpapiere/ Rentenpapiere (Anleihen) Ein festverzinsliches Wertpapier ist mit einer feststehenden gleichbleibenden Verzinsung ausgestattet. Der Anleger gewährt demjenigen, der das Papier ausgibt, quasi ein Darlehen in Höhe des angelegten Betrags. Der Anleger erhält dadurch Anspruch auf eine festgelegte Verzinsung und auf vollständige Rückzahlung des Nennwertes am Ende der Laufzeit.

Eine besondere Form festverzinslicher Wertpapiere sind sogenannte Anleihen. Sie werden von Unternehmen oder Staaten herausgegeben, um große Kreditsummen, die eine einzelne Bank nicht einräumen kann oder wegen des damit verbundenen Risikos nicht einräumen will, aufnehmen zu können. Anleihen sind in der Regel mit einem festen Zinssatz ausgestattet, sodass Anlegern eine Rendite über die gesamte Laufzeit gesichert ist. Besonders in schlechten Zeiten für Aktien sind Anleihen meist eine vergleichsweise sichere Anlageform.

Investmentfonds In einen Investmentfonds zahlen viele Anleger Geld ein und dieses wird je nach Fonds in verschiedene Anlagearten (Aktien, Anleihen, Immobilien etc.) investiert. Im Gegenzug erwerben die Anleger Anteile am Investmentfonds, deren Wert als Fondspreis börsentäglich ermittelt wird. Die Risikostreuung ist der wichtigste Grundsatz bei allen Arten von Investmentfonds. Deshalb setzt sich ein Fonds auch immer aus verschiedenen Vermögenswerten zusammen. Vorteil: In Fonds kann man schon mit kleinen Beträgen einsteigen und zum Beispiel mit einem Sparplan nach und nach eine große Summe anlegen. Nachteil: Bei den meisten Fonds fallen hohe Gebühren an, damit sind sie weniger für kurzfristige Anlagen geeignet.

nach: http://www.bankenverband.de/print.asp?channel=133810&art=408 (6.5.2005)

M20 Wie reich sind die Deutschen?

Im Jahr 2004 erreichte das Geldvermögen der privaten Haushalte in Deutschland 4,07 Billionen Euro und ist damit im Vergleich zum Vorjahr um 4 % gestiegen. Im Jahr 2002 war das Geldvermögen erstmals seit Gründung der Bundesrepublik gesunken. Nach Aufrechnung der Schulden von 1.566 Mrd. Euro blieb noch ein finanzielles (Netto-)Vermögenspolster von 2.501 Mrd. Euro – im Durchschnitt rund 64.000 Euro je Haushalt. Allerdings täuschen solche Durchschnittswerte über die tatsächlichen Ungleichgewichte der Vermögensverteilung in Deutschland hinweg. Nach den Ergebnissen der Einkommens- und Verbrauchsstichproben von 2003 entfielen vom gesamten Privatvermögen in Deutschland nicht einmal 4 % auf die ärmere Hälfte der Haushalte.

	Geldvermögen	davon:											
	Insgesamt in Mrd. Euro	Spar-, Sicht-, Termineinlagen und Bareinlagen	%	Geldanlagen bei Versicherungen	%	Investmentfonds	%	Aktien	%	Festverzinsliche Wertpapiere	%	Sonstiges	%
1995	2.697	1.128	41,8	537	21,2	190	7,0	204	7,6	348	12,9	254	9,4
1997	3.105	1.210	39,0	684	22,0	244	7,9	321	10,3	367	11,8	280	9,0
1999	3.576	1.266	35,4	808	22,6	362	10,1	484	13,5	369	10,3	287	8,0
2000	3.623	1.235	34,1	866	23,9	408	11,3	439	12,1	367	10,1	307	8,5
2001	3.737	1.262	33,8	916	24,5	435	11,6	356	9,5	403	10,8	365	9,8
2002	3.731	1.341	35,9	981	26,3	425	11,4	192	5,1	421	11,3	371	9,9
2003	3.922	1.399	35,7	997	25,4	464	11,8	231	5,9	442	11,3	390	9,9
2004	4.067	1.451	35,7	1.040	25,6	464	11,4	251	6,2	477	11,7	385	9,5

http://www.bankenverband.de/pic/artikelpic/072005/gr0507_pr_geldvermoeg.pdf (12.4.2005)

Aufgaben

1. Erkläre die Aussage der Karikatur (M17).
2. Fasse die Hauptaussagen der Grafiken in M18 zusammen.
3. Ordne die verschiedenen Anlageformen in M19 den einzelnen Kriterien in M14 zu.
4. Folgende typische Situation läuft täglich tausendfach in einer Bank ab: Das Ehepaar Meister möchte die 5.500 Euro, die sie in mehreren Jahren auf ihrem Girokonto angespart haben, nun gewinnbringend anlegen. Herr Meister ist 48 Jahre alt, seine Frau zwei Jahre jünger. Sie haben zwei Kinder (Fabian 14, Ruth 22) und wohnen zur Miete. Monatlich bleiben ihnen nach Abzug aller Ausgaben noch 410 Euro übrig. Mit 65 Jahren wollen die Eheleute Meister in Ruhestand gehen. Simuliert ein Beratungsgespräch zwischen den beiden Anlegern und dem Berater der Bank. Geht dabei auf die verschiedenen Anlagemöglichkeiten in M19 ein und einigt euch auf eine passende Anlageform.
5. a) Setze die in der Tabelle M20 genannten Zahlenwerte in ein Liniendiagramm um.
   b) Beschreibe mithilfe des erstellten Diagramms, ob und wie sich das Anlageverhalten der Deutschen seit 1995 verändert hat.

1.2.4 Ursachen und Risiken der Verschuldung privater Haushalte

M21 In der Schuldenfalle

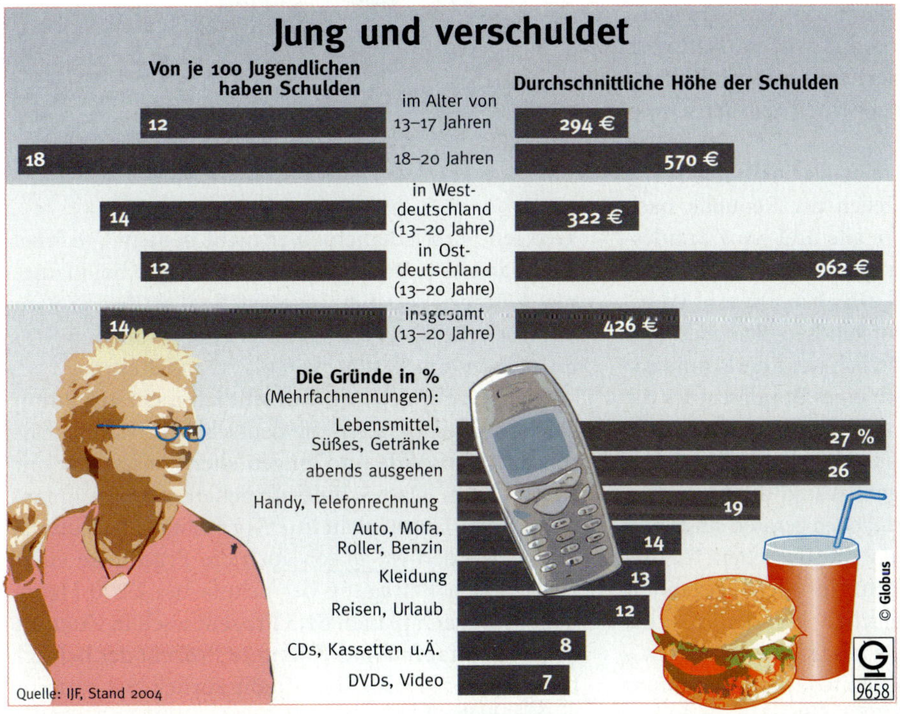

Junge Menschen brauchen Geld: für Süßes und Getränke, fürs Ausgehen, fürs Handy, für den Roller und manches mehr. Wenn das Geld nicht reicht, scheuen sich viele nicht, Schulden zu machen. Jeder siebte Jugendliche (14 Prozent) zwischen 13 und 20 Jahren ist mit durchschnittlich 426 Euro verschuldet. Die höchsten Schulden weisen mit durchschnittlich 962 Euro die 13- bis 20-Jährigen in Ostdeutschland auf. In erster Linie leihen sich die Jugendlichen Geld bei den Eltern (43 Prozent) und bei Freunden (40 Prozent). Schulden bei der Bank haben nur neun Prozent der 13- bis 20-Jährigen.

Globus Grafik 9658

▶M22 Immer mehr Bundesbürger tappen in die Schuldenfalle

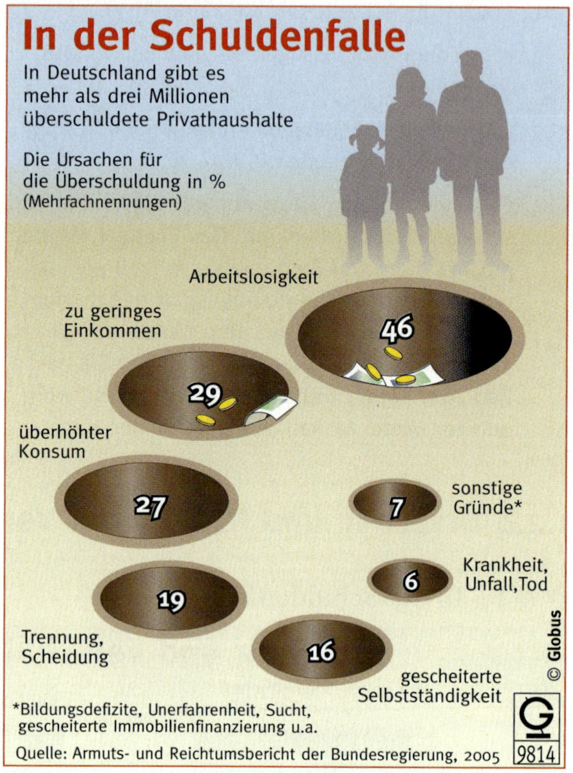

Nicht nur der Bundesfinanzminister muss jeden Euro zweimal umdrehen, auch immer mehr Privathaushalte haben Probleme, ihre Rechnungen zu bezahlen. So hat sich die Zahl der Personen, die im vergangenen Jahr selbst nach mehrmaliger Mahnung einer Zahlungsaufforderung nicht nachkamen, bundesweit um durchschnittlich 15 Prozent erhöht.

Besonders bei der Gruppe der 20- bis 29-Jährigen sind viele Zahlungs- und Kreditausfälle zu beobachten. In dieser Gruppe hat jeder zehnte einen negativen Eintrag bei der Schutzgemeinschaft für allgemeine Kreditsicherung – besser bekannt unter dem Namen Schufa.

Die Ergebnisse decken sich mit den Erfahrungen der Schuldnerberater. „Das Geld wird einfach knapper, die Lebenshaltung teurer, da können viele Menschen die Summen für Rechnungen und Kredite nicht mehr aufbringen", so Eva Raabe von der Verbraucherzentrale Hessen. Von einer abnehmenden Scheu der Verbraucher in Deutschland vor dem Schuldenmachen will sie allerdings nichts wissen. Natürlich werde immer mehr finanziert und mit Kreditkarte bezahlt, doch auch dies sei eher eine Folge der schwachen Konjunktur.

Nach einer Schufa-Studie treibt die Wirtschaftskrise die Verschuldung in allen Teilen der Republik nach oben. Eine Unterscheidung in alte und neue Bundesländer ist kaum möglich. „Es gibt eher ein Nord-Süd-Gefälle als einen Unterschied zwischen Ost und West", sagt Rainer Neumann, Vorstandsvorsitzender der Schufa Holding AG. Grundsätzlich weist die Schufa darauf hin, dass selbst innerhalb eines Bundeslandes die Zahlen sehr unterschiedlich ausfallen. Dies könne beispielsweise daran liegen, dass in einer Stadt ein wichtiger Arbeitgeber pleitegegangen ist und die Menschen dadurch in Zahlungsschwierigkeiten geraten sind.

Bei jungen Menschen liegen die Ursachen für die steigenden Zahlen vor allem in nicht gezahlten Handy-Rechnungen. Sie machen bei den 20- bis 24-Jährigen rund zwei Drittel aller Neueinträge aus – deutlich vor Konsumentenkrediten, nicht bezahlten Rechnungen im Handel und Kreditkarten. In höherem Alter sind dagegen eher nicht mehr bediente Konsumentenkredite der Grund für einen Vermerk bei der Schufa.

Allerdings warnt Neumann vor einer Dramatisierung der Zahlen. So sei die Ausfallquote der Konsumentenkredite weiterhin gering. Sie liege bei weniger als 2,5 Prozent. „Von 50 vergebenen Konsumentenkrediten wird lediglich einer nicht bedient", rechnet Neumann vor. Dabei kommt es häufiger bei kleineren Beträgen zu Zahlungsausfällen als bei großen Summen. Bei fast einem Viertel der betroffenen Kredite geht es um Beträge von bis zu 2.000 Euro.

In anderen Ländern wird wesentlich mehr auf Pump gelebt. Insgesamt seien die deutschen Privathaushalte weiterhin solide und gingen eher konservativ mit Krediten um. Dass Schuldenmachen trotz der jüngsten Zahlen längst nicht zur Normalität in Deutschland geworden ist, zeigen auch die Ergebnisse einer zusätzlichen Befragung der Schufa bei 1.200 Haushalten. Danach planen 61,5 Prozent auch in Zukunft keine Kreditaufnahme. Knapp 28 Prozent der Befragten zahlten zurzeit einen Kredit zurück, 8,2 Prozent mehrere. Die beiden mit Abstand wichtigsten Gründe für die Kreditaufnahme sind: Anschaffung und Sanierung eines Hauses (66 Prozent) und der Kauf eines neuen Autos (21,5 Prozent).

Karsten Seibel, Die Welt, 17.11.2004

M23 Wie lange läuft ein Baudarlehen?

Laufzeit eines Kredites von 10.000 Euro bis zum Kreditende:

jährliche Tilgung (in Prozent)	Nominalzins von ...		
	5,5 %	6,0 %	6,5 %
1,0	31 Jahre	33 Jahre	34 Jahre
1,5	26 Jahre	27 Jahre	28 Jahre
2,0	22 Jahre	23 Jahre	24 Jahre

nach: aktiv, 19.6.2004, S. 7

M24 Die Schutzgemeinschaft für allgemeine Kreditsicherung (Schufa)

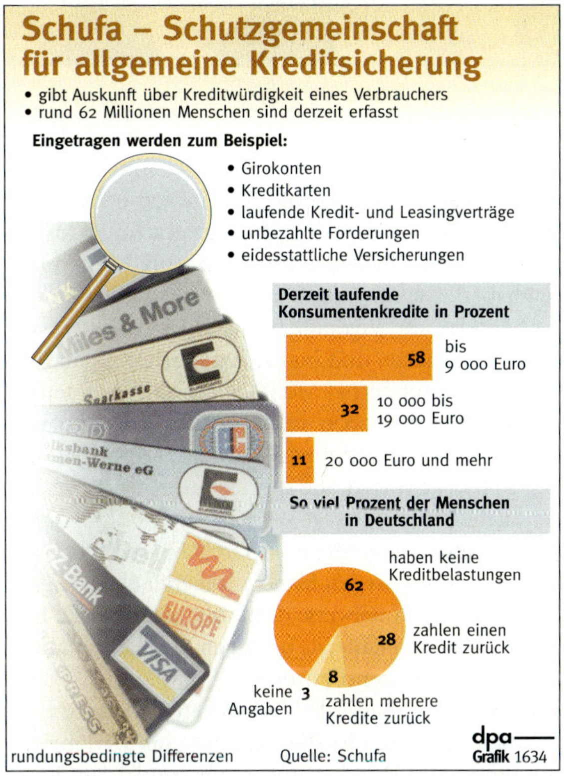

Ob beim Leasing eines neuen Autos, der Bestellung aus dem Katalog oder einem Kredit bei der Bank – die Schutzgemeinschaft für allgemeine Kreditsicherung, kurz Schufa, mischt überall mit. Nur wenn die Gesellschaft dem Auto-, Versandhändler oder dem Bankberater grünes Licht gibt, bekommen die Kunden die gewünschte Ware. Die Schufa hat sich als Dienstleister zur Aufgabe gemacht, die Risiken von Krediten möglichst gering zu halten und die Menschen vor Überschuldung zu bewahren. Dazu hat sie seit ihrer Gründung 1927 einen Datenpool von 62 Millionen Personen aufgebaut. Gespeichert werden neben Namen und Anschrift auch Daten zu Girokonto, Leasingverträgen oder Krediten. Brenzlig wird es für den Verbraucher aber erst, wenn Informationen über sogenannte Zahlungsstörungen vorhanden sind. Dazu gehören geplatzte Kredite, Handy- und Versandhausrechnungen – im schlimmsten Fall die Eröffnung einer Privatinsolvenz. Nicht gespeichert dagegen sind Daten zu Kontostand, Einkommen und sonstigen Vermögensverhältnissen.

Niemand muss fürchten, dass die Schufa alle Informationen freizügig herausgibt. Bei Anfrage werden nur etwaige Zahlungsstörungen genannt. Wer sich einmal einen negativen Eintrag bei der Schufa eingehandelt hat, muss außerdem nicht fürchten, sein Leben lang damit belastet zu sein. In der Regel werden die Einträge nach drei Jahren wieder gelöscht. Verbraucher können sich ihre Daten bei der Schufa jederzeit anschauen. Eine Eigenauskunft kann über das Internet (www.schufa.de) oder bei den Geschäftsstellen gegen eine geringe Gebühr beantragt werden.

Karsten Seibel, Die Welt, 17.11.2004

Aufgaben

1. Fasse die Gründe zusammen, warum immer mehr Bundesbürger Schulden machen (M21–M23).
2. Erkläre, welche Daten bei der Schufa gespeichert werden (M24).

M25 Das eigene Handy – Statussymbol und Schuldenfalle

Kinder und Jugendliche sind auf Dauerempfang: Jedes zweite deutsche Kind zwischen 11 und 12 Jahren und 84 Prozent der 13- bis 22-Jährigen haben nach Angaben des Instituts für Jugendforschung (München) ein eigenes Handy. Das kann teure Konsequenzen haben: Der sorglose Umgang mit Mobiltelefonen lässt Kinder und Jugendliche Schulden machen.
Fotos verschicken und im Internet surfen – kein Problem für ein modernes Mobiltelefon. Diese oft teuren Zusatzangebote haben nach Ansicht der Experten vor allem eine Zielgruppe: „Da werden Produkte auf den Markt geworfen, die speziell auf Kinder und Jugendliche abzielen", sagt Werner Sanio vom Schuldnerfachberatungszentrum Mainz. Er stellt bei der Überschuldung wegen Handys generell eine steigende Tendenz und teilweise dramatische Ausmaße fest. „Ich kenne Einzelfälle, da betrugen die Handy-Schulden mehrere tausend Euro."
Laut Bundesverband der Deutschen Inkasso-Unternehmen haben 12 Prozent der 13- bis 24-Jährigen Schulden – im Durchschnitt sogar rund 1.800 Euro. Mobiltelefon-Rechnungen sind eine Ursache: „Handys haben immer anspruchsvollere Funktionen, häufig verbunden mit für Kinder kaum durchschaubaren Gebühren", teilt der Verband mit.
Neben Gesprächen und Textmitteilungen sind es vor allem die Extras, die Geld kosten. „Ich möchte schon ab und zu einen neuen Klingelton und ein, zwei Spiele", bekennt etwa Alen (16) aus Mainz. Doch mit bis zu zehn Euro kann das einmalige Herunterladen von Klingeltönen nach Angaben des Magazins „Finanztest" zu Buche schlagen.
Als Statussymbol und festen Bestandteil der Jugendkultur beschreibt Karl Schreiber-Herschel das Mobiltelefon auf seiner Homepage www.schuldenfalle-handy.de. Der Sozialarbeiter aus Köln spricht bei Kindern und Jugendlichen von einer „steigenden Abhängigkeit" vom Handy sowie von Medien- und Kommunikationssucht: „Medien werden von vielen jungen Leuten bereits nicht mehr nur zu einem Zwecke, sondern um ihrer selbst Willen genutzt." Das kann Lisa (17) aus Mainz bestätigen: „Viele schreiben eine SMS, obwohl der andere im Klassenzimmer nebendran sitzt."
Dass Kinder und Jugendliche gar nicht erst in Versuchung kommen, will die Bundesministerin für Verbraucherschutz erreichen – Renate Künast (2001–2005, Die Grünen) fordert sogenannte „Kids-Tarife": Eltern schließen einen speziellen Handy-Vertrag für ihre Kinder ab, in dem teure Nummern wie 0190 oder 0900 zum Herunterladen von Klingeltönen oder Logos nicht angewählt werden können.
Auch der Deutsche Kinderschutzbund empfiehlt die im Voraus aufladbaren Guthaben. Ist die Karte vor der verabredeten Zeit leer, sollten Eltern sie nicht gleich wieder aufladen. „Schließlich müssen Kinder früh lernen, dass das einem zur Verfügung stehende Geld begrenzt ist", sagt Bundesgeschäftsführerin Gabriele Wichert.

Thomas Stollberger, www.verivox.de, 24.8.2004 (umgestellt)

Aufgabe

Ihr sollt an einem Gespräch in einer Schuldnerberatung teilnehmen. Dazu sollen zwei Rollen übernommen werden:

- Du bist **Schuldner** und berichtest von deinen Problemen. Orientiere dich dabei auch an den Materialien M22–M25.
- Befragt als **Berater** den Schuldner nach seinen Gründen für seine Verschuldung und zeigt ihm Möglichkeiten auf, wie er aus dieser misslichen Lage herauskommen kann und wie sich sein Leben ändern muss.

Denkt euch aufgrund der Hintergrundinformationen in diesem Kapitel eine plausible Geschichte aus und kommt zu einer Lösung.

Zusammenfassung 1

Entscheidungen beim Umgang mit Geld

Entscheidungen beim Umgang mit Geld
M2, M3

Eine Wirtschaft ohne **Geld** ist heute nicht mehr denkbar. Während die frühen Formen des Handels noch im Rahmen des Naturaltausches stattfanden, wird in modernen Volkswirtschaften fast ausschließlich mit den Formen des **Bar- und Buchgeldes** gearbeitet.
Geld verwendet man meist als **Tausch- und Zahlungsmittel**. Wird es gespart, so dient es als **Wertaufbewahrungsmittel**. Um den Wert verschiedener Güter und Dienstleistungen in Beziehung setzen zu können, ist es auch als **Recheneinheit** gebräuchlich.

Zahlungsarten und Zahlungsverkehr
M8, M9, M11

Verbraucher sollten genau überlegen, welche **Zahlungsart** sie für den jeweiligen Zahlungsvorgang wählen. Sie müssen die Kriterien **Sicherheit**, anfallende **Kosten** und **Bequemlichkeit** individuell gewichten. Dies gilt insbesondere auch für die neuen Formen der bargeldlosen Zahlung.

Entscheidungen bei der Geldanlage
M14, M16, M19

Ähnlich muss sich bei einer **Geldanlage** der Anleger zwischen den oft konkurrierenden Zielen **Rentabilität** (Ertrag bezogen auf den Einsatz), **Sicherheit** (Risiko einer termingerechten Rückzahlung) und **Liquidität** (Möglichkeit zur schnellen Umwandlung in Bargeld) entscheiden. Eine Auswahl unter den vielen am Markt angebotenen Anlageformen sollte erst nach einschlägiger Information und Prüfung getroffen werden. Derzeit werden in Deutschland, im Gegensatz zu anderen Ländern wie den USA, vermehrt sichere, jedoch damit auch niedriger verzinste Anlageformen bevorzugt.

Ursachen und Risiken der Verschuldung privater Haushalte
M22, M24

Immer mehr private Haushalte überschulden sich, d.h., dass die Ausgaben dauerhaft die Einnahmen übersteigen. Als Gründe gelten neben gestiegenen Konsumwünschen insbesondere berufliche und familiär bedingte Sondersituationen (Arbeitslosigkeit, Scheidung, Krankheit etc.). Auch Jugendliche neigen vermehrt dazu, das ihnen zur Verfügung stehende Budget zu überschreiten.
Informationen über säumige Schuldner werden von der **Schufa** bundesweit gesammelt und den verschiedenen Institutionen zur Überprüfung der Kredit- bzw. Zahlungsfähigkeit zur Verfügung gestellt.

1.3 Entscheidungen im Zusammenhang mit Ausbildung und Berufswahl

1.3.1 Arbeitswelt im Wandel

M1 Von der Berufsbildung

Selbstversorgung auf dem Hof (Subsistenzwirtschaft)

Da es in der Frühzeit innerhalb des Systems der geschlossenen Hauswirtschaft keinen Güteraustausch zwischen verschiedenen Familien oder Stämmen gab, teilte die sich selbst versorgende Gruppe die Aufgaben zwischen den einzelnen Gruppenmitgliedern auf. Aufgrund der Überschaubarkeit der Aufgaben, z. B. Jagen, Felder bestellen, Kleidung herstellen, Behausungen bauen, gab es keine Spezialisten. Die in der sogenannten Selbstversorgungs- oder Subsistenzwirtschaft produzierten Güter wurden auch von der Gruppe selbst konsumiert.

Erst im Laufe der Geschichte erkannte man, welche Vorteile es brachte, Güter mit anderen Gruppen auszutauschen, denn man konnte sich auf Güter spezialisieren, in deren Herstellung man besonders geschickt war. Das sparte Zeit, die Güter hatten eine höhere Qualität und aufgrund der größeren Stückzahl war die Produktion kostengünstiger. Die Überschussproduktion wurde gegen Güter eingetauscht, die man selbst nicht mehr herstellte. So entstanden erste Handwerksberufe wie Metzger, Bäcker, Schneider, Schuster, dann aber spezialisierte man sich auch innerhalb der Berufsgruppen. Es spaltete sich z. B. der Beruf des Schmieds in den Huf-, Pfannen-, Messer-, Waffenschmied, den Ringmacher, den Nadler usw. Fortwährend wurden neue Güter und Herstellungsverfahren entwickelt. Durch den technischen Fortschritt verschwinden bis heute alte Berufe, während neue entstehen.

Autorentext

Der Bauwer.

Der Kauffmann.

Der Zimmermann.

aus: Jost Amman, Die Stände, 114 Holzschnitte. Mit erl. Texten von Hans Sachs, Nürnberg 1962, S. 70

Aufgaben

1. Benenne die Vorteile, die die Subsistenzwirtschaft aufweist (M1).
2. Überlege, ob es für die Hausarbeit in deiner Familie eine feste Arbeitsteilung gibt. Diskutiert die Vor- und Nachteile (M1).
3. Nenne Berufe, die in den letzten Jahren neu entstanden sind. Welche Berufe sind verschwunden?

M2 Die arbeitsteilige Volkswirtschaft

Ende des 18. Jahrhunderts bildeten sich zahlreiche Betriebe zur industriellen Fertigung von Gütern (Industrialisierung). Seitdem erfolgt die Arbeitsteilung innerhalb einer Volkswirtschaft auf innerbetrieblicher und/oder zwischenbetrieblicher Ebene. Bei der Arbeitszerlegung innerhalb eines Betriebes wird der lange und komplizierte Produktionsprozess eines Gutes in mehrere Arbeitsschritte aufgeteilt und von verschiedenen Arbeitskräften ausgeführt. Diese Art der Fertigung ermöglichte zu Beginn des 20. Jahrhunderts zunächst die Einführung der Fließbandfertigung, bei der jeder Arbeitnehmer nur noch wenige, stetig zu wiederholende Handgriffe zu übernehmen hatte. Später wurden zunehmend vor allem einfache Tätigkeiten und Handgriffe auch von Spezialmaschinen sowie von computergesteuerten Werkzeugen und Industrierobotern ersetzt.

Die Arbeitszerlegung ermöglichte auch eine Verlagerung der Herstellung einzelner Bestandteile eines Produkts auf andere Betriebe. So werden Einzel- und/oder Modulteile in Spezialbetrieben angefertigt und dem Montagebetrieb zugeliefert. Da die zunehmende Spezialisierung zu immer effizienterem Arbeiten führt, wird die Leistungsfähigkeit der Wirtschaft stetig gesteigert.

Heute wird die gesamte Produktion häufig „globalisiert“ (internationale Arbeitsteilung), das heißt, dass aufgrund sinkender Transportkosten, fallender Handelsbeschränkungen und vereinfachter Kapitaltransfers z. B. einzelne Produktionsabschnitte dorthin verlagert werden, wo die Bedingungen ökonomisch günstig und die technischen Voraussetzungen gegeben sind.

Autorentext

Einführung der Fließbandarbeit bei Ford zu Beginn des 20. Jahrhunderts (oben). Heute werden Routinetätigkeiten meist durch Roboter ausgeführt.

Aufgaben

1. Beschreibe anhand der Bilder in M2, wie sich die Produktionsweisen verändert haben. Achte neben dem Verhältnis Mensch – Maschine auch auf die Veränderung der Arbeitsbedingungen.
2. Betrachte die Karikatur in M3. Erläutere den Bezug zwischen technischem Fortschritt und Beschäftigung. Prüfe, ob der Vorwurf „Jobkiller“ wirklich gerechtfertigt ist.
3. Nenne Gründe, warum Betriebe Roboter einsetzen. Welche Chancen und Gefahren, z. B. für die Mitarbeiter und die Unternehmer, sind damit verbunden (M2, M3)?
4. Erörtere die Nachteile, die sich für die Arbeitskräfte aus der Spezialisierung ergeben.

M3 Technischer Wandel und Beschäftigung

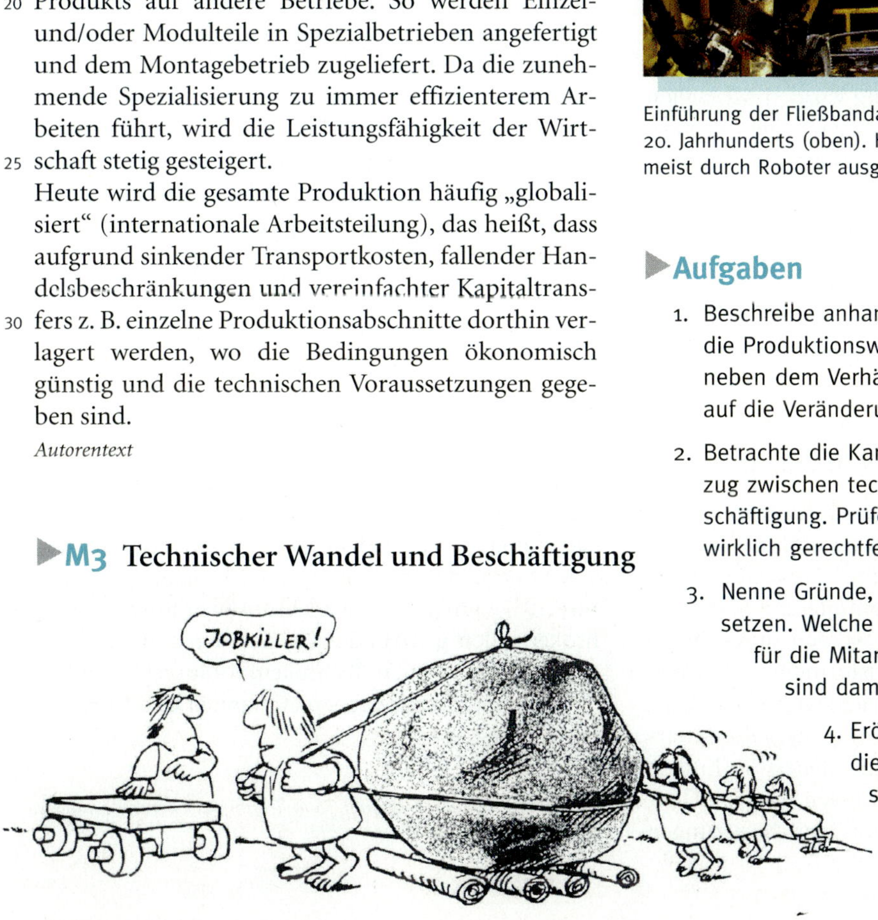

Hanitzsch/CCC, www.c5.net

▶M4 Auf dem Weg in die Wissensgesellschaft

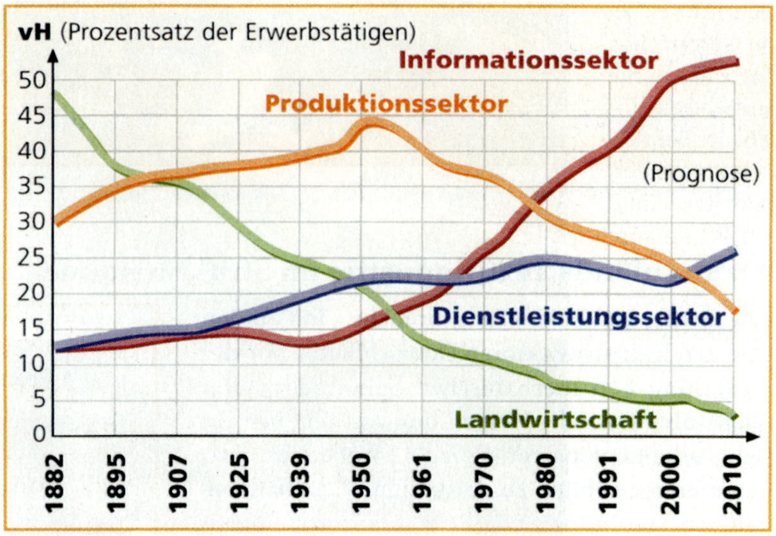

Die heutige Situation lässt sich durchaus vergleichen mit dem Übergang von der Agrar- zur Industriegesellschaft. In der Agrargesellschaft arbeiteten Menschen jahrtausendelang gemäß dem Rhythmus der Natur. Mit der Industrialisierung wurden Menschen dann auf einmal gezwungen, sich zur selben Zeit am selben Ort zu versammeln, um gemeinsam zu arbeiten. Nur so ließen sich Dampfmaschinen als zentrale Energiequellen rationell nutzen. Dieser Zwang brachte allmählich die Arbeitsdisziplin des Industriezeitalters hervor. Dabei entstand unser heutiges Verständnis von Arbeit als räumlich und zeitlich festgelegte, kontinuierlich abzuleistende Erwerbsarbeit. Die Industrialisierung trennte Lebens- und Arbeitsraum sowie Arbeits- und Freizeit und schuf vielerlei Grenzen, etwa zwischen verschiedenen Lebensphasen wie Ausbildung, Arbeit und Ruhestand ...

Heute lassen sich mithilfe der Informationstechnik viele Tätigkeiten von den Zwängen, die die Industrialisierung mit sich brachte, befreien ...

Die Arbeit von immer mehr Menschen wird es sein, Daten in Bedeutung und in Wissen zu verwandeln. Durch die zunehmende Automatisierung von Routinetätigkeiten erhöht sich der intellektuelle Gehalt der verbleibenden Arbeit, sie erfordert zunehmend die Fähigkeit, Informationen zu verstehen, auf sie zu reagieren, sie zu verwalten – und natürlich auch, mit zu viel Informationen umgehen zu können. Laut aktueller Prognose werden schon im nächsten Jahrzehnt vier Fünftel aller menschlichen Arbeiten aus dem Umgang mit Informationen bestehen: beraten, informieren, forschen, entwickeln, organisieren, vernetzen, managen, recherchieren, gestalten und präsentieren.

Ulrich Klotz im Interview mit Ina Hönicke, Frankfurter Rundschau, 3.4.2000

▶M5 Technischer Wandel in der Arbeitswelt

Kein Bereich wird stärker durch die Informations- und Kommunikationstechniken verändert als die Arbeitswelt. Fabriken, Werkstätten, Büros, öffentliche Verwaltungen – heute noch dominierende Strukturen und Organisationsformen werden durch Netzwerke mit neuen Organisationsformen und neuen Berufsbildern abgelöst. ... In vielen bereits bestehenden Berufen ist es heute notwendig, dass die Mitarbeiterinnen und Mitarbeiter die neuen Techniken beherrschen. Vor allem aber müssen aufgrund der veränderten Anforderungen und der Neuerungen spezielle Fachleute für den Umgang mit den neuen Technologien ausgebildet werden. ... Dazu gehören u.a. Multimedia-Produzenten, Multimedia-Autoren, Screen-Designer, Netzwerk-Administratoren, Info-Broker. Allen gemeinsam ist, dass ein geübter Umgang mit den neuen Techniken vorausgesetzt wird. Als Basisqualifikationen sind Offenheit und Kreativität wichtig.

DGB (Hg.), workshop zukunft. Vom Traum zum Beruf, 2. Auflage 2000, S. 7

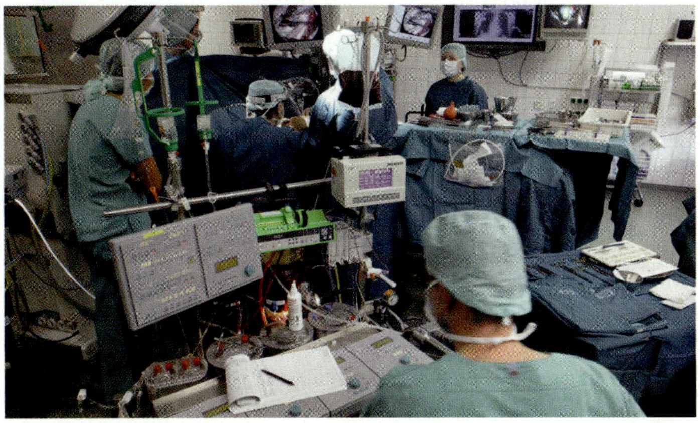

Viele Berufsbilder haben sich durch den technischen Fortschritt stark verändert. Blick in einen modernen Operationssaal.

Aufgaben

1. Im Rahmen des Wandels der Wirtschaftsstruktur verändert sich auch fortlaufend die Beschäftigungsstruktur.
   Nenne mögliche Ursachen für die Zunahme bzw. die Abnahme der Beschäftigtenzahlen in den Sektoren (M4).
2. Erläutere, warum die Tendenz zu höheren Qualifikationsanforderungen anhalten dürfte (M4, M5).
3. Auch die Arbeitsbedingungen eines Chirurgen haben sich in den letzten Jahrzehnten stark verändert (Bild in M5). Zeige auf, wie sich der technische Fortschritt auf das Berufsbild des Chirurgen auswirkt.

M6 Lange Arbeitstage im Winter

Kaum ein anderes Thema wirkt in Deutschland so polarisierend wie die Diskussion um längere Arbeitszeiten. Einig sind sich hingegen alle: Wir Deutschen müssen flexibler arbeiten. Die tarifliche Arbeitszeit liegt bei 37,7 Stunden, tatsächlich wird aber im Vollzeitjob ohne Überstunden 42 Stunden gearbeitet. Im Vergleich zu den 15 alten EU-Ländern ein eher mittlerer Platz. Während in den Arbeitskosten pro Stunde die Misere auf dem Arbeitsmarkt gesehen wird, ist auch DIHK-Chef Ludwig Georg Braun der Ansicht, dass vor allem Zeitkorridore, die phasenweise und je nach Auftragslage höhere Wochenstunden ermöglichen, zu einer höheren Wettbewerbsfähigkeit führen. Bei solchen flexiblen Arbeitszeiten werden für die Arbeitnehmer Arbeitszeitkonten geführt, auf denen Abweichungen von der festgelegten Arbeitszeit festgehalten werden. Die Arbeitszeitguthaben werden innerhalb eines bestimmten Zeitraumes wieder ausgeglichen. Gleiches gilt auch für zu wenig geleistete Stunden. Der Beschäftigte verfügt somit über mehr Zeitsouveränität, für den Unternehmer bedeutet dies eine bessere Nutzung der Betriebszeiten. Damit ist eine wesentlich höhere Flexibilität sowohl für den Unternehmer als auch für die Arbeitnehmer gegeben als bei der Gleitzeit, bei der lediglich Arbeitsbeginn und Arbeitsende um eine Kernarbeitszeit, in der die Anwesenheit verpflichtend ist, flexibel gestaltet werden kann.

Der bayerische Glühbirnenhersteller OSRAM bedient sich erfolgreich eines einmaligen Flexibilisierungsmodells. Vor Jahren noch von der Verlegung des Produktionsstandortes ins billigere Ausland bedroht, produziert Osram in Eichstätt heute genauso kostengünstig wie die Schwesterwerke in China. Ursache ist eine Vereinbarung zwischen Betriebsrat und Management. Während deren Laufzeit sind betriebsbedingte Kündigungen ausgeschlossen. Die Belegschaft arbeitet im Winter, wenn die Nachfrage nach Glühlampen groß ist, länger. Die angesammelten Stunden werden im Sommer als Freizeitausgleich hergenommen, damit jeder Beschäftigte im Jahresdurchschnitt auf eine 35-Stunden-Woche kommt.

Autorentext

M7 Vielfalt der Beschäftigungsverhältnisse

Gleitzeit	Die Beschäftigten können Arbeitsbeginn und Arbeitsende nach ihren Bedürfnissen selbst festlegen. In den meisten Betrieben gilt eine Kernarbeitszeit, in der die Anwesenheit verpflichtend ist.
Teilzeitarbeit	Ein Teilzeitbeschäftigungsverhältnis liegt dann vor, wenn die Arbeitszeit, die ein Arbeitnehmer regelmäßig arbeitet, kürzer ist als die Arbeitszeit bei Vollbeschäftigung. Die Arbeitszeit kann dabei innerhalb der Woche unterschiedlich verteilt sein.
Flexible Arbeitszeit	Für den Arbeitnehmer wird ein Arbeitszeitkonto geführt, auf dem Abweichungen von der festgelegten Arbeitszeit festgehalten werden. Die Arbeitszeitguthaben werden innerhalb eines bestimmten Zeitraumes wieder ausgeglichen. Gleiches gilt für zu wenig geleistete Stunden. Der Beschäftigte verfügt somit über mehr Zeitsouveränität, für den Unternehmer bedeutet dies eine bessere Nutzung der Betriebszeiten.
Vertrauensarbeitszeit	Das Arbeitsergebnis muss den Anforderungen des Arbeitgebers entsprechen. Es wird nicht nachgeprüft, wie viel Zeit der Arbeitnehmer für die Ausführung des Auftrages benötigt hat. Dies kann zeitweise zu einer höheren oder auch zu einer niedrigeren Arbeitsbelastung führen.
(Tele-) Heimarbeit	Als Telearbeit wird eine Tätigkeit bezeichnet, die sich auf die moderne Informations- und Kommunikationstechnik stützt und ausschließlich oder zumindest zeitweise an einem Arbeitsplatz erledigt wird, der außerhalb des Betriebes liegt. Telearbeiter können an beliebigen Orten tätig sein: Unterwegs im Zug, zu Hause oder beim Kunden. Über Laptop, PC und Internet sowie über Handy sind sie mit dem Betrieb verbunden.

Autorentext

M8 Jahresarbeitszeit je Erwerbstätigen

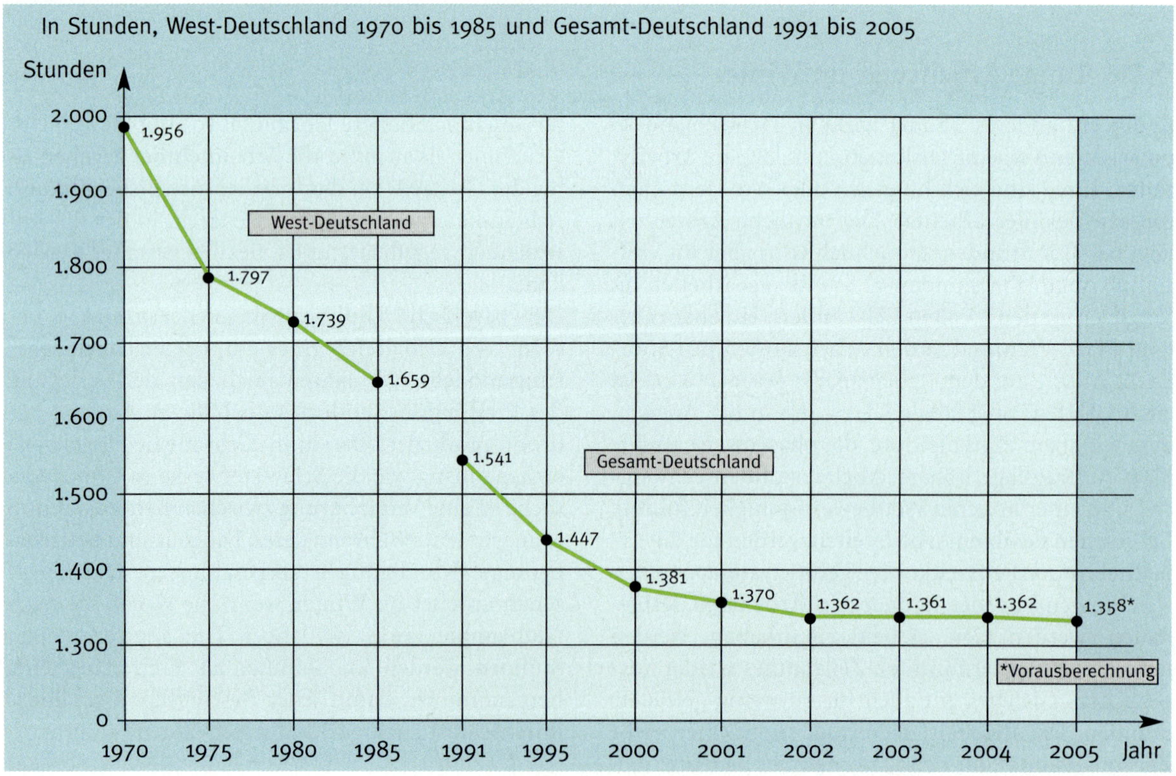

Bundeszentrale für politische Bildung, Bonn, Stand: 11/2004 (Quelle: Institut für Arbeitsmartk und Berufsforschung)

Aufgaben

1. Flexible Arbeitszeit, Gleitzeit, Teilzeit, Vertrauensarbeitszeit, Heimarbeit: Stelle die Vorteile, die diese Beschäftigungsverhältnisse sowohl für den Arbeitgeber als auch für die Arbeitnehmer bringen, den Nachteilen gegenüber (M7).
2. Diskutiert, was es für den Einzelnen und für das Leben in Familie und Gesellschaft insgesamt für Konsequenzen haben könnte, wenn jeder seine eigenen Arbeitszeitrhythmen hat (M7).
3. „Freizeit schafft Arbeitsplätze". Nimm Stellung zu dieser Aussage.
4. Beschreibe die Grafik in M8 und finde mögliche Gründe für die dargestellte Entwicklung.
5. Diskutiert, welche Vor- und Nachteile sich aus einer generellen Arbeitszeiterhöhung ergeben könnten (M6–M8).

1.3.2 Anforderungen der modernen Arbeitswelt

M9 Was Betriebe sich wünschen

In einer Zeit, in der die Ausbildungsplätze knapp sind, werden etliche Lehrstellen nur schwer oder gar nicht besetzt. Als wichtigsten Grund hierfür nennen die Firmen die mangelnde Qualifikation der Bewerber – und meinen nicht nur deren schlechte Schulabschlüsse.

Heinz-Günter Bonnie hat sich schnell in Fahrt geredet. „70 Prozent kann man gleich vergessen", sagt der Leiter Ausbildung und fachliche Qualifizierung beim Versicherungskonzern Gerling. Seine Abteilung ist für die bundesweite Besetzung der jährlich rund 120 Ausbildungsplätze bei Gerling zuständig. Doch obwohl den Personaler dafür allein aus dem Kölner Raum pro Jahr 1.400 Bewerbungen erreichen, wird die Aufgabe immer schwieriger. 17 Stellen konnte er im letzten Jahr nicht besetzen.
Das Gros der Bewerber scheitert bereits an der ersten Hürde. Die Voraussetzungen für die Einladung zum Auswahlgespräch ist ein Anschreiben mit weniger als sechs Rechtschreibfehlern, ein Schulabschluss der Note „befriedigend" und nicht übermäßig viele, auf dem Zeugnis ausgewiesene Fehltage. Doch selbst jene, die schließlich zum schriftlichen Auswahlverfahren eingeladen werden, entsprechen längst nicht immer den Vorstellungen Bonnies von einem engagierten Azubi. „Viele tauchen einfach nicht auf, entschuldigen sich nicht, und wenn man fragt: ‚Wieso waren Sie nicht da?' , heißt es: ‚Weiß ich eigentlich auch nicht, wann haben Sie

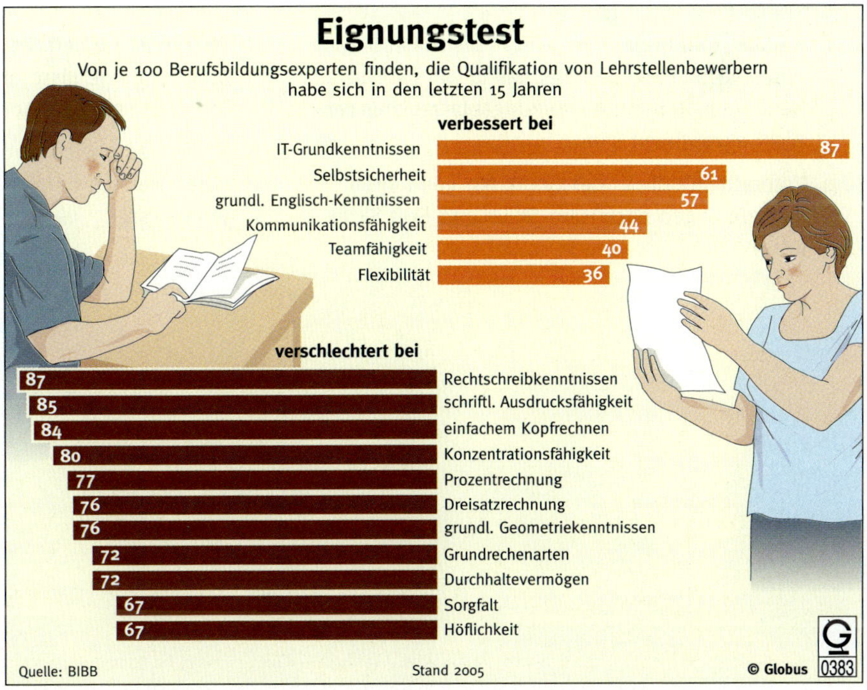

denn den nächsten Termin?' In den letzten fünf bis sechs Jahren ist das ganz, ganz schlimm geworden." Problematisch sind aus Sicht des Personalers weniger die fachlichen Leistungen – „das kriegen wir im Job schon in den Griff" – als vielmehr die Einstellungen der Bewerber, die zu 90 Prozent übrigens Abiturienten sind. „Es fehlt uns an Wertschätzung für andere, für den Beruf, für den Arbeitgeber", sagt Bonnie. „Diese Erfahrung machen wir bundesweit." ... Geklagt wird über Unpünktlichkeit, Nachlässigkeit und Unzuverlässigkeit. Kurzum: die Berufseinsteiger legen aus Sicht vieler Arbeitgeber nicht mehr das Verhalten an den Tag, das diese sich wünschen.

Ingo Butters, Es fehlt an Wertschätzung, Süddeutsche Zeitung, 9./10.6.2005

M10 Erfolgsfaktor Soft Skills

Der Weg in das Berufsleben erfordert eine gründliche Bestandsaufnahme. Jeder Berufswähler sollte seinen Standort ehrlich bestimmen und sich fragen, wo die eigenen Stärken und Schwächen liegen. Dabei zählen heutzutage nicht nur die Fachkenntnisse und gute Noten. Personalchefs achten auch auf sogenannte Schlüsselqualifikationen, die im Englischen „Soft Skills" genannt werden. Nach einer allgemeinen Definition sind Schlüsselqualifikationen Kenntnisse, Fähigkeiten, Fertigkeiten und Werthaltungen zum Lösen gesellschaftlicher Probleme. Als Berufsqualifikationen sind es funktions- und berufsübergreifende Qualifikationen zur Bewältigung beruflicher Anforderungssituationen.

Als „Hard Skills" wird die eigentliche Fachkompetenz bezeichnet. Sie ist die Grundlage jeglicher beruflichen Betätigung. Dieses Wissen wird durch eine Ausbildung, ein Studium oder später durch die Berufserfahrung erworben.

Soft Skills sind beispielsweise: Ausdauer/Belastbarkeit oder auch die Einstellung zur Arbeit. Sie gehören in den Bereich der persönlichen Kompetenz. Kontakt- und Kommunikationsfähigkeit, Teamfähigkeit oder auch Führungsverhalten sind Ausdruck der sozialen Kompetenz. Lernverhalten, logisches Denken und Problemlösungsverhalten können der Rubrik methodische Kompetenz zugewiesen werden.

nach: Bundesanstalt für Arbeit (Hg.), abi. Berufswahlmagazin Heft 3/2003, S. 14

Aufgaben

1. Erkläre, warum der Chef einer Personalabteilung eines Ausbildungsbetriebs das in M9 beschriebene Verhalten der Ausbildungsplatzsuchenden nicht akzeptieren kann.
2. Unterscheide die in der Grafik M9 genannten Anforderungen nach Hard Skills und Soft Skills (M10).
3. Bestimme deinen Standort: Erstelle in einem Brainstorming eine Liste über deine persönlichen, sozialen und methodischen Kompetenzen (M10).
4. Stelle dar, inwieweit du in der Schule oder im privaten Bereich bereits Schlüsselqualifikationen erlernt hast.

M11 Lernen – ein Leben lang

Über die ... fachlichen, technischen und persönlichen ... Kenntnisse hinaus ist in der Internet-Wirtschaft noch eine weitere persönliche Qualifikation unabdingbar: die Bereitschaft zur ständigen Weiterbildung und Qualifikation. Dies betrifft einerseits technische Kompetenzen, die aufgrund neuartiger Techniken und sich ständig weiterentwickelnder Anwendungssysteme angepasst werden müssen, andererseits fachliche Kompetenzen. ... Dies bedeutet aber auch, dass die Bedeutung klassischer Berufsverläufe – Ausbildung in einem bestimmten Beruf, Ausübung dieses Berufes ... vor dem Hintergrund dieser neuartigen Arbeits- und Beschäftigungsstruktur abnimmt. Vielmehr ist zu erwarten, dass zwar gewisse berufsbezogene Basisqualifikationen erlernt werden müssen, die dann jedoch in Abhängigkeit der jeweiligen Anforderungen und tatsächlichen Gegebenheiten anzupassen und weiterzuentwickeln sind.

Rahild Neuburger, Auswirkungen der New Economy auf die Arbeit, in: Gesellschaft – Wirtschaft – Politik Heft 4/2003, S. 461

Gleicher Beruf – andere Zeiten: Führerhaus einer Rangierlok (1935) und eines ICE 3 (2005)

M12 Arbeitslosigkeit – auch eine Frage der Ausbildung

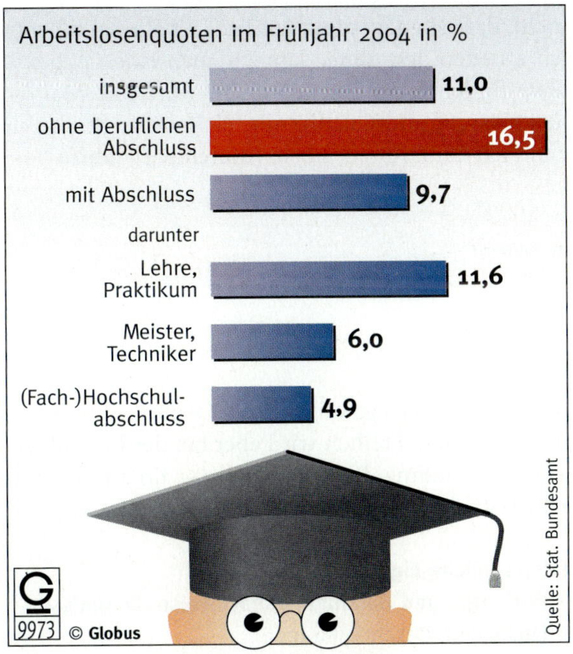

Aufgaben

1. Vergleiche die Bilder in M11 miteinander und beschreibe die unterschiedlichen Arbeitsbedingungen des Berufes Zugführer. Gehe dabei vor allem auf die Arbeitsumgebung und das Tätigkeitsfeld ein.
2. Fasse zusammen, was man unter „lebenslangem Lernen“ versteht. Für welche Berufe trifft die Anforderung des lebenslangen Lernens in besonderer Weise zu (M11)?
3. Formuliere eine „Je-desto-Hypothese“ über den Zusammenhang von Bildung und Arbeitslosigkeit und begründe sie. Was bedeutet dieser Zusammenhang für deine eigene berufliche Zukunft (M12)?

1.3.3 Berufswahl: Kriterien und Prozess

M13 Vom Traumberuf zum Berufswunsch

Als ich noch ganz klein war, wollte ich unbedingt Tierärztin werden, weil ich das vom Fernsehen kannte. Später dann Skateboardfahrerin. Den ganzen Tag nur Skateboard fahren und auch noch Geld damit verdienen, das stellte ich mir ganz toll vor. Erst als ich älter wurde, wurden meine Berufswünsche etwas realistischer. Mit ungefähr 14 wollte ich Journalistin werden. Mein Onkel arbeitet nämlich bei der lokalen Tageszeitung und ich fand spannend, was ich von seinem Beruf mitbekommen habe. Noch lieber wäre ich aber Reporterin beim Fernsehen geworden. In dieser Zeit habe ich auch bei der Schülerzeitung unserer Schule mitgemacht. Ich habe aber wenig geschrieben, das konnten die anderen irgendwie besser. Das Layout der Zeitung habe ich dafür fast ganz alleine gemacht. Das hat mir riesigen Spaß gemacht, vor allem, als unsere Schülerzeitungsredaktion einen eigenen Rechner mit Layoutprogramm vom Förderverein der Schule bekommen hat. Als wir in der 9. Klasse unser Betriebspraktikum gemacht haben, wäre ich gerne zur Zeitung gegangen, aber die haben mich leider nicht genommen. Stattdessen bin ich in einer Offset-Druckerei gewesen. Das war eigentlich viel interessanter, denn dort habe ich gesehen, wie aus Ideen und Vorlagen Plakate, Anzeigen usw. wurden. Danach sollte mein neuer Traumberuf unbedingt etwas mit Gestalten und Design zu tun haben. Bei der Arbeitsagentur habe ich dann erfahren, dass es in diesem Bereich viele unterschiedliche Berufe gibt und man gar nicht für alle das Abitur braucht. In der Schule lief es leider nicht so ganz gut. Mit den Fremdsprachen habe ich heute noch Probleme. Ich habe dann das Gymnasium nach der 10. Klasse verlassen und bin auf die Fachoberschule für Gestaltung gegangen. Zum Glück wurde ich da aufgenommen, weil ich aus meiner Zeit bei der Schülerzeitung einige Arbeiten vorzeigen konnte. Die FOS habe ich nach zwei Jahren mit dem Fachabitur verlassen. Jetzt mache ich im 2. Lehrjahr eine Ausbildung zur Grafik-Designerin. Nach der Ausbildung könnte ich an einer Hochschule für Gestaltung studieren. Ich glaube aber nicht, dass ich das sofort mache. Erst einmal möchte ich arbeiten. Ich hoffe, dass ich auch einen Arbeitsplatz finde. In der Werbebranche wäre toll. Mal sehen. Das Studium läuft mir nicht weg. Studieren kann ich dann immer noch. (Mareike, 19 Jahre)

Autorentext

M14 Die Freiheit der Berufswahl

Artikel 12 Grundgesetz (Freiheit der Berufswahl)

(1) Alle Deutschen haben das Recht, Beruf, Arbeitsplatz und Ausbildungsstätte frei zu wählen. Die Berufsausübung kann durch Gesetz oder auf Grund eines Gesetzes geregelt werden.

(2) Niemand darf zu einer bestimmten Arbeit gezwungen werden, außer im Rahmen einer herkömmlichen allgemeinen, für alle gleichen öffentlichen Dienstleistungspflicht.

(3) Zwangsarbeit ist nur bei einer gerichtlich angeordneten Freiheitsentziehung zulässig.

Artikel 12 des GG gewährt jedem Deutschen freie Berufswahl, diese Freiheit wird aber bei der individuellen Entscheidung durch persönliche, finanzielle und arbeitsstrukturelle Bedingungen eingeschränkt:

- **Persönliche Eignung und Neigung**
- **Prüfungs- und Befähigungsnachweise, Zeugnisse**
- **Finanzielle Beschränkungen**
- **Kapazitätsgrenzen im Ausbildungs- und Beschäftigungsbereich**
- **Beeinflussung durch Dritte**

Autorentext

Aufgaben

1. Beschreibe, welche Erwartungen du an deinen Traumberuf stellst.
2. Verdeutliche am Beispiel von Mareike den Unterschied zwischen einem Traumberuf und einem realen Berufsbild (M13).
3. Erläutere, welche Tätigkeiten Mareikes bereits zu Schulzeiten für die Ergreifung des Berufs ausschlaggebend waren (M13). Weisen deine Freizeitbeschäftigungen auch schon auf einen möglichen Beruf hin?
4. Erkläre, was man unter dem Grundrecht der freien Berufswahl versteht (M14).
5. Nenne Beispiele für die in M14 aufgeführten Kriterien, die das Grundrecht der freien Berufswahl einschränken.

M15 Kein leichter Weg zum Beruf

Mareike schreibt über sich selbst, dass sie eher eine mittelmäßige Schülerin war. Die Entscheidung, das Gymnasium zu verlassen und an die Fachoberschule zu gehen, hat sie aber erst nach sehr reiflicher Überlegung und einigen Beratungsgesprächen, unter anderem mit dem Beratungslehrer an ihrer Schule, getroffen. Mareike erinnert sich: „In der 10. Klasse war ich häufig unzufrieden, schlecht gelaunt und ging meiner Familie und meinen Freunden oft auf die Nerven. Irgendwann haben alle auf mich eingeredet, dass ich nicht mehr auszuhalten sei. Erst nach längerem Zögern gestand ich mir ein, dass ich mit meiner schulischen Situation unzufrieden war, und begann, mich nach Alternativen zum Abitur zu erkundigen. Mein Wirtschaft- und Rechtlehrer brachte mich dann im Unterricht auf die Idee, den Beratungslehrer der Schule, Herrn Wegener, aufzusuchen.

Das Gespräch verlief sehr zielgerichtet und ich fasste sehr schnell Mut, da er mir das Gefühl gab, dass er die Probleme auch von anderen Schülern und Schülerinnen in meinem Gymnasium kannte. Zunächst empfahl er mir, meine Berufsvorstellungen zu formulieren und in einem Eignungstest meine persönlichen Voraussetzungen wie Eignung, Fertigkeiten, Interessen und Charaktereigenschaften zu analysieren. Dann wollte er wissen, ob ich großen Wert auf das Ansehen des Berufes lege und gab mir den Rat, mich auch über die Entwicklung des Arbeitsmarktes, die Übernahmechancen nach der Ausbildung, die Zukunft der Branche sowie die regionalen und überregionalen Ausbildungsplatz- und Arbeitsplatzangebote zu informieren. Gesellschaftliche und wirtschaftliche Faktoren nannte er diese Kriterien. Außerdem riet er mir, mich über das berufliche Anforderungsprofil meines Wunschberufs zu informieren. Herr Wegener meinte nämlich, dass viele Auszubildende sich gar nicht klarmachen würden, welche Arbeitsbedingungen und -konditionen sie während und nach Beendigung der Ausbildung in dem erwählten Beruf erwarten. Wie wichtig dies ist, wurde mir erst deutlich, als er mich auf eine Umfrage der Hamburger Hochschule für Wirtschaft und Politik unter Hamburger Lehrlingen aufmerksam machte. 26 % der Lehrlinge im 1. Lehrjahr, 42 % der Lehrlinge im 2. Lehrjahr und sogar 51 % der Lehrlinge im 3. Lehrjahr würden ihren Lehrberuf nicht noch einmal wählen.

Abschließend gab er mir eine Übersicht über die schulischen Bildungswege in Deutschland (vgl. Kapitel 1.3.5), damit ich mir eine Übersicht darüber verschaffen konnte, über welche Ausbildungswege ich an mein berufliches Ziel gelange."

Autorentext

Aufgaben

1. Stelle sämtliche Faktoren, welche die Berufswahl entscheidend beeinflussen, in einer Mindmap dar und ordne ihnen Beispiele zu (M15).
2. Formuliere deine Berufsvorstellungen. Informiere dich anschließend über die gesellschaftlichen und wirtschaftlichen Faktoren sowie über das berufliche Anforderungsprofil deines Wunschberufs.

M16 Der Prozess der Berufswahl

Informationsphase → **Entscheidungsphase** → **Verwirklichungsphase**

Informationsphase
- Kriterien der Berufswahl finden
- Berufseignungstests durchführen
- Informationen beschaffen
- Bewertung der gewonnenen Informationen

Entscheidungsphase
- Entscheidungshilfen (z. B. didaktischer Bleistift, Entscheidungsmatrix) auf verschiedene Berufe der engeren Wahl anwenden
- Entscheidung treffen

Verwirklichungsphase
- Suche nach geeigneten Ausbildungsplätzen
- Zusammenstellung von Bewerbungsunterlagen
- Teilnahme an Eignungstests und Vorstellungsgesprächen

Autorengrafik

M17 Was ist mir wichtig? – Kriterien der Berufswahl

Spaß an der Arbeit	viel Freizeit	mit anderen zusammen arbeiten	eigene Fähigkeiten/Neigungen
Umgang mit Menschen	gute Verdienstmöglichkeit	Selbstständigkeit	Ansehen des Berufs
Aufstiegschancen	sicherer Arbeitsplatz	Nähe des Arbeitsplatzes	kurze Ausbildungsdauer
eigene Erfahrungen (z. B. im Praktikum)	saubere Arbeit	Tradition (weil Vater oder Mutter den Beruf hatten)	Möglichkeit, im Ausland zu arbeiten

Autorentext

M18

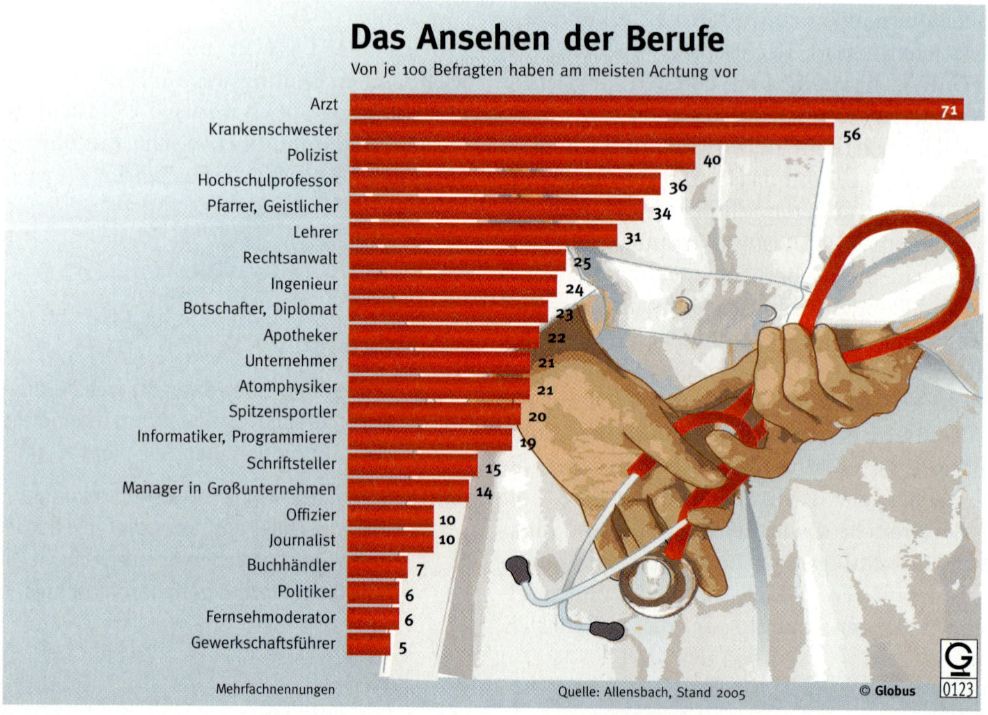

M19 Was will ich – was kann ich?

a) Interessen herausfinden

Welche Tätigkeiten interessieren mich?	**1.** anbauen/hegen ernten/züchten **2.** bauen **3.** herstellen/zubereiten/ Material bearbeiten	**4.** kaufen/verkaufen/ bedienen/beraten **5.** behandeln/pflegen/ erziehen /unterrichten **6.** gestalten/malen/ entwerfen/zeichnen	**7.** montieren/installieren/reparieren **8.** prüfen/untersuchen **9.** schreiben/verwalten/berichten **10.** Maschinen steuern und bedienen
Wo möchte ich arbeiten?	**1.** Werkstatt/Halle **2.** Verkaufsraum **3.** im Freien/Natur	**4.** soziale/medizinische Bildungseinrichtung **5.** Labor/Prüfstation **6.** Hotel/Gaststätte	**7.** Fahrzeug/Transportmittel **8.** Beim Kunden **9.** Büro **10.** Ausland/ferne Länder
Womit möchte ich arbeiten?	**1.** Baustoffe **2.** Chemische Stoffe **3.** Elektronik **4.** Fahrzeuge/ Transportmittel **5.** Glas/Keramik/ Edelstein **6.** Holz/Papier	**7.** Lebensmittel **8.** Mess- und Prüfgeräte **9.** Menschen **10.** Metalle **11.** Pläne/Entwürfe **12.** Regelungen/Gesetze/ Vorschriften **13.** technische Anlagen	**14.** Textilien/Leder **15.** Tiere/Pflanzen **16.** Zeichen-/Schreibgeräte **17.** Büromaschinen/Büromaterial **18.** Maschinen/Werkzeuge **19.** Informationen/Medien/ Fremdsprachen

b) Über welche Fähigkeiten verfüge ich?

Geistige Fähigkeiten?	**1.** Sprachbeherrschung/ sprachliche Gewandtheit **2.** logisches Denken **3.** Räumliches Vorstellungsvermögen	**4.** Beobachtungsvermögen **5.** rechnerisches Denken **6.** Rechtschreibsicherheit **7.** guter schrift-sprachlicher Ausdruck	**8.** Konzentrationsfähigkeit **9.** Merkfähigkeit **10.** Kreativität **11.** Sinn für Formen und Farben
Soziale Fähigkeiten?	**1.** Kontaktfreudigkeit **2.** sicheres Auftreten **3.** Rücksichtnahme **4.** Selbstständigkeit	**5.** Belastbarkeit **6.** gute Umgangsformen **7.** Teamfähigkeit **8.** zuhören können	**9.** andere überzeugen können **10.** Verantwortungsbereitschaft **11.** Interesse für andere Menschen **12.** Hilfsbereitschaft
Körperliche Fähigkeiten?	**1.** körperliche Belast-barkeit (Stehen, Bücken, Sitzen)	**2.** gutes Hören **3.** Farbsehen	**4.** robuste Gesundheit (Widerstandsfähigkeit) **5.** handwerkliches Geschick

Aufgaben

1. Notiere die in M17 genannten Kriterien der Berufswahl auf Karten und ordne sie in Form einer Pyramide nach steigender Wichtigkeit an. Begründe deine Entscheidung.
2. Diskutiert in der Klasse, warum viele den Beruf der Eltern übernehmen wollen.
3. Überlege, welche Kriterien das unterschiedliche Ansehen einzelner Berufe in M18 ausmachen könnten.
4. Erstelle mithilfe von M19 ein Profil deiner Interessen und Fähigkeiten und benenne Berufe, für die du dich zu eignen glaubst.

Methode

Berufe in einem Kurzreferat präsentieren

I. Erarbeitung
Jeder sucht sich einen Beruf aus, den er in einem Kurzreferat vorstellen möchte.

1. Leitfragen formulieren
Die Herausforderung bei einem Referat besteht neben der Präsentation in der Formulierung einiger klarer Leitfragen, die das Thema des Referates eingrenzen und strukturieren. Dabei muss man auch berücksichtigen, für wen das Referat gehalten wird, welcher Adressatenkreis angesprochen wird, über welches Vorwissen die Zuhörer verfügen.
Mögliche Leitfragen:
- Über welche Fähigkeiten sollte derjenige, der den Beruf ausüben möchte, verfügen?
- Welche schulischen Voraussetzungen werden verlangt?
- Wie lange dauert die Ausbildung?
- Welche Tätigkeiten werden ausgeübt?
- Wie sind die Verdienstmöglichkeiten?
- Welche Aufstiegschancen hat man?
- Hat man die Möglichkeit, diesen Beruf auch im Ausland auszuüben?
- Wie ist die aktuelle Lage auf dem Arbeitsmarkt?
- Ist der Beruf ein krisensicherer Beruf? Wie sind die Zukunftschancen?
- Wird dieser Beruf in gleicher Weise von Männern und Frauen ausgeübt?

2. Informationen sammeln und systematisch auswerten
Viele Informationsmöglichkeiten findet ihr auf den Internetseiten der Bundesagentur für Arbeit. Ihr solltet zur Vorbereitung des Referates auf jeden Fall das BIZ in der Arbeitsagentur aufsuchen.
Bei anderen Themen solltet ihr zur ersten Orientierung Lexika, Handbücher und Überblicksdarstellungen heranziehen, bevor ihr auf andere Informationsquellen (z. B. Archive, Bibliotheken, CD-ROMs, Internet) ausweicht.
Das Material sollte nach einer ersten Sichtung sorgfältig ausgewertet werden, d. h. Texte genau lesen, unbekannte Wörter klären, zentrale Aussagen zusammenfassen, Statistiken und Schaubilder genau auswerten. Die Ergebnisse notiert man dann am besten in Stichpunkten auf einer Karteikarte.

3. Eine Gliederung erstellen
Entscheidend ist, die Informationen so aufzubereiten, dass die Zuhörer die Informationen auch aufnehmen und verwerten können. Dazu muss ein sinnvoller Weg für die Informationsweitergabe gefunden werden. Das Gliederungsschema lässt sich am besten anhand der Leitfragen entwickeln.
Allgemein gliedert sich jedes Referat in Einleitung, Hauptteil und Schluss.
Die Einleitung soll das Interesse der Zuhörer wecken. Deshalb setzt man an den Anfang eines Referates gerne einen „Aufreißer". Dies kann eine provokante These sein, eine persönliche Bemerkung des Referenten, eine Statistik oder auch ein Gegenstand. Bei der Berufsvorstellung kann man einen Gegenstand mitbringen, der typisch für diesen Beruf ist. Am Ende der Einleitung sollte man eine kurze Übersicht über den Hauptteil geben. Dies erleichtert das Zuhören.
Während des Vortrags des Hauptteils sollte man die Unterpunkte genau benennen. Wichtig ist die Anschaulichkeit des Vortrags. Hierzu eignen sich Beispiele, Vergleiche aber auch Bilder, Gegenstände usw.
Im Schlussteil fasst man noch einmal die wichtigsten Aussagen zusammen und knüpft, wenn möglich, an die Fragestellung der Einleitung an.

4. Niederschrift des Referates

II. Präsentation
1. Vortragsvorlage erstellen
Der freie Vortrag und der Blickkontakt zu den Zuhörern sind von zentraler Bedeutung. Wer nur vorliest, verliert schnell den Kontakt zu den Zuhörern. Vorlesen wirkt zudem sehr eintönig und ermüdend. Deshalb sollte man den Vortrag in Stichworten auf Karteikarten übertragen. Die Karteikarten enthalten nur die wichtigsten Informationen, sind klar gegliedert und gut lesbar beschriftet.

2. Vortrag
Der mündliche Vortrag sollte durch eine angemessene Mimik, Gestik und Körpersprache unterstützt werden. Die Wirkung des Vortrages wird durch Visualisierungen weiter unterstützt. Hierzu kann man den Overhead-Projektor einsetzen, Lernplakate schreiben, Filmsequenzen einspielen usw.

Autorentext

M20 Die Hits der Ausbildungsberufe und Studiengänge

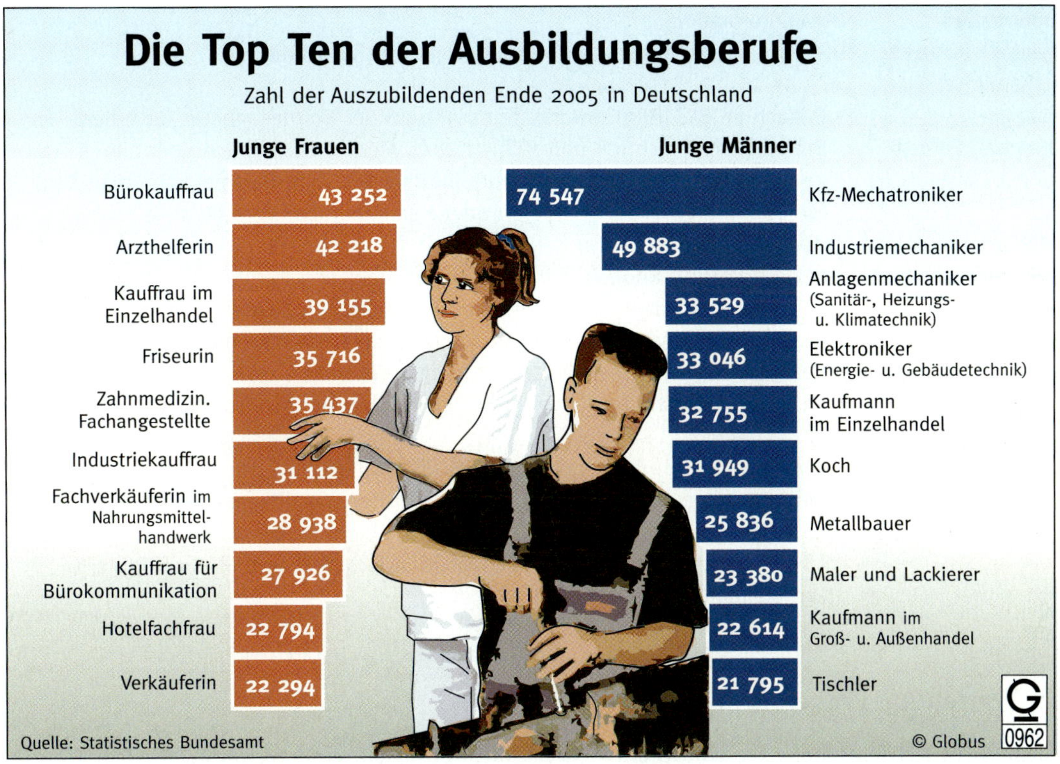

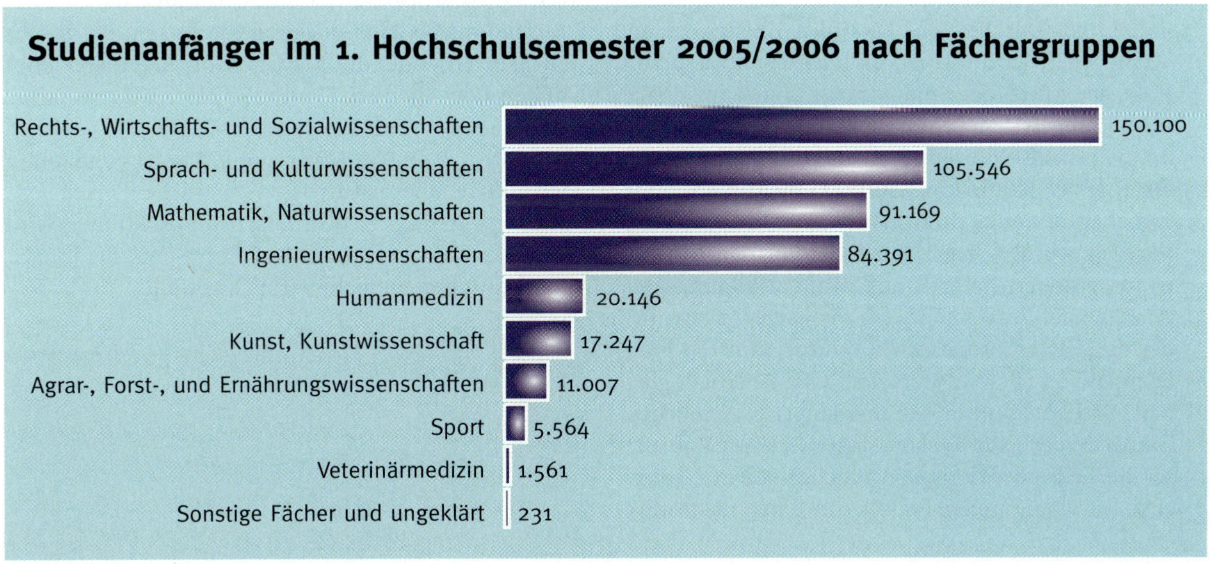

Statistisches Bundesamt Deutschland, 2006

M21 Informationsbeschaffung zur Berufswahl

Überblicksinformation → **Detailinformation**

Überblicksinformation

- Bundesagentur für Arbeit
- Wirtschaftskammern/ Berufsverbände
- Medien (Internet, Fernsehen, Zeitungen, Bücher, Radio)
- Betriebe/Behörden
- Schule (WR-Unterricht/ Berufsberatung)
- Eltern, Nachbarn, Freunde und Bekannte
- Eigene Erfahrungen im Praktikum, im Ferienjob

Detailinformation

Die Informationsangebote der **Bundesagentur für Arbeit:**

- Besuch im BIZ (Berufsinformationszentrum der Bundesagentur für Arbeit): Im BIZ kann man sich mit unterschiedlichen Medien ausführlich über alle in Frage kommenden Ausbildungsberufe informieren. Zum Beispiel kann man kostenlos im Internet recherchieren oder Kurzfilme über verschiedene Ausbildungsberufe ansehen.
- In der InfoBase können Informationen zu über 500 Berufen abgerufen werden, Berufe können so voneinander unterschieden werden.
- Im virtuellen Arbeitsmarkt der Bundesagentur kann man nach freien Ausbildungsstellen suchen (www.arbeitsagentur.de).
- Im Berufsnet kann man sich im Einzelnen über die Schritte der Berufswahl informieren.
- Individuelle Gespräche mit einem Berufsberater
- Bereitstellung der Medienkombination zur Berufswahlvorbereitung „MACH´S RICHTIG“ mit Schüler- und Lehrerordnern, einem PC-Berufswahlprogramm auf CD-ROM oder dem MACH´S RICHTIG ONLINE- sowie dem MACH´S RICHTIG-Lehrerzimmer-Angebot

Autorentext

M22 Zur Vertiefung: Frauen und technische Berufe

In den IT-Berufen tut sich eine neue Geschlechterkluft auf. Als das Studium der Informatik an den Unis noch als Orchideenfach galt, wurde es gern von Frauen gewählt. Seit das Fach den Zugang zu den Schaltstellen der Informationsgesellschaft verspricht, sinkt der Anteil der Studentinnen. Auch im dualen Ausbildungssystem umweht die Informatik eine herbe männliche Note. Junge Frauen fühlen sich vom Beruf „EDV-Kaufmann/Kauffrau“ nicht mehr angesprochen, seit er in „Informatikkaufmann/frau“ umbenannt wurde – auch wenn sich an den Inhalten nichts geändert hat. Als aus dem Ausbildungsgang „mathematisch-technische(r) Assistent/Assistentin“ der/die „Fachinformatiker/in“ wurde, sank der Frauenanteil von 60 auf 28 Prozent. Offensichtlich glauben viele, „Assistentin“ sei etwas typisch Weibliches. Ein Vater, der seine Tochter ermuntert, mit Bohrmaschine, Feile oder Computer umzugehen, eine Lehrerin, die Schülerinnen Praktika in einer Elektronikwerkstatt vermittelt, eine Freundin, die Schreinerin lernt, können hilfreich sein. Aber dann ist da immer noch die Berufsberaterin im Arbeitsamt, die zu einer Ausbildung als Altenpflegerin rät, da sind die gleichaltrigen Freunde, die Mädchen im Blaumann doof finden oder meinen, Computer seien Männersache.

...

Die Integration von Mädchen und jungen Frauen in technische und naturwissenschaftliche Berufe jenseits von Assistenz- und Zuarbeiterfunktionen wird von vielen Akteuren, die auf Berufsentscheidungen Einfluss nehmen, nicht wirklich gewollt.

Claudia Pinl, Der Trick mit dem Klo, in: die tageszeitung – Magazin, 13.9.2003, Seite VI

Aufgaben

1. Sammle Informationen zu einem der in M20 genannten Berufe und stelle ihn in einem Kurzreferat vor. Prüfe, ob die Anforderungen zu deinem in M19 ermittelten Profil passen (M19–M21, Methode S. 62).
2. Arbeite die Unterschiede im Berufswahlverhalten von jungen Frauen und Männern in M20 heraus. Macht eine Umfrage zu den Berufs- und Studienwahlplänen in der Klasse und vergleicht die Ergebnisse.
3. Diskutiert unter Einbeziehung von M22, welche Gründe es für ein geschlechterspezifisches Berufswahlverhalten geben könnte.
4. Zur Vertiefung: Informiert euch über die Aktivitäten des „girl's day" im Internet (www.girls-day.de).
   a) Überlegt, wie man daraus auch ein Angebot für Jungen machen könnte, und entwickelt in Gruppen Gestaltungsvorschläge für die Umsetzung an eurer Schule.
   b) Beurteile die Chance, mit solchen Angeboten das Berufs- und Studienwahlverhalten von jungen Frauen und Männern zu verändern.

M23 Die Entscheidungsphase

Mit Entscheidungshilfen wie dem didaktischen Bleistift oder der Entscheidungsmatrix kann die Entscheidung für einen Beruf erleichtert werden.

1. Zunächst erstellst du eine Liste mit für dich **entscheidungsrelevanten Kriterien** und vergleichst anschließend jedes Kriterium mit jedem anderen. Das jeweils wichtigere Kriterium wird in das entsprechende Kästchen übertragen.

a) Ansehen
b) Sicherheit vor Arbeitslosigkeit
c) Karrierechancen
d) eigene Eignung
e) interessanter Beruf
f) Wünsche der Eltern
g) leichte Ausbildung
h) Verdienst
i) anderen helfen können

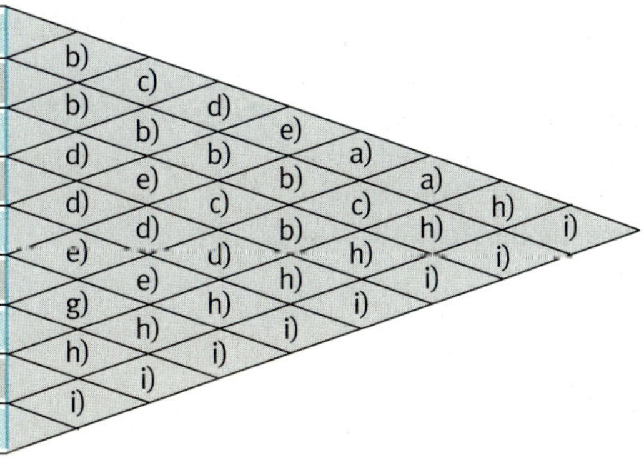

2. Im zweiten Schritt werden die Nennungen der einzelnen Kriterien gezählt. Die gefundenen Zahlenwerte geben dabei die **Häufigkeit** (relative Bedeutung) des Entscheidungskriteriums für dich persönlich wieder.

Kriterium	a)	b)	c)	d)	e)	f)	g)	h)	i)
Häufigkeit	2	6	3	5	4	0	1	7	8

3. Überlege nun drei Berufe, die für dich in die engere Auswahl kämen. Informiere dich eingehend über diese Berufe. Denke dabei z. B. auch an die Betriebe, bei denen du dich um einen Praktikumsplatz beworben hast.

BERUF 1	BERUF 2	BERUF 3
Arzt	Goldschmied	Lehrer

4. Nun werden bei den einzelnen Berufen Punkte vergeben (für 1 = *trifft nicht zu* bis 5 = *trifft absolut zu*). Die Punkte bewerten, inwieweit das Kriterium (vgl. Punkt 1) bei dem jeweiligen Beruf erfüllt ist. Gewichte dann die Punkte mit den unter 2. ermittelten Zahlen. Der Beruf mit dem höchsten Zahlenwert schneidet bei diesem Vergleich am besten ab.

		BERUF 1		**BERUF 2**		**BERUF 3**	
Kriterium	Häufigkeit	Punkte	gewichtet*	Punkte	gewichtet*	Punkte	gewichtet*
a)	2	5	10	3	6	2	4
b)	6	3	18	2	12	5	30
c)	3	4	12	3	9	2	6
d)	5	5	25	5	25	3	15
e)	4	4	16	4	16	5	20
f)	0	4	0	1	0	3	0
g)	1	1	1	3	3	2	2
h)	7	4	28	2	14	3	21
i)	8	5	40	1	8	3	24
	Summe		**150**		**93**		**112**

* *(Häufigkeit x Punkte)*

Aufgaben

1. Erörtere, ob die Ergebnisse der Entscheidungshilfe in M23 den Berufsbildern Arzt, Goldschmied und Lehrer gerecht werden.
2. Erstelle nach dem Muster in M23 eine Entscheidungsmatrix und vergleiche mit ihrer Hilfe drei für dich infrage kommende Berufe.
3. Überlege, welche Schwierigkeiten bei der Entscheidungsfindung mit den gewählten Entscheidungshilfen auftreten können (M23).

1.3.4 Der Weg in den Beruf

M24 Die Stellenanzeige

Nach einem BIZ-Besuch weiß Miriam, dass ihr Beruf etwas mit Sport zu tun haben soll. Jeden Abend holt sie sich von ihrer Nachbarin die Tageszeitung und recherchiert im Internet. Sie hat schon einige interessante Stellenanzeigen gefunden und gesammelt.

Sport hat in der modernen Freizeitgesellschaft eine große Bedeutung. Deshalb bieten wir einen

Ausbildungsplatz als Sport- und Fitnesskaufmann/-frau

Sie werden frühzeitig mit der kaufmännisch-verwaltenden und planend-organisatorischen Tätigkeit vertraut gemacht und tragen so in einem unserer beliebten Center in Deutschland durch ihr sportliches und kontaktfreudiges Wesen zu einem reibungslosen Sportbetrieb bei. Akzeptieren Sie Arbeitszeiten an Wochenenden und in den Abendstunden? Dann bewerben Sie sich bei unserem Personalbeauftragten Herrn Gutjauch bis zum 30. Juni 20 .. .

Fitness- und Freizeitcenter „Schön und gut“
Dreißigstr. 67 · 46777 Schönhausen

Praxis „Marlene Hallwanger“
sucht Interessenten für einen

Ausbildungsplatz **Ergotherapeut/-in**

Während Ihrer 3-jährigen Berufsfachschulzeit, die mindestens auf einen mittleren Bildungsabschluss aufbaut, werden Sie in unserer Praxis oder in den Privathaushalten der Patienten mit den Behandlungsfeldern für akut oder chronisch Kranke, Unfall- bzw. Krankheitsgeschädigte sowie für Kinder und ältere Menschen vertraut gemacht. Unser junges, dynamisches und verantwortungsbewusstes Team freut sich auf Ihre Bewerbung.

Praxis „Marlene Hallwanger“
Geißenstr. 9 · 89955 Neustadt

Anschließend informiert sich Miriam eingehend über die einzelnen Berufe in den Stellenanzeigen, um eine genaue Vorstellung von den Anforderungen zu bekommen und ihre Chancen abzuwägen. Um sicherzugehen, beschließt sie, sich auf drei der vier Anzeigen zu bewerben, auch wenn die Ausbildung zur Sportartikeleinzelhändlerin ihrem Berufswunsch am meisten entspricht.

Als renommierter Sportartikelhersteller bieten wir zum 1. September einen

Ausbildungsplatz zum/ zur Bürokaufmann/-kauffrau

Wir bieten Ihnen eine solide und zukunftsorientierte Ausbildung mit einem umfangreichen und anspruchsvollen Aufgabenspektrum und modernster Technologie. Für diese Ausbildung sollten Sie Abitur bzw. Mittlere Reife vorweisen können und in verschiedenen Sportarten versiert sein.
Ihre Bewerbung senden Sie bitte an die

Personalabteilung
König und Sohnemann GmbH
Hohenzollernplatz 73
88444 Altdorf

Wir suchen eine/n

Auszubildende/n zur/m

Sportartikeleinzelhändlerin/händler

Es erwartet Sie ein interessanter, abwechslungsreicher Ausbildungsplatz mit Kundenkontakt und netten Kollegen. Wir freuen uns auf engagierte und aufgeschlossene Bewerberinnen und Bewerber.

Sport- und Freizeitparadies KG
Personalabteilung
88555 Mittelstadt

Autorentext

Aufgaben

1. Vergleiche die Anzeigen miteinander. Inwieweit unterscheiden sie sich hinsichtlich der geforderten Qualifikationen? In welchen Punkten stimmen sie überein (M24)?
2. Ausbildung in der Heimatstadt oder in einer fremden Stadt – für viele Jugendliche eine schwierige Entscheidung. Erstelle eine Tabelle, in der du jeweils die Vorzüge den Nachteilen gegenüberstellst.
3. Frau Weber wünscht sich für ihre Tochter Miriam einen Einstieg in eine Lebenszeitstelle in der Stadtverwaltung, die den mittleren Dienst ermöglicht. Diskutiert, ob Miriam dem Wunsch der Mutter entsprechen sollte.

M25 Von der Stellenanzeige zur Bewerbung

In den folgenden Tagen hat Miriam sich einen ersten Eindruck über die Unternehmen verschafft und sich nach den Namen der Leiter der Personalabteilungen erkundigt. Schließlich beginnt sie, ihre Bewerbungsmappen zusammenzustellen.
Die schriftliche Bewerbung ist ein Ritual, dessen Grundregeln recht einfach und einheitlich gestaltet sind. Wer sich hier keine Fehler erlaubt, hat die erste Hürde schon genommen. Überraschenderweise unterschätzen viele Bewerber die Bedeutung der äußeren Form, wie Orthografie, Schriftbild, Vollständigkeit der Unterlagen usw., und so finden sich die formalen Mängel auf Platz eins der Liste der häufigsten Fehler bei Bewerbungen – als Ursache von 21 % aller Bewerbungsabsagen.

Bestandteile einer vollständigen schriftlichen Bewerbung:

Notwendige Bestandteile	Zusätzliche Bestandteile
▸ Bewerbungsanschreiben ▸ Lebenslauf ▸ Foto ▸ Zeugniskopien	▸ Zertifikate von Praktika, Kursen oder Schulungen ▸ Referenzen/Empfehlungen ▸ Handschriftenprobe (wenn gefordert)

Autorentext

M26 Das Bewerbungsschreiben

Für jede Bewerbung gibt es Grundregeln, was die äußere Form betrifft, natürlich auch für das Anschreiben. Grundsätzlich gilt:

Der Text:
- Auf gutem, weißem DIN A4-Papier, einseitig beschreiben; Schriftgröße 12 Punkte, Zeilenabstand 1,5
- Rand links und rechts ca. 2,5 – 3 cm, klassischer Schrifttyp (z. B. Times)
- Text und Anschrift des Unternehmens richtig und mit der genauen Rechtsform schreiben
- Klare Gliederung, Absätze

Die Sprache:
- Knappe und präzise Sätze
- Klare und verständliche Sprache
- Fremdwörter und Fachjargon sparsam, richtig und sinnvoll verwenden
- Korrekte Rechtschreibung: Mehr als drei Fehler sind für die Bewerbung „tödlich“

Die Anlagen:
- Lebenslauf immer als Original-Ausdruck
- Zeugnisse und andere Nachweise als saubere Kopien
- Anordnung in dieser Reihenfolge: Anschreiben, Lebenslauf, Zeugniskopien nach Aktualität ordnen

Eventuell Freunde oder Eltern Korrektur lesen lassen!

Autorentext

Aufgaben

1. Begründe, warum es sinnvoll sein kann, vor dem Zusammenstellen der Bewerbungsunterlagen Kontakt mit dem Leiter der Personalabteilung aufzunehmen. Simuliert den möglichen Ablauf des Telefongesprächs zwischen Miriam und der Personalleiterin der Firma Sport- und Freizeitparadies KG in einem Rollenspiel.
2. Formuliere das Musteranschreiben von Miriam (S. 69) mit alternativen Wendungen um. Beachte dabei die inhaltlichen Vorgaben.
3. Schreibe eine Bewerbung um einen Ausbildungsplatz auf eine der drei anderen Stellenanzeigen, auf die sich Miriam ebenfalls bewerben möchte (M24, M26). Wählt die beste Bewerbung aus.

Beispiel für ein Musteranschreiben:

Absender E-Mail-Adresse nur, wenn die Eingänge regelmäßig kontrolliert werden!	Miriam Weber Berg-am-Laim-Str. 71 88555 Mittelstadt Tel. 0896[redacted]-23-98-76
Anschrift Firma oder Behörde, vollständige und korrekte Anschrift mit Ansprechpartner, falls bekannt	Sport- und Freizeitparadies KG Personalabteilung Frau Michaela Haunschmidt Kupfergasse 23 88555 Mittelstadt
Datum	Mittelstadt, 31.01.2007
Anlass des Schreibens (fett) ohne „Betr." oder „Betrifft"	**Ihr Angebot einer Ausbildungsstelle als Sportartikeleinzelhändlerin im Mittelstädter Tagblatt vom 27.01.2007**
Anrede des Ansprechpartners/der Ansprechpartnerin	Sehr geehrte Frau Haunschmidt,
Einleitung Um welche Ausbildungsstelle geht es, woher weiß man davon?	mit großem Interesse habe ich Ihre Anzeige vom ... im Mittelstädter Tagblatt gelesen. Sie bieten darin einen Ausbildungsplatz zur Sportartikeleinzelhändlerin an. Für diese Stelle bewerbe ich mich hiermit bei Ihnen.
Hauptteil Grund/Motivation der Bewerbung	Nach dem Besuch der Wilhelmsrealschule in Mittelstadt, die ich sehr erfolgreich mit der Mittleren Reife abgeschlossen habe, absolviere ich noch bis Ende Juli ein Betriebspraktikum in einem Fitnesscenter. Dabei habe ich festgestellt, wie wichtig eine qualitativ hochwertige und zweckgerichtete Sportausrüstung ist. Deshalb verstärkte sich meine Absicht, den vielseitigen Beruf des Sportartikelhändlers zu erlernen.
Warum dieser Betrieb?	Als Kundin Ihres Hauses weiß ich, dass Sie ein breites Sortiment haben und eine Ausbildung in Ihrem Hause dadurch meinen Interessen besonders entsprechen würde.
Fähigkeiten, Erfahrungen und Talente, die für die angestrebte Tätigkeit mitgebracht werden	Während meines Praktikums betreue ich eigenverantwortlich Kunden. Außerdem bin ich während meiner Freizeit regelmäßig ehrenamtlich im Sonntagsdienst eines Seniorenheims tätig. Deshalb bin ich versiert im Umgang mit Menschen. Ich bin sportlich vielseitig engagiert und spiele u. a. in der Volleyballmannschaft des TSV Mittelstadt. Dort helfe ich auch bei der Auswahl der Mannschaftsbekleidung. In der Computer-AG der Wilhelmsrealschule habe ich den Umgang mit den einschlägigen Office-Programmen gelernt.
Abschlussformulierung mit der Bitte um Einladung	Sollten Ihnen meine Bewerbungsunterlagen zusagen, stehe ich Ihnen gern für ein persönliches Gespräch zur Verfügung.
Höfliche Grußformel	Mit freundlichen Grüßen
Unterschrift (eigenhändig, sauber)	Miriam Weber
Hinweis auf **Anlagen** wie Zeugnisse etc.	Anlagen ...

M27 Auf einen Blick: der Lebenslauf mit Lichtbild

Der Lebenslauf ist die „Visitenkarte" des Bewerbers und sollte daher mit derselben Sorgfalt erstellt werden wie das Anschreiben. Folgende Regeln sollten beachtet werden:

- Üblich ist die tabellarische Form
- Kurz und prägnant halten
- Auch hier das Anforderungsprofil der Stelle berücksichtigen
- Daten in chronologischer Reihenfolge und übersichtlich darstellen
- Lücken im Lebenslauf vermeiden
- Immer bei der Wahrheit bleiben, Widersprüche zum Bewerbungsschreiben vermeiden
- Mit Füllfederhalter eigenhändig mit Vor- und Zuname leserlich unterschreiben

Autorentext

M28 Das Bewerbungsfoto

Kopf leicht schräg halten, lächeln, linkes Ohr zeigen, neutral-konservative Kleidung tragen ... Wer erfindet eigentlich solche Regeln? Vermutlich ... der Verband deutscher Schwiegermütter. Immerhin gibt es einen Trost: Nicht nur du siehst auf klassischen Bewerbungsfotos (obere Reihe) aus wie ein(e) Mitarbeiter(in) der Böblinger Kreissparkasse anno 1970, sondern jeder andere auch. Menschen, die eigentlich ganz nett aussehen (untere Reihe) verwandeln sich in Zombies. Das schafft immerhin Chancengleichheit. ... Automaten-Fotos (mittlere Reihe), sind meistens auch wenig ansprechend. Bewerbungs-Ratgeber empfehlen ja gerne, sich von der „Schokoladenseite" zu zeigen. ... Wähle ein Foto aus, auf dem du dich auch magst.

Jetzt-Magazin der Süddeutschen Zeitung

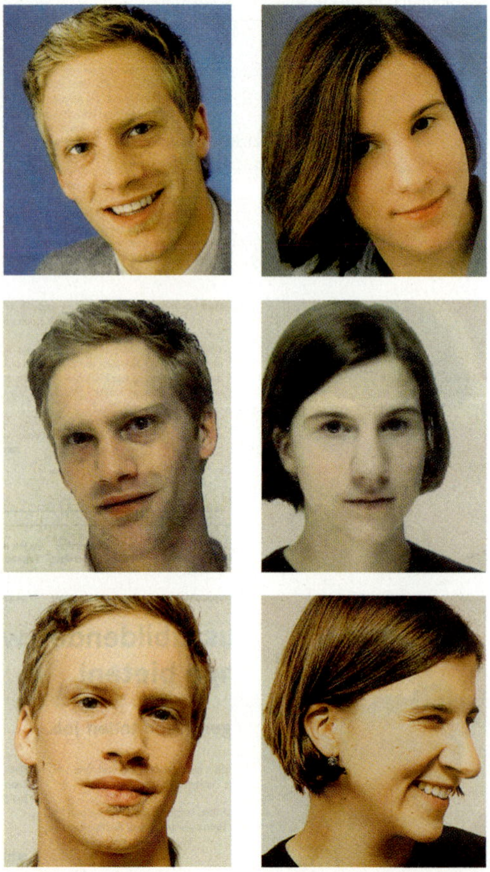

Aufgaben

1. Begründe, warum ein Lebenslauf mit Lücken von Nachteil sein kann.
2. Überlege, weshalb im Lebenslauf auch Angaben zu den Neigungsfächern und zu den Hobbies gemacht werden sollen.
3. Verfasse gemäß dem Muster (S. 71) deinen Lebenslauf in tabellarischer Form. Formuliere anschließend deinen tabellarischen Lebenslauf in einen ausführlichen um.
4. Das Lichtbild sollte unbedingt von einem Fotografen gemacht werden, denn „ein Bild sagt mehr als tausend Worte ...". Nimm Stellung zu dieser Aussage, indem du die Lichtbilder in M28 miteinander vergleichst.
5. Tipp: Viele Beispiele für gelungene Lebensläufe findest Du unter www.jova-nova.com.

Beispiel für einen Lebenslauf:

Überschrift	Lebenslauf	
Lichtbild		
Name/Anschrift	Name Anschrift	Miriam Alexandra Weber Berg-am-Laim-Str. 71 88555 Mittelstadt Tel. 0896/1 23 98 76
Persönliche Daten	Geburtsdatum Geburtsort Staatsangehörigkeit	30.10.1990 Fürstenfeldbruck deutsch
	Eltern und Geschwister	Johannes Weber, Systemadministrator; Leticia Weber, geb. Conzalez, Grundschullehrerin; Lorenz Weber, 19 Jahre, Kfz-Mechatroniker
Information zum Schulverlauf	Schulbildung	1996 – 2000 Grundschule Lerchenbach, Mittelstadt 2000 – 2002 Hauptschule Grimm, Mittelstadt 2002 – 2006 Wilhelmsrealschule, Mittelstadt
	Realschulabschluss	Juli 2006
	Neigungsfächer	Sport, EDV, Mathematik
Informationen zu Praktika und Berufserfahrung	Praktikum	Seit November 2006 – Juli 2007: Praktikum im Fitnesscenter Superfit in Mittelstadt
Besondere Kenntnisse, Aktivitäten und Interessen, die von beruflicher Bedeutung sind	Besondere Kenntnisse	Office-Kommunikation, Englisch, Spanisch Grundkenntnisse
	Besondere Aktivitäten	Seniorenbetreuung, erfolgreiche Teilnahme an Sportwettkämpfen
	Außerschulische Interessen	Volleyball, Skifahren, Lesen
Datum und handschriftliche Unterschrift		Mittelstadt, den 31.01.2007 Miriam Weber

M29 Zur Vertiefung: die Bewerbung via E-Mail

Bequemer geht es kaum. Aber nur, wenn es auch im Anzeigentext gewünscht oder eine E-Mail-Adresse angegeben wird. Die Rede ist von der Online-Bewerbung. Wie bei der klassischen Bewerbung werden ein Anschreiben und ein Lebenslauf verfasst, die Zeugnisse und Praktikumsnachweise können eingescannt und entweder in ein Word- oder pdf-Dokument eingebunden werden. Manche großen Firmen aus der IT-, Werbe- oder Multimedia-Branche bieten aber auch schon auf ihrer Homepage Formulare an, die die Bewerber gleich online ausfüllen können. Aber Vorsicht, die Online-Bewerbung wird meist unterschätzt. Dabei sollte man sich für Formulierungen und Fehlersuche genauso viel Zeit lassen wie für die klassische Bewerbung, denn die wichtigsten Regeln gelten auch hier. Um Missgeschicke beim „Verschicken" zu vermeiden, sollte man sich die Datei vorher selbst oder einem Freund zur Überprüfung schicken. Verweist ein Stellenanbieter auf eine E-Mail-Adresse, können gerade junge Leute beweisen, dass Sie mit dem Medium vertraut sind. Internet-Nicknames wie „Lara Croft" oder „Lästerschwester" sollten nur privat gebraucht werden, für die E-Mail-Bewerbung ist eine professionell klingende Adresse mit dem richtigen Namen einzurichten.

Autorentext

M30 Und ab in die nächste Runde ...

Miriam Weber hat die erste Hürde bestanden. Ihre Bewerbung hat Anklang gefunden. Sie hat eine Einladung zum Einstellungstest für nächste Woche bekommen. Sie ist sehr nervös und möchte sich gerne vorbereiten. Kurz entschlossen fährt sie in eine Buchhandlung und kauft ein Buch, in dem sie Ratschläge für Einstellungstests nachlesen und Testbeispiele durcharbeiten kann.
Im Ratgeber werden folgende Tipps zum Einstellungstest gegeben:

- „Gehen Sie ausgeruht und voll konzentriert zum Test."
- „Die Aufgaben sind so ausgelegt, dass Sie auf keinen Fall alles schaffen können."
- „Die Firma/die Behörde will herausfinden, ob der Bewerber für den jeweiligen Beruf die geforderten Voraussetzungen mitbringt."
- „Lösen Sie zunächst die einfachen Aufgaben."
- „Nur die Besten sollen ausgesiebt werden."
- „Informieren Sie die Firma, wenn Sie verhindert sind. Stellen Sie die Situation dar und fragen Sie, ob Sie einen neuen Termin haben könnten."

Miriam findet auch eine Übersicht über die Schwerpunkte eines Einstellungstests.

Allgemeine intellektuelle Fähigkeiten	Spezielle intellektuelle Fähigkeiten	Arbeitsverhalten
• Allgemeinwissen • logisches Denken • Merkfähigkeit • Kurzzeitgedächnis	• Wort- und Sprachkenntnisse • Rechtschreibung • schriftliche und mündliche Ausdrucksfähigkeit • Rechenfähigkeit • mathematisches Denken • technisches Verständnis • räumliches Vorstellungsvermögen	• Konzentrationsvermögen • Ausdauer • Belastbarkeit • Ordnung und Sorgfalt • Arbeitsorganisation

Autorentext

Aufgaben

1. Begründe, warum es wichtig ist, sich auf Einstellungstests vorzubereiten (M30).
2. Recherchiere im Internet nach Einstellungstests und versuche, sie zu lösen.

M31 Das Vorstellungsgespräch – vorbereiten lohnt sich

Miriam ist schon für nächste Woche von Frau Haunschmidt, der Personalchefin der Firma Sport- und Freizeitparadies KG, zum Vorstellungsgespräch eingeladen worden. Damit hat sie bereits eine hohe Hürde im Auswahlverfahren überwunden. Sie weiß auch, dass es jetzt auf den persönlichen Eindruck ankommt. Diese Chance will sie nutzen. Da das Vorstellungsgespräch generell eine lern- und trainierbare mündliche Test- oder Prüfungssituation darstellt, bereitet sie sich gut vor. In Bewerbungsgesprächen soll festgestellt werden, ob der Bewerber die Anforderungen der Stellenbeschreibung erfüllt und zum Unternehmen passt. Im Gespräch sollte man seinem Gegenüber nichts vormachen, sondern lediglich seine Qualitäten „ins rechte Licht rücken". Mit ihren Fragen wollen die Personalverantwortlichen herausfinden, ob die für die Stelle wichtigen Fähigkeiten vorhanden sind. Miriam notiert sich auf Karteikarten einige Fragen, die die Personalchefin stellen könnte, und überlegt sich dazu passende Antworten, die sie auf der Rückseite notiert.

- Warum wollen Sie diesen Beruf ergreifen?
- Warum haben Sie sich uns als Ausbildungsstelle ausgesucht?
- Was war Ihr am schwersten zu erreichender Erfolg und wie haben Sie ihn erzielt?
- Wo liegen Ihre Stärken und Schwächen?
- Was können wir Ihnen über Ihren zukünftigen Arbeitsplatz erzählen?
- Welche beruflichen Alternativen kommen für Sie infrage?
- Wie haben Sie gelernt, im Team zu arbeiten?
- Können Sie politische Ereignisse der letzten Wochen nennen, die Ihnen in Erinnerung geblieben sind?

Um Frau Haunschmidt das eigene Interesse an dem Unternehmen zu bekunden und um die Richtung des Gesprächs mitzubestimmen, überlegt sich Miriam auch entsprechende Fragen an die Personalchefin:

- Wie ist die Ausbildung geplant?
- In welchen Abteilungen findet die Ausbildung statt?
- Lerne ich während der Ausbildung den gesamten Betrieb kennen?
- Wie viele Auszubildende werden nach Beendigung der Ausbildung übernommen?
- Welche Weiterbildungsmöglichkeiten bietet der Betrieb an?

...

... und das sollte man unbedingt beachten:

- ✓ Termin des Vorstellungsgesprächs telefonisch bestätigen
- ✓ Passende Kleidung wählen (dem persönlichen Typ, dem Anlass und dem Berufsbild entsprechend)
- ✓ Pünktlich erscheinen; Stadt- und Busfahrpläne studieren
- ✓ Bewerbungsschreiben und Lebenslauf nochmals durchlesen
- ✓ Selbstbewusstsein ausstrahlen (fester Händedruck) und auf Körpersprache achten (aufrechte Haltung, Blickkontakt, Mimik, nicht Arme verschränken)
- ✓ Namen des Gesprächspartners merken und auch verwenden

Autorentext

M32 Zur Vertiefung: Projektvorschläge

Projektvorschlag 1: In vielen Schulen werden bereits berufsvorbereitende und soziale Praktika in den 9. oder 10. Jahrgangsstufen durchgeführt. Organisiert im Wirtschaft und Recht-Unterricht auch an eurer Schule ein einwöchiges Betriebspraktikum.
Der Fachbereich Wirtschaft/Recht des Gymnasiums Gars am Inn stellt im Internet unter www.GymnasiumGars.de seine ausgearbeiteten Unterlagen für die Durchführung eines Betriebspraktikums zur Verfügung (Ziele des Praktikums, Organisationsplan, Schreiben an Eltern und Betriebe, Vorlagen zu Praktikumsberichten, Fragebögen, ...). Sehr gut aufbereitetes Material gibt es auch unter www.schule-bw.de/schularten/gymnasium/bogy (Berufsorientierung am Gymnasium).

Projektvorschlag 2: An manchen Schulen werden im Zweijahresrhythmus so genannte berufskundliche Tage abgehalten. Dabei errichten z. B. regional ansässige Firmen im Schulhaus Informationsstände, an denen sich Schülerinnen und Schüler über die Unternehmen, die Berufsprofile, die Ausbildungs- sowie die Anstellungs- und Arbeitsmodalitäten erkundigen können. In Vorträgen werden einige der Berufe detailliert vorgestellt. Organisiert mithilfe eurer Wirtschaft und Recht- sowie euren Beratungslehrkräften eine solche Veranstaltung an eurer Schule. Mobilisiert ortsansässige Firmen, an der Berufsorientierungsmesse teilzunehmen. Informiert euch bei den Firmenvertretern über Bewerbungsmodalitäten und Anstellungschancen. Präsentiert anschließend die gegebenen Informationen über die einzelnen Berufe.

Projektvorschlag 3: Die Eltern der Schülerinnen und Schüler eurer Schule haben viele verschiedene Berufe. Organisiert einen Tag, an dem diverse Berufe vorgestellt werden. Bereitet euch vor, indem ihr einen Fragenkatalog zu verschiedenen Themenbereichen (Ausbildung, Ausübung, Arbeitsschutz, ...) entwickelt.

Autorentext

Aufgaben

1. Erkläre, auf welche Anforderungen die Fragen abzielen, die Miriam im Bewerbungsgespräch gestellt werden könnten (M31).
2. Miriam glaubt, den Ausgang des Bewerbungsgesprächs mit eigenen Fragen beeinflussen zu können. Begründe, warum dies wichtig sein kann (M31).
3. Notiere mögliche Formulierungen, mit denen du deine Stärken betonen kannst.
4. Rollenspiel: Führt das Bewerbungsgespräch zwischen Miriam und der Personalchefin der Firma Sport- und Freizeitparadies KG. Achtet neben dem Ablauf und dem Gesprächsinhalt auch auf Körperhaltung, Gestik, Mimik und Modulation.

1.3.5 Wege schulischer und beruflicher Qualifikation

M33 Glücksfall Ausbildungsplatz

Markus Siebert ist ein Glückspilz. Von der Schulbank weg hat er einen Ausbildungsplatz in seinem Wunschberuf bekommen. Seit dem 1. September lernt der 17-Jährige abwechselnd in einem Betrieb und in einer Berufsschulklasse in München, seiner Heimatstadt, all das, was man als Kfz-Mechatroniker wissen muss. Und das ist eine ganze Menge. Mehrere zehntausend Jugendliche gingen auch im Jahr 2004 leer aus und blieben ohne betriebliche Lehrstelle. Markus hat die Hauptschule nach der 9. Klasse mit dem sogenannten „Qualifizierenden Hauptschulabschluss" verlassen. Seine Chancen auf eine Lehrstelle lagen damit – rein statistisch gesehen – bei knapp 50 Prozent. Markus kam zugute, dass er an den berufskundlichen Angeboten seiner Schule teilgenommen hatte und die Verwirklichung seines Berufswunsches gezielt angehen konnte.

Ganz anders sah es bei der 17-jährigen Laura Guggenberg aus. Nach der Pflichtwiederholung der 9. Klasse im Gymnasium schaffte sie auch die 10. Klasse nicht. Sie konnte sich einfach nicht aufraffen und ihren Lerneifer steigern. Bereits an Ostern stand fest, dass sie abermals das Klassenziel nicht erreichen würde. „Hättest du wenigstens in der 9. Klasse am ‚Quali' teilgenommen, Kind, wo soll das nur alles einmal mit dir enden!", das bekam sie nun ständig von ihrer Mutter zu hören. Aber den Qualifizierenden Hauptschulabschluss als Externe nachholen, das wollte sie nicht. Was sollten ihre ehemaligen Mitschülerinnen aus der Grundschulzeit nur dazu sagen, wenn sie plötzlich mit ihnen an den Prüfungen teilnehmen würde? Um wenigstens ihre Eltern zufriedenzustellen, meldete sie sich zur Besonderen Prüfung an.

Autorentext

Aufgaben

1. Lauras beruflicher Werdegang gestaltet sich schwierig. Formuliere die Fehler von Laura und zeige Wege aus ihrer Situation auf (M33, M34).
2. Informiere dich über alternative Möglichkeiten zum Erwerb der Hochschulreife (neben dem Gymnasium, M33, M34).
3. Informiere dich, mit welchen Angeboten die Bundesagentur für Arbeit Jugendliche bei der Suche nach einem Ausbildungs- oder Studienplatz unterstützt.

M34 Grundstruktur des Bildungswesens in Bayern

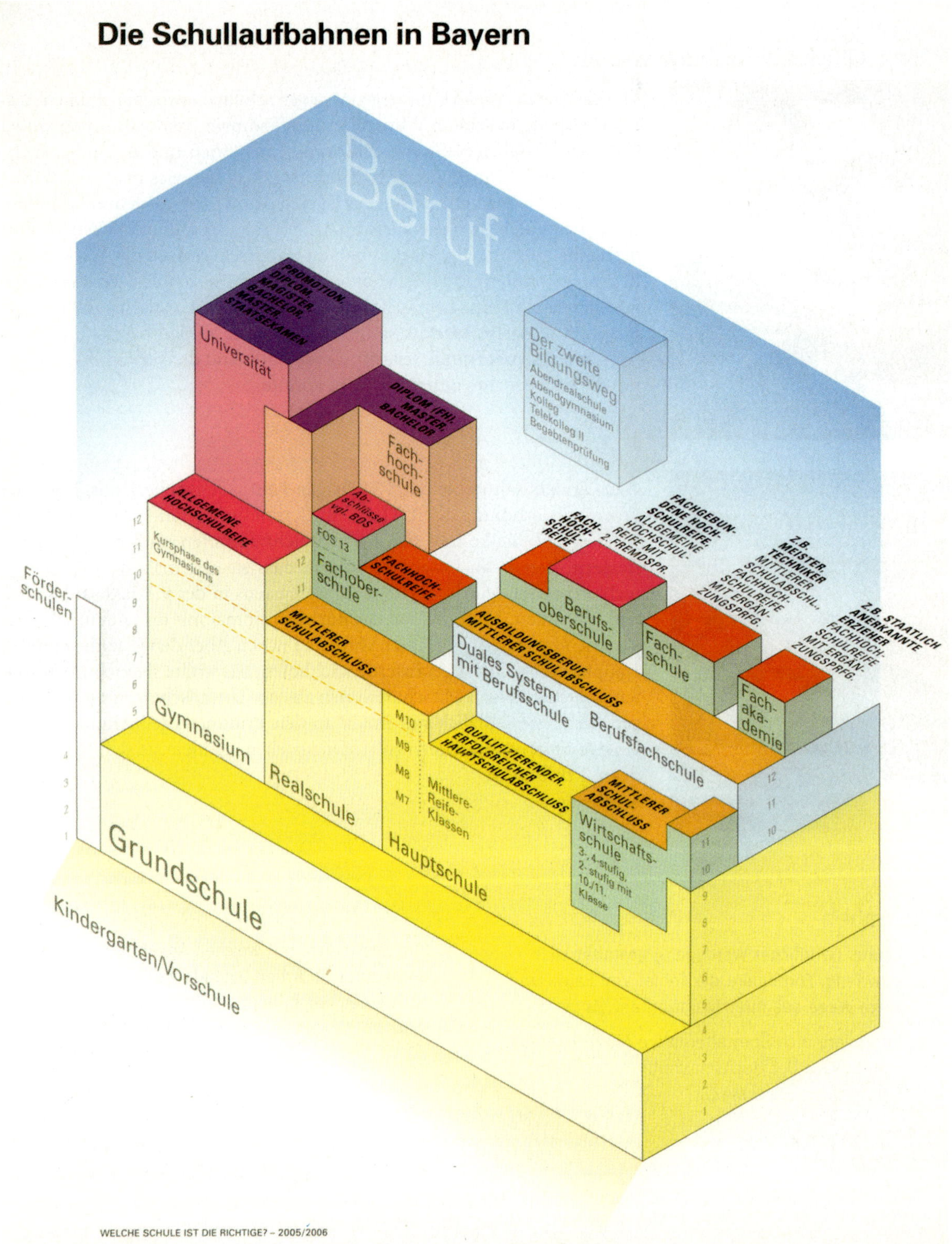

Bayerisches Staatsministerium für Unterricht und Kultus, 2006

M35 Das „duale System“: Berufsausbildung in Deutschland

Das duale System der Berufsausbildung

Ziel des dualen Systems ist eine praxisnahe Ausbildung, die dem Lehrling neben grundlegenden und speziell vertieften, praktischen wie theoretischen Kenntnissen seines Ausbildungsberufes den Weg zu seiner beruflichen Weiterentwicklung ebnet, sodass er den aktuellen Anforderungen an einen Facharbeiter ebenso genügen kann, wie er darauf eingestellt ist, technologische Entwicklungen in seinem Beruf relativ reibungslos zu verfolgen und mitzumachen. Außerdem befähigt ihn sein Allgemeinwissen zur verantwortungsvollen Teilnahme an der Gemeinschaft.

Lernort Berufsschule:

- Fachtheoretische Vertiefung
- Systematisierung des Lehrstoffes
- Kontakt zu anderen Azubis
- Allgemeinbildung

Lernort Betrieb:

- Fachpraktische Anwendung
- Ernstsituation
- Kontakt zu anderen Kollegen
- Vergütung
- Kundenkontakt

Autorentext

M36 Berufsbeispiele für mögliche Ausbildungswege

Ausbildung ... Fachrichtung	in Berufsschule und Betrieb	an Berufsfachschulen	an Fachhochschulen	an wissenschaftlichen Hochschulen
Wirtschaft	z. B. Bank-, Industrie-, Groß- und Außenhandelskaufmann/-frau	z. B. Kaufmann/-frau für Bürokommunikation	z. B. Betriebswirt/in	z. B. Dipl.-Kaufmann/-frau, Dipl.-Handelslehrer/in, Volkswirt/in
Kunst- und Gestaltung	z. B. Goldschmied/in, Fotograf/in, Bildhauer/in	z. B. Kameramann/-frau, Grafik-Designer/in, Werbeassistent/in	z. B. Restaurator/in, Foto-Designer/in	z. B. Regisseur/in, Kunsterzieher/in, Innenarchitekt/in
Kultur, Sprachen, Geisteswissenschaft	z. B. Buchhändler/in, Verlagskaufmann/-frau	z. B. Übersetzerin, Dolmetscherin	z. B. Dokumentar/in, Bibliothekar/in, Archivar/in	z. B. Theaterwissenschaftler/in, Historiker/in
Gesundheitswesen	z. B. Arzthelfer/in	z. B. medizinische/r Dokumentationsassistent/in	z. B. Medizintechniker/in	z. B. Arzt/Ärztin, Manager/in Gesundheitswesen

Autorentext

Aufgaben

1. Nenne Gründe, die für ein Hochschulstudium bzw. für eine Berufsausbildung außerhalb der Hochschule sprechen (M34, M35).
2. Erkläre das Prinzip des „dualen Systems“. Nenne die Vorzüge, die darin liegen (M35).
3. Recherchiere weitere Ausbildungsmöglichkeiten in den Fachrichtungen Recht, Informatik und Chemie (M36).

1 Zusammenfassung

Entscheidungen im Zusammenhang mit Ausbildung und Berufswahl

Arbeitswelt im Wandel
M1, M2, M4

Durch den technischen Fortschritt und die damit einhergehenden Veränderungen in der Produktionsweise befindet sich die **Arbeitswelt** in einem stetigen **Wandel**. Auf dem Weg in die **Informations- und Wissensgesellschaft** rücken Prozesse der Informationsverarbeitung immer stärker in den Vordergrund, sodass in Zukunft weit mehr als zwei Drittel aller Beschäftigten an ihrem Arbeitsplatz mit computergesteuertem Gerät zu tun haben werden.

Neue Beschäftigungsverhältnissse
M7

Parallel dazu vollzieht sich insbesondere im Dienstleistungsbereich auch ein Wandel in den **Beschäftigungsverhältnissen**: Neben den neuen Selbstständigen, befristet Beschäftigten, Leiharbeitern oder (Tele-) Heimarbeitern, sind es vor allem die Beschäftigten in Teilzeit und mit flexiblen Arbeitszeitmodellen, welche die Beschäftigungslandschaft in Deutschland zunehmend prägen. Da sich die Berufsbilder ständig ändern, gibt es heute schon kaum mehr jemanden, der seinen Beruf ein ganzes Leben lang ausübt. Der erlernte Beruf bleibt aber nach wie vor die Eintrittskarte in das Arbeitsleben.

Anforderungen der modernen Arbeitswelt
M10, M11

Der Wandel in der Arbeitswelt führte auch zu veränderten Anforderungen an die Auszubildenden und Arbeitnehmer. Während Arbeitgeber früher Fachkenntnisse und technischen Kompetenzen („**Hard Skills**"), die als Basisqualifikation durch eine Ausbildung, ein Studium oder durch Berufserfahrung erworben werden, als maßgebliche Berufsqualifikation betrachteten, gewinnen heute zunehmend sogenannte **„Soft Skills"** (soziale Kompetenzen, Methodenkompetenzen) an Bedeutung.
Im Zuge des technischen Wandels haben sich die Beschäftigungschancen für geringe und hoch qualifizierte Arbeitnehmer immer weiter auseinander entwickelt. Die beste Versicherung gegen Arbeitslosigkeit ist deshalb immer noch eine qualifizierte Ausbildung und die Bereitschaft, lebenslang zu lernen.

Berufswahl: Kriterien und Prozess
M14, M16

Im Laufe unserer persönlichen Entwicklung ändern sich unsere Vorstellungen vom Wunsch- oder Traumberuf immer wieder. Mit dem Prozess des Älterwerdens gehen wir immer realistischer mit dem Traumberuf um und fangen an, unsere Fähigkeiten, Fertigkeiten und Interessen mit den Anforderungen, die ein ganz bestimmter Beruf an die eigene Persönlichkeit stellt, abzugleichen. Die **Freiheit der Berufswahl** wird dabei durch persönliche, finanzielle und arbeitsstrukturelle Bedingungen begrenzt.
Obwohl Mädchen und Jungen gemeinsam aufwachsen und dieselben Schulen besuchen, ihnen dieselben Ausbildungs- und Studienmöglichkeiten offenstehen, wählen Jungen und Mädchen unterschiedliche Studienfächer und Ausbildungsberufe (geschlechterspezifische Berufswahl).

Verwirklichungsphase
M25–M27, M30, M31

Nach der Suche eines geeigneten Ausbildungsbetriebs wird die **Bewerbungsmappe** nach dem Motto „Bewerbung heißt Eigenwerbung" zusammengestellt. Die Bewerbung sollte in jedem Fall richtig und vollständig sein und die formalen Kriterien erfüllen. Einstellungstest und Bewerbungsgespräch sind lern- und trainierbare Test- oder Prüfungssituationen, auf die man sich im Voraus gut vorbereiten kann.

Ausbildungswege
M34, M35

In Deutschland besteht ein differenziert **gegliedertes Schulsystem**, das Entscheidungen an den Stellen verlangt, die mehrere Schullaufbahnen und Wege eröffnen. Dem Recht und Wunsch der Eltern, den Bildungsweg ihrer Kinder selbst zu wählen, steht die Eignung des Schülers für eine bestimmte Schulart gegenüber. Weil es eine nahezu unüberschaubare Anzahl an Ausbildungs- und Studienmöglichkeiten und ebenso viele Berufsbilder gibt, ist es notwendig, sich bei dieser Entscheidung Rat zu holen.

Rechtliches Handeln der privaten Haushalte

2

Die Gerechtigkeit wird oft durch die Frauengestalt Iustitia symbolisiert (hier eine barocke Darstellung auf dem Rathaus von Offenburg), die mit Richterschwert und Waage abgebildet wird. Die Waage steht für die ausgewogene Beurteilung rechtlicher Streitfälle, das Schwert stellt die rechtlich geregelte Macht dar. Manchmal sind Iustitias Augen verbunden, da sie ohne Ansehen der Person urteilt.

2.1. Bedeutung und Abschluss von Verträgen am Beispiel der Kaufhandlung

M1 Warum brauchen wir Recht?

M2 Betrifft mich Recht überhaupt?

Am ersten Tag nach den Ferien wollte der 14-jährige Peter nicht so recht in die Schule. Er stand deshalb spät auf und verließ das Haus in Eile. „Warum muss man eigentlich in die Schule?“, stöhnte er. Da er den Bus nicht mehr erwischen konnte, nahm er sein Fahrrad. Weil wieder einmal alle Ampeln rot waren, kam er auch noch fünf Minuten zu spät. Die erste Stunde war zunächst noch ganz nett: Er vertrieb sich die Zeit damit, kleine Bilder in das Buch seines Nachbarn zu malen. Unglücklicherweise sah das seine Lehrerin und kündigte ihm an, dass er den Schaden bezahlen müsse. In der Pause war Peter durstig und besorgte sich beim Pausenverkauf etwas zu trinken. Auf dem Heimweg blieb er kurz an einem Geschäft stehen, um einen Computer anzusehen, an dem er interessiert war. Der Verkäufer beriet ihn eingehend, sagte ihm aber auch, dass er mit seinen Eltern vorbeikommen müsse, wenn er den Computer wolle. Am Nachmittag kopierte Peter einige CDs auf dem Computer eines Freundes. Am Abend war er ziemlich sauer, als sein Vater ihn nicht mehr weggehen ließ.

Autorentext

M3 Die Funktionen des Rechts

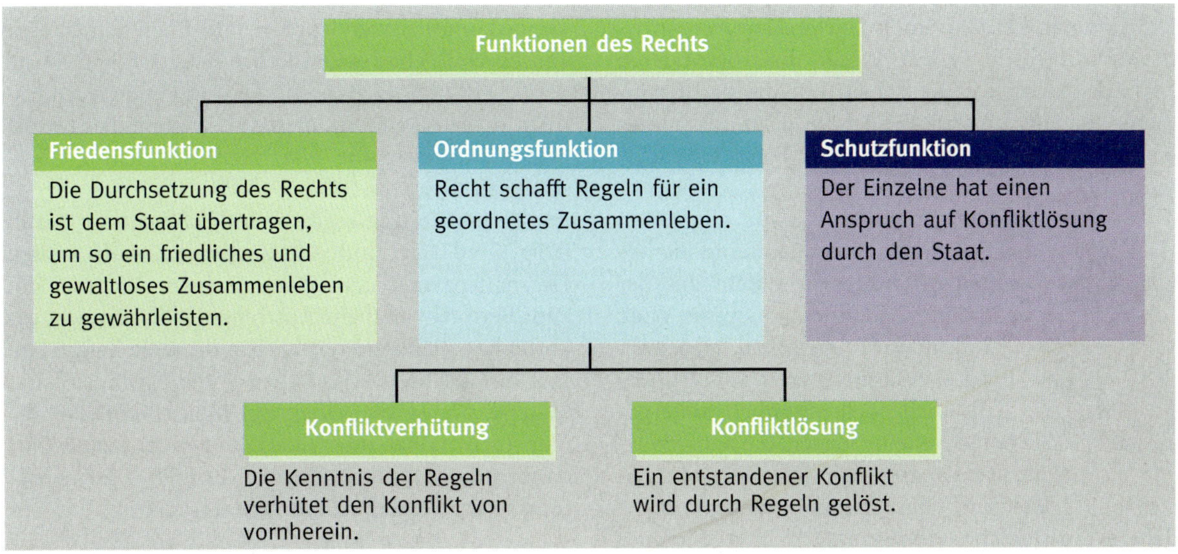

Die **Ausgleichsfunktion** des Rechts ist eine Folge aller anderen Rechtsfunktionen. Das Recht versucht nämlich immer, einen gerechten Ausgleich zwischen den Interessen aller Beteiligten herzustellen.

nach: Helgard van Hüllen, Rechtskunde – eine praktische Einführung, 3. Aufl., Troisdorf 2002, S. 15

Aufgaben

1. Erläutere die Aufgaben und die Bedeutung des Rechts in den dargestellten Situationen (M1).
2. Formuliere Regeln, gegen die Peter verstoßen hat, und überlege dir, welche Folgen sich für ihn aus dem Regelverstoß ergeben könnten (M2).
3. Erläutere, welche Folgen es hätte, wenn die von dir in Aufgabe 2 formulierten Regeln nicht existieren würden.

M4 Verträge ...

„Verträge haben etwas mit ‚sich vertragen' zu tun."

„Ein guter Vertrag liegt vor, wenn alle zufrieden sind!"

„Wenn man einem Menschen trauen kann, erübrigt sich ein Vertrag. Wenn man ihm nicht trauen kann, ist ein Vertrag nutzlos."

„VERTRÄGE BAUEN BRÜCKEN."

„Warum muss nicht alles vertraglich geregelt sein?"

Zusammenstellung des Autors

M5 Ursprünge schriftlicher Verträge

Die Sumerer erfanden im 4. Jahrhundert vor Christus vermutlich die Schrift. Wegen ihrer besonderen Form heißt sie heute „Keilschrift“. ... Was mag die Sumerer vor über fünftausend Jahren dazu bewegt haben, ihre Gedanken in schriftlicher Form festzuhalten? ...

Nützlich war die Schrift ... vor allem auch für die Händler. Schon auf einer der ältesten bekannten Tontafeln aus der Sumerer-Zeit findet man das Wort „Kaufmann“. Zwischen Priestern ließ sich kompliziertes Wissen notfalls auch noch mündlich weitergeben. Kaufleute jedoch, die herumreisten und an fremden Orten mit fremden Menschen über fremde Waren verhandelten, mussten ihre Abmachungen in irgendeiner Form festhalten können, sobald die Geschäfte ein wenig komplizierter wurden und über den bloßen Tausch von Fellen gegen Krüge hinausgingen. Dank der Schrift konnte man nun Leistung und Gegenleistung in Verträgen festhalten. Wie wichtig dies für die Wirtschaftsgeschichte war, lässt sich kaum überschätzen.

Aus einem Vertrag ergibt sich die Pflicht zur Lieferung einer Ware, und zwar auch dann, wenn es dem Geschäftspartner unbequem erscheint. Wenn es ihn zum Beispiel viel mehr Anstrengung als erwartet gekostet hat, die Pelztiere zu jagen, die er zu liefern hat. Nur mit solchen verlässlichen Vereinbarungen kann man auf Dauer die Arbeit mit Menschen teilen, die man nicht näher oder überhaupt nicht kennt. Nur dann ist sichergestellt, dass Leistung und Gegenleistung so wie vereinbart erbracht werden.

Nikolaus Piper, Geschichte der Wirtschaft, Weinheim 2002, S. 30 ff.

M6 Eigentum – Besitz

Eigentum

Rechtliche Herrschaft einer Person über eine Sache.

- Der Eigentümer kann die Sache (be-)nutzen, verkaufen, verleihen, verändern, wegwerfen oder auch zerstören, sofern dadurch nicht die Rechte anderer betroffen sind.

Beispiel: Wohnungseigentümer

Besitz

Tatsächliche Herrschaft einer Person über eine Sache.

- Der Besitzer hat die Möglichkeit, unmittelbar über die Sache zu verfügen.

Beispiele:
- eine Sache in der Hand halten
- eine Sache in einem Schließfach, zu dem der Besitzer Zugang hat
- Wohnungsmieter

Zwischen Eigentum und Besitz muss rechtlich genau unterschieden werden:

a) Thomas nimmt Andreas einen Kugelschreiber weg. Da der Kugelschreiber weiterhin Andreas gehört, bleibt Andreas Eigentümer, Thomas wird nur Besitzer.

b) Dieses Schulbuch gehört deiner Schule (Eigentum), wie du am Stempel vorne im Buch erkennen kannst, du bist aber der Besitzer.

c) Bei deinem Schulheft bist du Eigentümer und Besitzer.

Beim Eigentum gehört eine Sache einer Person, beim Besitz hat die Person die Sache tatsächlich.

Autorentext

Aufgaben

1. Nimm Stellung zu den Aussagen in M4.
2. Fasse die wirtschaftliche Bedeutung von schriftlichen Verträgen zusammen (M5).
3. Begründe, wer jeweils Eigentümer und Besitzer ist (M6):

a) Matthias leiht Verena eine DVD.
b) Belinda mietet für sich und ihren Freund Franz von Frau Müller eine Wohnung.
c) Hubert kauft von Sandra ein Spiel und nimmt es sogleich mit; die Zahlung des Kaufpreises ist erst für einen späteren Zeitpunkt vereinbart.

M7 Wie kommen Verträge zustande?

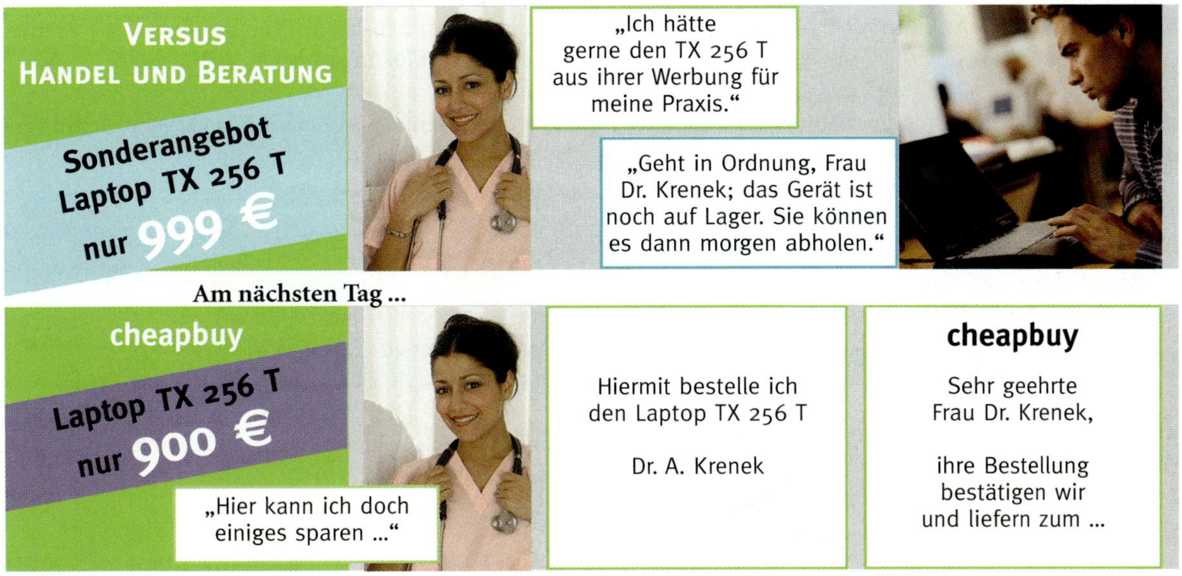

Acht Tage später ...

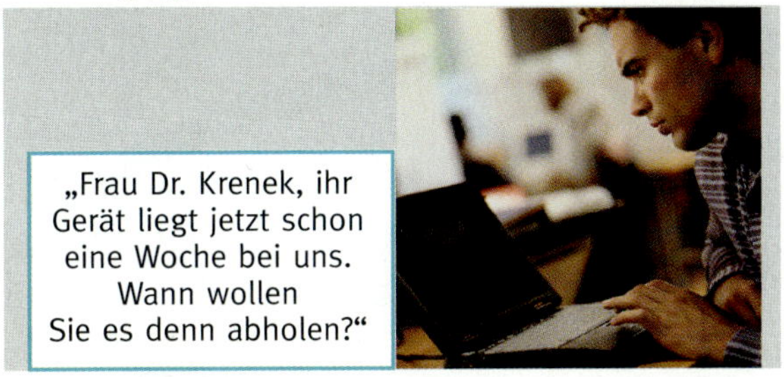

Autorentext

Aufgabe

Diskutiert, ob Frau Dr. Krenek den Laptop bei „Versus" und/oder bei „cheapbuy" abnehmen und bezahlen muss (M7).

M8 Die Kaufhandlung – eine komplizierte Sache

Am 28.11. in der Pause:

Bernd: „Ich habe zu meinem Geburtstag einen neuen MP3-Player bekommen, der viel besser ist als mein alter."

Klaus: „Mir ist meiner vorgestern kaputtgegangen."

Bernd: „Du kannst meinen alten MP3-Player für 10 Euro haben."

Klaus: „Das ist ein gutes Angebot, ich bin einverstanden."

Bernd: „Ich hab' ihn allerdings nicht dabei. Hol' den Player doch einfach heute Nachmittag bei mir ab."

Klaus: „Aber bezahlen kann ich ihn erst nächste Woche, wenn ich mein Taschengeld bekommen habe."

Bernd: „Daran soll's nicht scheitern."

Verpflichtungsgeschäft: Kaufvertrag

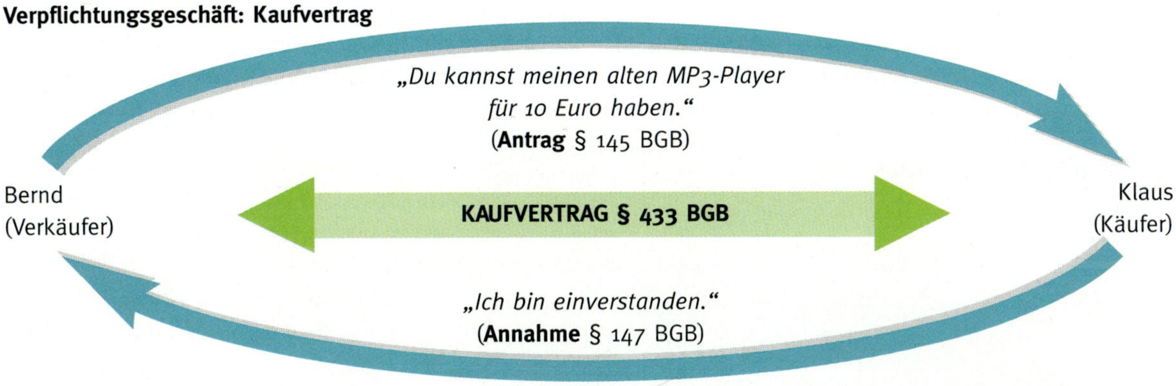

Bernd hat zuerst einen **Antrag** (§ 145 BGB) abgegeben, den MP3-Player verkaufen zu wollen.
Klaus hat mit der **Annahme** (§ 147 BGB) des Antrags geantwortet.

Antrag und Annahme stimmen in ihrem Inhalt **überein**, wodurch ein **Kaufvertrag** (§ 433 BGB) zustande gekommen ist. Antrag und Annahme werden als **Willenserklärungen** bezeichnet.

Da durch den Kaufvertrag für Käufer und Verkäufer Pflichten entstehen, nennt man ihn auch **Verpflichtungsgeschäft**.

Pflichten aus dem Kaufvertrag (§ 433 BGB)	
Für den Verkäufer (§ 433 I BGB) – Sache übergeben – Eigentum an der Sache verschaffen – Sache frei von Mängeln	**Für den Käufer (§ 433 II BGB)** – Kaufpreis bezahlen, d. h. Geld übergeben und Eigentum am Geld verschaffen – Sache abnehmen

Nachmittags 28.11. um 15.30 Uhr bei Bernd
Klaus: „Ich bin gerade zufällig bei dir vorbeigekommen. Kann ich den MP3-Player gleich mitnehmen?"
Bernd: „Warte, ich hole ihn aus dem Schrank."
Klaus: „Wunderbar!"
Bernd gibt Klaus den MP3-Player.

Erfüllungsgeschäft 1: Übereignung der Sache

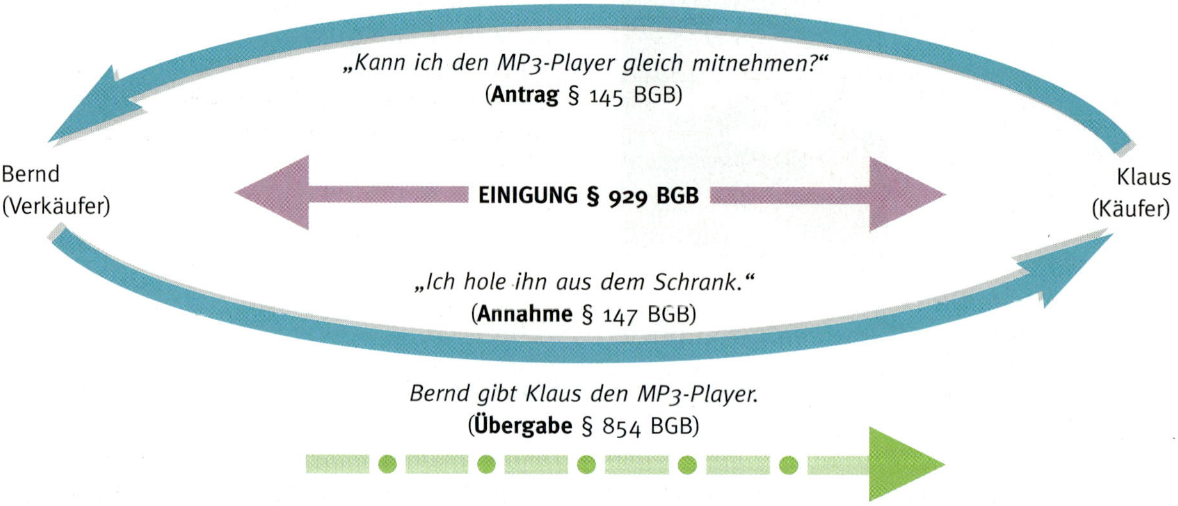

Nach § 929 BGB müssen sich Käufer und Verkäufer zunächst einig sein, dass das Eigentum übergehen soll. Zusätzlich verlangt dieser Paragraf noch die Übergabe (§ 854 BGB) der Sache.
Im Beispiel stellt Klaus den **Antrag** (§ 145 BGB) auf Übereignung, den Bernd **annimmt** (§ 147 BGB). Dadurch kommt es zur **Einigung** (§ 929 BGB). Die anschließende **Übergabe** (§ 854 BGB) vervollständigt die **Übereignung der Sache.**

Wichtig ist, dass im Gesetz beim Eigentumsübergang mit keinem Wort die Bezahlung erwähnt wird. Klaus ist also durch Einigung (§ 929 BGB) und Übergabe (§ 854 BGB) Eigentümer des MP3-Players geworden, auch wenn er diesen noch nicht bezahlt hat. Die Bezahlung wird rechtlich völlig unabhängig betrachtet.

1.12. auf dem Pausenhof
Klaus: „Hallo Bernd, ich hab' die 10 Euro dabei."
Bernd: „Dann gib schon her." Klaus gibt Bernd die 10 Euro.

Erfüllungsgeschäft 2: Übereignung des Geldes

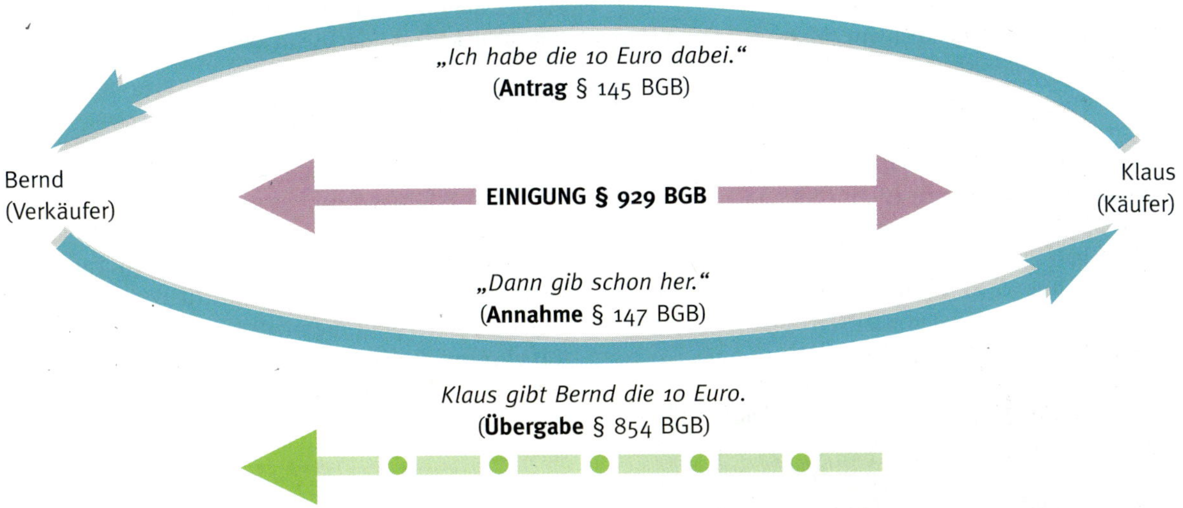

Wie bei der Übereignung des MP3-Players kommt auch hier die **Einigung** (§ 929 BGB) durch **Antrag** (§ 145 BGB) und **Annahme** (§ 147 BGB) zustande und die **Übergabe** (§ 854 BGB) vollendet die **Übereignung des Geldes**.
Da durch die Übereignungen der Sache und des Geldes die Pflichten aus dem Kaufvertrag erfüllt werden, heißen sie **Erfüllungsgeschäfte**.
Eine komplette Kaufhandlung besteht also aus **einem Verpflichtungsgeschäft** (Kaufvertrag) und **zwei Erfüllungsgeschäften** (Übereignung der Sache und des Geldes).
Autorentext

Aufgaben

1. Kurt möchte mit seinen Freunden eine Grillparty feiern. Ihm fällt dabei die Aufgabe zu, die Semmeln zu besorgen. Er geht in die Bäckerei Veit. Die Verkäuferin Veronika fragt: „Was wünschen Sie?" Kurt antwortet: „20 Semmeln und 20 Salzstangen." Weiterhin erklärt er, dass er die Semmeln und Salzstangen um 17.00 Uhr abholen wolle. Veronika sagt: „Das geht in Ordnung." Um 17.00 Uhr erscheint Kurt wieder im Laden, Veronika gibt ihm die in eine große Tüte gefüllten Semmeln und Salzstangen. Kurt nimmt die Tüte, zahlt den Preis von 20 Euro passend und verabschiedet sich.
   Finde sämtliche Willenserklärungen des Sachverhalts und zeige, wo rechtlich unbedeutende Äußerungen vorliegen (M8).
2. Sonja kauft in der Boutique Blue ein Sweat-Shirt für 40 Euro. Stelle die gesamte Kaufhandlung grafisch dar (M8).
3. Die 18-jährige Sabine (S) geht am 10.06. in das Fahrradgeschäft Vetter (V). Nach längerer Beratung durch Herrn Vetter entscheidet sie sich für ein Fahrrad der Marke „Quick-Bike" zu einem Preis von 500 Euro. Herr Vetter erklärt ihr: „Ich muss bei dem Fahrrad die Gangschaltung noch richtig einstellen, Sie können es morgen ab 14.00 Uhr abholen." Sabine ist einverstanden, möchte den Kaufpreis aber sofort bezahlen, da sie den großen Geldbetrag nicht länger bei sich tragen will. Herr Vetter kassiert das Geld und stellt ihr dafür eine Quittung aus. Am 11.06. erscheint Sabine um 14.00 Uhr wieder bei Vetter, der ihr das Fahrrad übergibt.
   a) Untersuche, welche Verträge zwischen Sabine und Vetter geschlossen wurden. Gib auch an, an welchem Datum die Verträge jeweils geschlossen wurden (M8).
   b) Erkläre, wer nach der Bezahlung des Kaufpreises am 10.06. Eigentümer des Fahrrads und wer Eigentümer des Geldes ist. Begründe deine Antwort (M6, M8).

▶M9 Formen von Willenserklärungen

Der Wille muss nach außen hin erklärt werden. Dies kann auf verschiedene Weise erfolgen, z. B.

- **mündlich**

Beispiel: Alexandra sieht beim Einkaufsbummel im Schaufenster des Modehauses Wiedemann ein gestreiftes Sweat-Shirt, das ihr auf den ersten Blick gefällt. Sie geht daraufhin in den Laden und sagt, dass sie das rot-weiße Sweat-Shirt für 30 Euro kaufen möchte. Die Verkäuferin ist einverstanden und holt das Kleidungsstück aus dem Schaufenster.

- **schriftlich**

Beispiel: Herr Kunz kauft das Auto von Frau Volz. Beide unterschreiben den Kaufvertrag.

- **schriftlich mit notarieller Beurkundung**

Beispiel: Herr Bauer kauft die Wohnung von Herrn Schulz. Sie unterschreiben zusammen mit dem Notar den Kaufvertrag, nachdem der Notar den Kaufvertrag vorgelesen hat.

- **durch schlüssiges Handeln**

Beispiel: Am Eingang zur S-Bahn sieht Beate ein Schild „Zugang nur mit gültigem Fahrschein". Sie geht zum Bahnsteig und steigt in den nächsten Zug ein.

- **elektronisch (mit vorgeschriebener Signatur)**

Beispiel: Hierbei wird die schriftliche Form durch ein elektronisches Dokument (z. B. eine E-Mail) ersetzt. Dabei muss der Aussteller der Erklärung seinen Namen hinzufügen und das elektronische Dokument mit einer „qualifizierten elektronischen Signatur" versehen.

In der Regel können die Vertragspartner die Form der Willenserklärungen und damit des Vertrags frei wählen (**Formfreiheit**). Nur bei manchen Verträgen (z. B. Kauf von Immobilien) ist eine bestimmte Form vorgeschrieben (Ordnungs- und Schutzfunktion des Rechts).

Autorentext

Ein Angebot, das in einer Werbeanzeige abgedruckt ist, oder das Ausstellen einer Ware im Schaufenster ist rechtlich noch kein Antrag. Es liegt hier vielmehr erst eine Einladung an einen nicht näher bestimmten Personenkreis vor, ins Geschäft zu kommen und den Antrag abzugeben, die Ware kaufen zu wollen.

Infobox

Willenserklärung

- Es muss der Wille vorliegen, eine rechtserhebliche Äußerung abgeben zu wollen. Dies ist z. B. nicht der Fall, wenn jemand etwas im Zustand der Hypnose sagt.
- Der Wille muss nach außen hin erklärt werden.

Autorengrafik

Anzeige der Firma Lidl vom 19.5.2005

Bahn-Tickets bei Lidl binnen Minuten weg

Berlin (dpa). Der Verkauf von Billig-Tickets der Deutschen Bahn hat am Donnerstag für einen wahren Ansturm auf die Filialen der Discounter-Kette Lidl gesorgt. Innerhalb von wenigen Stunden wurden nach Angaben eines Bahnsprechers mehr als eine Million Fahrscheine verkauft. Lidl-Filialen in unserer Region meldeten schon wenige Minuten nach Öffnung „ausverkauft". Viele Kunden mussten trotz langer Wartezeit enttäuscht wieder abziehen.

Augsburger Allgemeine vom 20.5.2005

M10 Lo(c)kangebot

Die Deutsche Bahn AG verkaufte im Mai 2005 Bahntickets zum Schnäppchenpreis über die Discountkette „Lidl" (vgl. Werbeanzeige). Langschläfer Ludwig wollte am ersten Verkaufstag nachmittags solche Tickets für seine Urlaubsfahrt kaufen, musste jedoch erfahren, dass die Tickets bereits „wenige Minuten nach Öffnung ‚ausverkauft'" waren (vgl. Zeitungsartikel über diese Aktion).

Es sind die vermeintlichen Schnäppchen, die die Deutschen immer wieder in die Discounter locken. Woche für Woche präsentieren Aldi, Lidl und Co. „Aktionsware", die sich nur für kurze Zeit im Sortiment befindet. ...

Nach dem Gesetz zur Bekämpfung unlauteren Wettbewerbs sind Discounter dazu verpflichtet, Aktionsware mindestens zwei Tage zur Verfügung zu stellen. Dies lässt sich auch nicht durch die Floskel „bei diesem Artikel besteht die Möglichkeit, dass er trotz sorgfältiger Bevorratung kurzfristig ausverkauft ist" entkräften. Ist der beworbene Artikel nicht mehr innerhalb der Zwei-Tages-Frist erhältlich, müsste eigentlich der Discounter Gründe darlegen, warum die Nachfrage trotz sorgfältiger Kalkulation nicht gedeckt werden konnte. Allerdings folgt daraus kein individueller Rechtsanspruch des Kunden. Verbraucherschützer raten, sich an den Geschäftsführer zu wenden, wenn der beworbene Artikel innerhalb weniger Stunden ausverkauft ist. In manchen Fällen kann der nachbestellen oder den Artikel aus einer anderen Filiale besorgen.

nach www.n-tv.de/546936.html?tpl=druck, 22.6.2005 (gekürzt und bearbeitet)

Aufgaben

1. Überlege, wo du in der letzten Woche mündlich oder durch schlüssiges Handeln Willenserklärungen abgegeben hast (M9).
2. Beim Kauf von Immobilien ist es vorgeschrieben, dass der Kaufvertrag vor einem Notar geschlossen wird. Ein Testament muss i.d.R. handschriftlich erstellt werden. Ein längerfristiger Mietvertrag muss schriftlich abgeschlossen werden. Begründe, warum hier Regelungen über die Form der Verträge ins Gesetz aufgenommen wurden (M9).
3. Muss der Händler zum falschen Preis verkaufen? Eric G. aus Korbach: „Im Schaufenster eines Geschäfts habe ich einen Fernsehapparat für 49 Euro gesehen. Als ich zugreifen wollte, sagte der Verkäufer, es handle sich um einen Auszeichnungsfehler, deshalb könne er mir den Fernseher zu diesem Preis nicht verkaufen."
   Diskutiert diesen Fall unter Berücksichtigung des Schutzes von Händler und Kunde und unter dem Gesichtspunkt der Rechtssicherheit.
   Aktiv-Wirtschaftszeitung Nr. 17 vom 14.8.2004, S. 7
4. Das Lo(c)kangebot: Formuliere einen Geschäftsbrief, in dem der enttäuschte Kunde Ludwig sein Anliegen gegenüber der Geschäftsführung des Discounters begründet darlegt (M10).

Methode

Rechtsnormen analysieren und anwenden

Es ist nicht möglich, für jede Begebenheit des Alltags eine eigene Rechtsvorschrift zu formulieren, zumal manche Ereignisse ja nicht vorhersehbar sind. Doch ist es notwendig zu wissen, wie verschiedene Handlungen rechtlich zu bewerten sind, um ein friedliches Miteinander der Bürger zu gewährleisten.

Um die rechtlichen Regelungen überschaubar und gerecht zu halten, werden deshalb gleichartige Fälle zusammengefasst und gleichartig behandelt. Allerdings setzt das eine oft sehr abstrakte Sprache voraus, weshalb viele Paragrafen nur schwer zu verstehen sind. Deshalb ist es unbedingt notwendig, Gesetzestexte sehr genau zu lesen und zu analysieren.

In diesem Schuljahr liegt der Schwerpunkt auf dem Bürgerlichen Gesetzbuch (BGB), das rechtliche Beziehungen der Bürger untereinander regelt.

Im Folgenden werden beispielhaft einige Paragrafen zum Eigentumsrecht analysiert. Umfang und Schutz des Eigentums sind im BGB und im Strafgesetzbuch (StGB) konkretisiert:

Befugnisse des Eigentümers

§ 903 BGB Befugnisse des Eigentümers. 1 Der Eigentümer einer Sache kann, soweit nicht das Gesetz oder Rechte Dritter entgegenstehen, mit der Sache nach Belieben verfahren und andere von jeder Einwirkung ausschließen. [...]

Zunächst ist es sinnvoll, in diesem Paragraf den Hauptsatz zu unterstreichen und zu analysieren: „... nach Belieben verfahren" bedeutet, dass der „Eigentümer einer Sache" diese z. B. nutzen (ge- oder verbrauchen), verkaufen, verleihen, vermieten, verändern, verarbeiten oder zerstören darf. Selbstverständlich muss er dies anderen Personen nicht gestatten, er kann sie also „von jeder Einwirkung ausschließen". Allerdings wird die Aussage des Hauptsatzes durch den Nebensatz (nicht unterstrichen) eingeschränkt: Durch Gesetz ist z. B. der Gebrauch – selbst von legal erworbenen Waffen – stark eingeschränkt. Rechte anderer Personen (sog. Dritter) sind z. B. deren Leben und Gesundheit oder deren Eigentum. Durch den Gebrauch des Eigentums dürfen also andere nicht gefährdet werden oder deren Eigentum beschädigt werden.

§ 903 BGB Befugnisse des Eigentümers. 1 Der Eigentümer einer Sache kann, soweit nicht das Gesetz oder Rechte Dritter entgegenstehen, mit der Sache nach Belieben verfahren und andere von jeder Einwirkung ausschließen.

Die meisten Paragrafen lassen sich auch mithilfe einer Grafik analysieren. Dazu müssen zunächst im Paragrafen die Voraussetzungen gesucht werden. Diese werden Tatbestandsmerkmale (TB) genannt. Im vorliegenden Paragrafen gibt es nur das Tatbestandsmerkmal, dass jemand Eigentümer einer Sache sein muss (gelb unterlegt). Im zweiten Schritt werden die Rechtsfolgen (RF), die bei Vorliegen aller Tatbestandsmerkmale eintreten, herausgearbeitet. Im § 903 BGB sind dies die beliebige Verfügung über das Eigentum sowie der Ausschluss anderer von jeder Einwirkung (grün unterlegt). Natürlich muss auch hier die Einschränkung (blau unterlegt) beachtet werden.

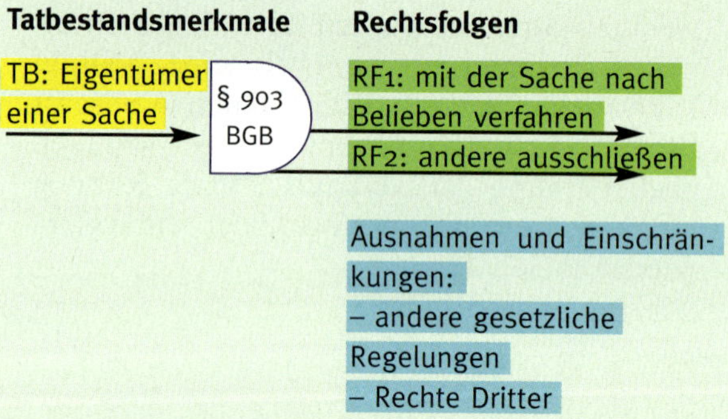

Der Herausgabeanspruch

§ 985 BGB Herausgabeanspruch. Der Eigentümer kann von dem Besitzer die Herausgabe der Sache verlangen.

§ 986 BGB Einwendungen des Besitzers. (1) 1 Der Besitzer kann die Herausgabe der Sache verweigern, wenn er [...] dem Eigentümer gegenüber zum Besitz berechtigt ist. [...]

Hier findet sich der Hauptsatz (unterstrichen) in § 985 BGB, der einschränkende Nebensatz in § 986 I BGB: Z. B. ist der Mieter einer Sache zum Besitz der gemieteten Sache berechtigt, wie es im Mietvertrag vereinbart wurde. Vor Beendigung des Mietvertrags kann der Eigentümer somit nicht die Sache zurückverlangen.

§ 985 BGB Herausgabeanspruch. Der Eigentümer kann von dem Besitzer die Herausgabe der Sache verlangen.

§ 986 BGB Einwendungen des Besitzers. (1) 1 Der Besitzer kann die Herausgabe der Sache verweigern, wenn er [...] dem Eigentümer gegenüber zum Besitz berechtigt ist. [...]

Auch § 985 BGB enthält nur ein Tatbestandsmerkmal (gelb unterlegt), nämlich die Bedingung, dass jemand Eigentümer einer Sache ist. Die Rechtsfolge (grün unterlegt) ist dann, dass er die Herausgabe der Sache verlangen kann. Zu beachten ist natürlich die Einschränkung durch § 986 BGB (blau unterlegt).

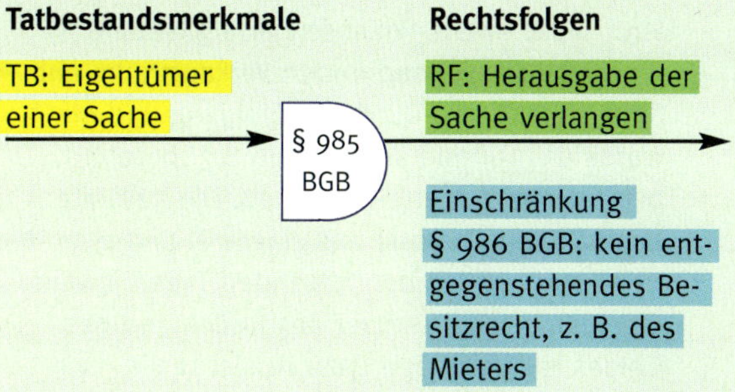

Autorentext

Aufgaben

1. Auch im Strafgesetzbuch wird das Eigentum gegen Diebstahl geschützt:

   § 242 StGB Diebstahl. (1) Wer eine fremde bewegliche Sache einem anderen in der Absicht wegnimmt, die Sache sich [...] rechtswidrig zuzueignen, wird mit Freiheitsstrafe bis zu fünf Jahren oder mit Geldstrafe bestraft.

   Suche in § 242 StGB die Tatbestandsmerkmale und die Rechtsfolge und stelle das Ergebnis grafisch dar.

2. a) Elektrohändler Bauer bietet seinem Kunden Müller mit einem persönlichen Brief einen DVD-Rekorder für 200 Euro an. Müller weiß nicht so recht, ob es sich um ein gutes Angebot handelt, er möchte erst noch ein paar Testberichte über dieses Modell lesen. Entscheide anhand von § 147 II BGB, bis wann Müller den Antrag von Bauer annehmen kann, wenn Bauer im Brief keinen Termin genannt hat.
   b) Im Rahmen einer Einführungsaktion bietet Sporthändler Schmidt am 15.3. seinem guten Kunden Müller den neuartigen Laufschuh „Marathon“ bis zum 29.3. befristet für 120 Euro an. Wie lange hat Müller nach § 148 BGB in diesem Fall Zeit, Schmidts Antrag anzunehmen?
   c) Wie ist Fall b) nach § 150 I BGB rechtlich zu werten, wenn Müller erst am 2.4. Schmidts Antrag annimmt?
   d) Wie ist Fall b) nach § 150 II BGB rechtlich zu werten, wenn Müller auf Schmidts Antrag zwar rechtzeitig reagiert, aber erklärt, er möchte den Schuh für 110 Euro kaufen?
3. Da Frau Reichenbauer die Wohnungstür zugefallen ist und sie sich somit selbst aus ihrer Wohnung ausgesperrt hat, ruft sie den Schlüsseldienst Wurm zu Hilfe. Wurm benötigt für das Öffnen der Türe lediglich knapp drei Minuten und stellt dafür eine Rechnung über 180 Euro aus. Diskutiert, ob der Vertrag wirksam sein sollte.
4. a) Vervollständige den Text, indem Du die Nummern durch die passenden Fachbegriffe ersetzt:
   Der 19-jährige Konstantin (K) will sich schon seit einiger Zeit ein neues Mountainbike kaufen. Beim Fahrradhändler Velox (V) entdeckt er am 1.3. ein gebrauchtes, nur sechs Monate altes Rad, das V für seinen „Fahrradverleih“ verwendet. Er mietet das Fahrrad für zwei Tage, um es auszuprobieren. Als er es am 3.3. zurückbringt, sagt V, er wäre bereit, das Rad für 200 Euro zu verkaufen. Rechtlich gesehen ist die Willenserklärung des V ein ①. K antwortet: „Natürlich nehme ich das Rad, das ist ein echtes Schnäppchen“ und gibt damit ebenfalls eine Willenserklärung ab: eine ②. Damit ist ein rechtswirksamer ③ zustande gekommen. Da K gerade auf dem Weg

zum Bahnhof ist, kann er das Rad nicht gleich mitnehmen. Daher betritt K erst am 6.3. wieder das Geschäft des V und fragt: „Kann ich das Fahrrad jetzt mitnehmen?“. Damit macht er einen ④. V sagt: „Natürlich, ich werde es gleich holen.“ Diese zweite Willenserklärung ist eine ⑤. V schiebt das Fahrrad in den Verkaufsraum und händigt es K aus. Durch die Einigung und die ⑥ wurde das Fahrrad an K ⑦. Am 8.3. bezahlt K bei V die vereinbarten 200 Euro. Die gesamte Kaufhandlung besteht aus einem ⑧ und zwei ⑨.

b) Begründe, wer an den folgenden Tagen jeweils Eigentümer und Besitzer des Rades und des Geldes ist. Übertrage dazu zunächst die nachfolgende Tabelle in dein Heft (M6).

Quali 2002, Aufgabe 1, ergänzt und geändert

	Fahrrad		Geld	
Tag	Eigentümer	Besitzer	Eigentümer	Besitzer
2.3.				
4.3.				
7.3.				
9.3.				

5. Eine Eigentumsübertragung kann im Zuge einer Kaufhandlung stattfinden, aber auch andere Möglichkeiten sind dafür denkbar. Beurteile, ob jeweils eine Eigentumsübertragung stattgefunden hat (M6–M8).
   a) Ulrike findet ein Armband mit den Buchstaben G.H.
   b) Claus packt den Taschenrechner seines Banknachbarn Johannes ein.
   c) Ursula schenkt Andrea ihren Kugelschreiber.

6. Josef Müller kauft im Möbelland Schreiner die Schrankwand „Sosima“ für 6.000 Euro. Er vereinbart mit dem Verkäufer, dass er den Kaufpreis in zwölf Monatsraten à 500 Euro bezahlt. Die Schrankwand wird umgehend geliefert und in Josefs Wohnung aufgestellt. Da Josef drei Monate später arbeitslos wird, kann er die Raten für die noch fehlenden 4.500 Euro nicht mehr bezahlen. Daraufhin möchte das Möbelland die Schrankwand wieder zurückhaben. Das Unternehmen beruft sich dabei auf § 985 BGB.

   Kann das Möbelland Schreiner die Schrankwand nach § 985 BGB zurückverlangen? Untersuche dabei, welche Rechte und Pflichten aus dem Kaufvertrag bereits erfüllt sind und welche noch bestehen (M8).

Zusammenfassung 2

Bedeutung und Abschluss von Verträgen am Beispiel der Kaufhandlung

Verträge
M8, M9

Für einen wirksamen **Vertrag** (z. B. Kaufvertrag, Schenkungsvertrag, Mietvertrag, Leihvertrag, Übereignung) sind stets **zwei wirksame übereinstimmende Willenserklärungen** (Antrag und Annahme) nötig. Dabei ist es egal, von welcher der beteiligten Personen der Antrag gestellt wird, die andere muss ihn annehmen.

Pflichten aus dem Kaufvertrag
M8
Verpflichtungsgeschäft

Durch das **Verpflichtungsgeschäft** (z. B. Kaufvertrag) entstehen zunächst nur die **Pflichten der Vertragsparteien.**

Pflichten für den Verkäufer
- Sache übergeben
- Eigentum an der Sache übertragen
- Sache frei von Mängeln

Pflichten für den Käufer
- Kaufpreis bezahlen, d.h. Geld übergeben und Eigentum am Geld verschaffen
- Sache abnehmen

Verpflichtungsgeschäft

Erfüllungsgeschäft

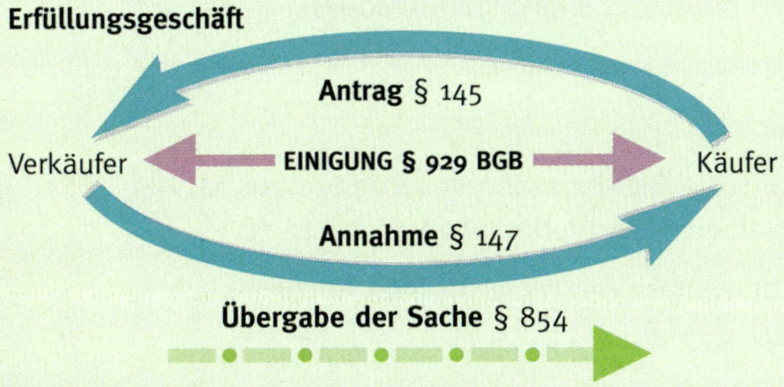

Erfüllungsgeschäft

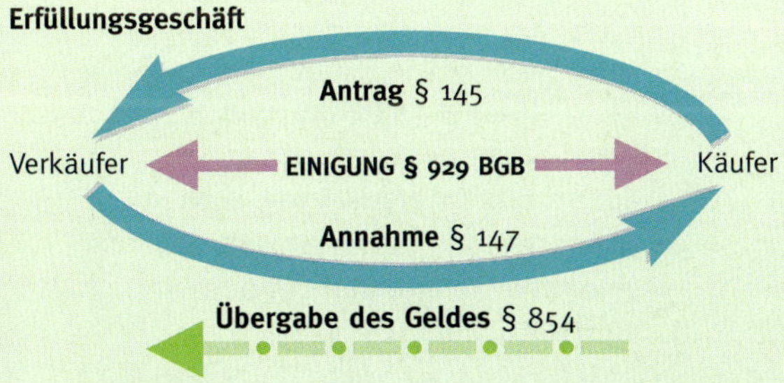

Erfüllungsgeschäfte

Die Erfüllung der Pflichten wird rechtlich davon getrennt betrachtet: Zur **Übereignung** beweglicher Sachen sind **Einigung** (§ 929 BGB) und **Übergabe** (§ 854 BGB) notwendig.
Mit der Übereignung des Geldes und der Übereignung der Sache werden die Pflichten aus dem Kaufvertrag erfüllt, man spricht deshalb von **Erfüllungsgeschäften**. Es handelt sich jeweils um einen Vertrag zur Übereignung der Sache bzw. des Geldes. Da dabei über Sachen verfügt wird, spricht man auch von **Verfügungsgeschäften**.

Vollständige Kaufhandlung

Eine vollständige **Kaufhandlung** besteht also aus **dem Kaufvertrag** (Verpflichtungsgeschäft) und **zwei Erfüllungsgeschäften** (Übereignung der Ware und Bezahlung). Zu beachten ist, dass die einzelnen Geschäfte im Alltag zwar oft untrennbar miteinander verbunden sind, aber nicht gleichzeitig stattfinden müssen: Besonders einleuchtend ist dies, wenn Kaufvertrag und Lieferung der Sache zeitlich auseinanderfallen.

Eigentum und Besitz
M6

In der Umgangssprache wird meist nicht zwischen Eigentum und Besitz unterschieden. Im Recht sind die Begriffe dagegen scharf getrennt. **Eigentum** ist das umfassende Recht an der Sache, **Besitz** lediglich die tatsächliche Herrschaft über eine Sache. Der Eigentümer kann mit der Sache nach Belieben verfahren, sofern nicht Rechte anderer betroffen sind. Meist fallen Besitz und Eigentum in einer Person zusammen, doch wer z. B. ein aus der Bibliothek entliehenes Buch liest, ist Besitzer, aber nicht Eigentümer des Buches.

2.2 Rechte des Verbrauchers bei Pflichtverletzungen

2.2.1 Pflichtverletzungen beim Kauf

M1 Nichts als Ärger ...

Ich habe doch vor drei Monaten einen PC mit Zubehör bei Ihnen gekauft – ich warte noch immer auf den Drucker und das externe DVD-Laufwerk.

Naja, da kann man wenig machen – da hat ein Mitarbeiter die Bestellung liegen lassen. Ja, und das Laufwerk, das ist nicht mehr vom Hersteller lieferbar. Da hätten Sie sich beim Hersteller informieren müssen ...

... Außerdem bin ich mit dem Bildschirm auch nicht zufrieden; der flackert immer und schaltet sich dann aus ...

Das ist ärgerlich für Sie; nun ja, die Japaner haben auch nicht mehr die Qualität; müssen wir einschicken, aber das dauert ...

Ehrlich gesagt, bin ich ohnehin ziemlich wütend, weil ihr Angestellter die Scheibe in meinem Büro eingeschlagen hat, als er den PC lieferte ...

Ach, die jungen Leute, nicht wahr! Das war ein Praktikant vom hiesigen Gymnasium. Man muss den Jungen eine Chance geben, ist mein Motto. Sie hätten ihm halt etwas zur Hand gehen sollen.

Autorentext

Aufgaben

1. Was würdest du als Kunde vom Verkäufer verlangen (M1)? Wie würdest du als Verkäufer auf diese Forderung reagieren? Stelle das Gespräch zwischen Kunde und Verkäufer in einem Rollenspiel dar.
2. Ordne die Beschwerden des Kunden aus M1 den einzelnen Pflichtverletzungen aus M2 zu.
3. Finde weitere Beispiele für jede Art der Pflichtverletzung (M2).

M2 Pflichtverletzungen im Überblick

Pflichtverletzung
d.h. eine Vertragspartei verstößt gegen die Pflichten, die sich aus dem Kaufvertrag ergeben

Der Schuldner leistet gar nicht
(Unmöglichkeit der Leistung), z. B.: die bestellte Ware ist nicht mehr lieferbar

Der Schuldner leistet zu spät
(Verspätung der Leistung), z. B.: die bestellte Ware ist zwar noch lieferbar, trifft aber nicht zum vereinbarten Liefertermin ein oder der Kaufpreis wird nicht gezahlt

Die Leistung ist mangelhaft
(Sachmangel), z. B.: die Ware wird zwar geliefert, funktioniert aber nicht richtig

Der Schuldner verletzt eine Nebenpflicht
(Nebenpflichtverletzung), z. B.: die bestellte Ware selbst ist zwar mangelfrei, der Verkäufer informiert aber nicht über den richtigen Gebrauch oder ist bei der Lieferung nicht sorgfältig genug

2.2.2 Rechte des Käufers bei Sachmängeln

M3 Laptopkauf mit Hindernissen

Die 18-jährige Maria hat im PC-Fachgeschäft „Xenia“ ein Notebook gekauft. Allerdings hat sie wenig Freude daran: Selbst bei der Verwendung gängiger Programme „stürzt“ das Notebook immer wieder ab. Sie bringt es daher zu „Xenia“ zurück. „Dieses Notebook habe ich vorigen Monat als Sonderangebot bei Ihnen gekauft – und jetzt funktioniert es bereits nicht mehr!“, wendet sich Maria an den Händler, Herrn Peze. „Nanu – was fehlt denn?“, hakt Peze in überraschtem Ton nach. „Immer, wenn ich eine CD einlegen will, stürzt der Rechner ab und es geht nichts mehr.“ Herr Peze erinnert sich: Das Laptop stammte aus einer Lieferung, bei denen es Probleme mit den Laufwerken gab. Mit einem Lächeln bietet Herr Peze Maria an: „Ich werde es gerne für Sie einschicken – das dauert allerdings zwei Wochen und die Reparatur kostet Sie ca. 40 Euro!“ Maria reißt jetzt langsam der Geduldsfaden. „Wie bitte? – Ich will ein neues Gerät von Ihnen und zwar schnell.“ „Aber junge Frau, nun übertreiben Sie doch nicht gleich“, erwidert Peze in herablassendem Ton, „wir können doch auch nichts für solche Fehler! Und wie Sie wissen, war das ein sehr günstiges Gerät, da müssen Sie schon mit kleineren Problemen rechnen. Vielleicht haben ja auch Sie den Fehler verursacht. Sie nutzen das Gerät ja nun schon einige Wochen! Übrigens sehen unsere Vertragsbedingungen ausdrücklich vor, dass bei Sonderangeboten keine volle Gewährleistung übernommen werden kann. Wir könnten Ihnen aber sicher beim Preis für die Reparatur ein wenig entgegenkommen ...“

Autorentext

Aufgaben

1. Führe den Dialog aus M3 in einem Rollenspiel fort. Notiere die geäußerten Forderungen bzw. Argumente einzeln auf Karten. Ordne die Karten anschließend nach ähnlichen Argumenten.
2. Erläutere, wie du dich als Richter(in) in diesem Fall entscheiden würdest. Orientiere dich bei deinem Urteil an den allgemeinen Rechtsfunktionen und an deinem Gerechtigkeitsgefühl (M3).
3. Welche Erfahrungen hast du schon mit mangelhafter Ware gemacht? Erstelle eine Übersicht (Plakat) mit den in der Klasse geäußerten Beispielen. Benenne die Forderungen, die du in den verschiedenen Fällen an den Verkäufer gerichtet hättest.
4. Maria hat genug (M3). Mithilfe des BGB informiert sie sich über ihre Rechte. Sie will wissen, ob ihre Ansprüche durch die Regelungen im Gesetz abgedeckt sind. Prüfe, inwiefern die in Aufgabe 1 notierten Forderungen im BGB wiederzufinden sind (vgl. M10). Verwende dazu die erstellten Karten.

M4 Ein grundlegendes Recht des Käufers: die Nacherfüllung

Wurde eine mangelhafte Sache übereignet, so gelten folgende Regelungen des BGB:

1. Liegt ein Sachmangel vor, hat der Käufer ein Recht auf **Nacherfüllung**, d.h. entweder auf
   a) Beseitigung des Mangels (z. B. durch **Reparatur**) **oder**
   b) **Lieferung einer mangelfreien Sache**.
   Grundsätzlich hat der Käufer das Wahlrecht zwischen diesen beiden Möglichkeiten. Der Verkäufer kann diese Ansprüche des Käufers nur verweigern, wenn sie einen unverhältnismäßig großen Aufwand erfordern würden oder ihre Erfüllung sogar ganz unmöglich ist.
2. Der Verkäufer muss alle dafür erforderlichen Kosten (z. B. Transport-, Arbeits- und Materialkosten) tragen.
3. Der Verkäufer ist nach § 433 II BGB verpflichtet, dem Käufer ein mangelfreies Produkt zu übereignen. Für die Ansprüche des Käufers auf Nacherfüllung kommt es also nicht darauf an, ob der Verkäufer den Fehler selbst verschuldet hat.
4. Ein Sachmangel liegt z. B. vor, wenn die Sache
   a) nicht so ist, wie es im Vertrag vereinbart wurde oder
   b) nicht so ist, wie es der Käufer üblicherweise erwarten kann (dazu zählt i. d. R. auch ein Verstoß gegen die Werbeaussagen des Herstellers) oder
   c) fehlerhaft montiert wurde bzw. die Montageanleitung mangelhaft war (sogenannte Ikea-Klausel).
   Voraussetzung ist aber, dass die Sache bereits bei der Übergabe mangelhaft war.
5. Der Verkäufer hat bis zu zwei Jahre nach der Übergabe der Sache Zeit, seine Ansprüche geltend zu machen.

Autorentext

M5 Verbraucherschutz beim Verbrauchsgüterkauf

Kauft ein Konsument (Verbraucher) von einem gewerblichen Verkäufer (Unternehmer), dann handelt es sich um einen Verbrauchsgüterkauf. Bei diesem wird der Verbraucher durch die folgenden Regelungen besonders geschützt.

1. Innerhalb der ersten sechs Monate nach der Übergabe muss der Verkäufer beweisen, dass die Sache bei der Übergabe nicht mangelhaft war. Danach muss der Käufer beweisen, dass die Sache schon bei der Übergabe einen Mangel hatte. Da dies meist schwierig sein dürfte, hat er nach einem halben Jahr kaum eine Chance, seine Ansprüche durchzusetzen.
2. Die Rechte des Käufers dürfen nicht eingeschränkt werden (z. B. durch spezielle Vertragsklauseln). Steht trotzdem eine solche Klausel im Vertrag (z. B. ein Ausschluss der Gewährleistung), so ist diese Klausel unwirksam, auch wenn der Käufer diesen Vertrag unterschrieben hat. Der Gesetzgeber versucht durch diese Regel, den Verbraucher zu schützen.

Autorentext

Aufgaben

1. Ordne die in M4 und M5 dargestellten Regelungen einzelnen Paragrafen des BGB (M10) zu.
2. Erörtere, ob die Nacherfüllung ausreicht, um einen gerechten Ausgleich zu schaffen (M4).
3. Welche Konsequenzen ergeben sich aus den gesetzlichen Regeln für den Verkäufer? Berücksichtige bei deinen Überlegungen, ob die Regelungen auch für den Verkäufer gerecht sind und wie sie das Vertrauen der Kundschaft und sein finanzielles Risiko beeinflussen.
4. Albert hat sich ein auf 9,99 Euro herabgesetztes T-Shirt gekauft. Daheim stellt er fest, dass der Saum am Rücken aufgetrennt ist. Er geht zurück und verlangt ein mangelfreies T-Shirt. Die Verkäuferin weist ihn jedoch darauf hin, dass reduzierte Ware vom Umtausch ausgeschlossen sei. Beurteile diesen Sachverhalt aus rechtlicher Sicht (M4, M5).

M6 Laptopkauf mit Hindernissen: eine Woche später ...

Nachdem sie sich besser informiert hat, fühlt sich Maria für eine erneute Auseinandersetzung mit Peze gewappnet: „Also wenn Sie schon reparieren müssen, dann aber kostenlos! Und wenn Sie das nicht bis nächste Woche Mittwoch schaffen, will ich mein Geld zurück!“
Peze erwidert gelassen: „Tut mir leid – die Reparatur dauert noch einige Zeit. Aber ich will Sie ja nicht verärgern: Ich gebe Ihnen einen Gutschein unseres Hauses über den vollen Kaufpreis – den können Sie dann bei uns einlösen. Allerdings haben wir so günstige Notebooks nicht mehr auf Lager. Wie gesagt: Das war ein einmaliges Sonderangebot!“
Damit hatte Maria nicht gerechnet.

Autorentext

M7 Weitere Rechte des Käufers: Rücktritt und Preisminderung

Bevor der Käufer vom Vertrag zurücktreten und damit den Kaufpreis zurückverlangen kann, muss er dem Verkäufer eine zweite Chance geben, d. h. er muss ihm das Recht zur Nacherfüllung einräumen. Dazu muss er ihm eine angemessene Frist setzen. Erst wenn diese Frist erfolglos verstreicht, kann der Käufer den gesamten Kaufpreis bzw. einen Teil davon zurückverlangen.
In einigen Ausnahmefällen muss der Käufer keine Frist setzen, z. B.:
- wenn eine Nacherfüllung nicht möglich ist oder
- wenn der Verkäufer die Nacherfüllung verweigert oder
- wenn die Reparatur bereits zweimal fehlgeschlagen ist.

Macht der Käufer sein Rücktrittsrecht geltend, so wird der Kaufpreis zurückerstattet; gleichzeitig muss der Käufer die Ware zurückgeben.
Der Rücktritt ist nur möglich, wenn es sich um einen erheblichen Mangel handelt. Bei einem unerheblichen Mangel, der vielleicht die Nutzung der Sache kaum einschränkt, kann es auch sinnvoll sein, statt dem Rücktritt die Minderung des Kaufpreises zu verlangen, d. h. der Käufer behält die Ware, bekommt jedoch einen Teil des Kaufpreises wieder zurück (bzw. muss bei noch nicht erfolgter Zahlung weniger bezahlen).

Autorentext

Infobox

Garantieansprüche

Gewährt ein Verkäufer oder ein Hersteller Garantie für sein Produkt oder seine Dienstleistung, so ist dies völlig unabhängig von Ansprüchen aus dem BGB bezüglich der Sachmängelhaftung zu sehen. Ein Garantieversprechen ist insoweit von Bedeutung, als es über die gesetzlichen Ansprüche hinausgeht, z. B. durch eine längere Frist, Umtausch ohne Sachmangel etc. Durch eine Einschränkung des Garantieversprechens reduzieren sich die Ansprüche aus dem Sachmangelrecht jedoch nicht.

Autorentext

M8 Laptopkauf mit Hindernissen: Und wer kommt für den Schaden auf?

Nach einer eingehenden Beratung bei einer Verbraucherzentrale lässt sich Maria nicht mehr abspeisen: „Von wegen einmalig. Wenn Sie das Gerät offensichtlich nicht reparieren können oder wollen, dann will ich jetzt mein gesamtes Geld zurück und noch mehr: Bei ihrem Konkurrenten „Jupiter“ würde ich dasselbe Notebook durchaus noch bekommen – mit funktionsfähigem Laufwerk, allerdings um 50 Euro teurer. Diese 50 Euro verlange ich von Ihnen statt der Nacherfüllung als Schadensersatz! Wenn Sie ordentlich geliefert hätten, dann hätte ich jetzt schließlich ein funktionstüchtiges Gerät. Außerdem wurde durch Ihr mangelhaftes Gerät meine CD-ROM beschädigt, die 20 Euro gekostet hat. Die stelle ich Ihnen nun ebenfalls in Rechnung.“

Autorentext

M9 Weitere Rechte des Käufers: Schadensersatz

Es ist durchaus möglich, dass durch den Mangel der Kaufsache dem Käufer ein Schaden entstanden ist. Beispielsweise können durch einen mangelhaften Computer wertvolle Daten zerstört werden, in einer fehlerhaften Spülmaschine kann Geschirr zu Bruch gehen etc. Diese Kosten bekommt der Käufer in Form eines **Schadensersatzes neben der Leistung** erstattet. Dieser Schadensersatz heißt deshalb „neben der Leistung", weil die Leistung (d. h. die Lieferung der Kaufsache bzw. die Nacherfüllung) gleichzeitig noch erfolgt.

Schaden entsteht dem Käufer aber unter Umständen auch dadurch, dass er nicht die Ware bekommt, die ihm laut Kaufvertrag eigentlich zusteht. Maria hätte, wenn Xenia ordnungsgemäß den Kaufvertrag erfüllt hätte, einen Laptop, der im Handel sonst 50 Euro mehr kostet. Der Schaden, der ihr dadurch entsteht, wird durch den Schadensersatz **statt der Leistung** ausgeglichen – „statt der Leistung" deshalb, weil der Verkäufer jetzt nicht mehr leistet, d. h. den Kaufvertrag nicht erfüllt bzw. nacherfüllt.
Schadensersatzansprüche des Käufers kann der Verkäufer abwehren, wenn er nachweisen kann, dass er den **Mangel** (bzw. die nicht erbrachte Nacherfüllung) **nicht zu vertreten** hat.
Der Verkäufer hätte es z. B. zu vertreten, wenn
- er den Mangel selbst fahrlässig oder vorsätzlich verursacht hat,
- die Sache verkauft hat, obwohl er wusste, dass sie mangelhaft ist, oder
- eine bestimmte Eigenschaft der Sache garantiert hat (z. B. er dem Käufer garantiert hat, dass die Sache sich für eine bestimmte Verwendung eignet).

Ein Recht auf Schadensersatz statt der Nacherfüllung hat der Käufer dabei wiederum nur, wenn er dem Verkäufer vorher eine angemessene Frist zur Nacherfüllung gesetzt hat. Dadurch wird der Verkäufer vor dieser für ihn wirtschaftlich besonders nachteiligen Form des Schadensersatzes geschützt, denn er bekommt noch eine zweite Chance zur Nacherfüllung.

Autorentext

Infobox

Vorsatz und Fahrlässigkeit

Einer Person ist Vorsatz vorzuwerfen, wenn sie bewusst ein bestimmtes Ergebnis herbeigeführt oder verhindert hat, beispielsweise also ein Verkäufer dem Kunden absichtlich nicht mitteilt, dass der zum Verkauf stehende Gebrauchtwagen ein Unfallwagen ist. Mit diesem Wissen hätte der Kunde das Auto nicht erworben.
Fahrlässigkeit liegt vor, wenn jemand die normalerweise übliche Sorgfalt außer Acht lässt, beispielsweise also einen „echten Picasso" ohne Expertise eines Fachmannes verkauft. Fahrlässigkeit setzt voraus, dass der Schuldner das schädliche Ergebnis bei Anwendung der im Geschäftsverkehr üblichen Sorgfalt hätte voraussehen müssen.

Autorentext

Aufgaben

1. Ordne die folgenden Mängel den in § 434 BGB beschriebenen Mängelarten zu (M10):
   a) Das als Aquariumregal beschriebene Möbelstück ist zu schwach gebaut und bricht.
   b) Das neue Bügeleisen hinterlässt bei sachgemäßem Gebrauch Flecken auf der Wäsche.
   c) Dem Tuch aus „reiner Seide" ist in Wirklichkeit Kunstfaser beigemischt.
2. Entscheide, welche Rechte der Käufer in den folgenden Fällen geltend machen kann (M4–M10).
   a) Die Verkäuferin versichert Luise beim Kauf eines Wollpullis, dass sich dieser auch bei 30° problemlos waschen lässt. Bei der ersten 30°-Wäsche schrumpft der Pulli aber auf die Hälfte seiner ursprünglichen Größe.
   b) Karl kauft sich in einem Kaufhaus eine DVD mit dem Spiel „Champions-League". Als er die DVD zu Hause in seinen PC einlegt, lässt sich dieser nicht mehr starten. Die DVD beschädigt außerdem das Laufwerk (Reparaturkosten: 60 Euro).
   c) Carolin lässt sich von der Verkäuferin überreden, eine eigenartig gemusterte Bluse zum Sonderpreis zu kaufen. Zu Hause gefällt ihr die Bluse nicht mehr.
   d) Hubert kauft im Fahrradfachgeschäft „Velo" (V) ein neues Fahrrad. Drei Tage nach der Übergabe bricht bei einer Fahrt das rechte Pedal, Hubert stürzt und seine Hose zerreißt. Als Hubert bei V seine Rechte geltend machen will, erklärt V: „Am Pedal fehlt die entscheidende Schraube. Die haben Sie bestimmt selbst herausgeschraubt. Ich hafte also nicht!"

M10 Systematische Darstellung der Paragrafen des BGB zum Sachmangel

§ 434 Sachmangel

(1) Die Sache ist frei von Sachmängeln, wenn sie bei Gefahrübergang die vereinbarte Beschaffenheit hat. Soweit die Beschaffenheit nicht vereinbart ist, ist die Sache frei von Sachmängeln,

1. wenn sie sich für die nach dem Vertrag vorausgesetzte Verwendung eignet, sonst
2. wenn sie sich für die gewöhnliche Verwendung eignet und eine Beschaffenheit aufweist, die bei Sachen der gleichen Art üblich ist und die der Käufer [...] erwarten kann [dazu zählen i. d. R. auch Werbeaussagen des Verkäufers bzw. des Herstellers]

(2) Ein Sachmangel ist auch dann gegeben, wenn die vereinbarte Montage durch den Verkäufer [...] unsachgemäß durchgeführt worden ist [oder] wenn die Montageanleitung mangelhaft ist, es sei denn, die Sache ist fehlerfrei montiert worden.

§ 437 Rechte des Käufers bei Mängeln

ist die Sache **mangelhaft**, kann der Käufer [...]

1. nach **§ 439 Nacherfüllung** verlangen
2. nach [...] **§ 323** [...] von dem Vertrag **zurücktreten** oder nach **§ 441 den Kaufpreis mindern** und
3. nach den **§§ [...] 280, 281 [...] Schadensersatz [...]** verlangen

§ 439 Nacherfüllung

(1) Der Käufer kann als Nacherfüllung nach seiner Wahl die **Beseitigung des Mangels** oder **die Lieferung einer mangelfreien Sache** verlangen.

(2) Der Verkäufer hat die [...] erforderlichen [...] Transport-, Wege-, Arbeits- und Materialkosten zu tragen.

[...]

§ 323 Rücktritt ...

(1) Erbringt [...] der Schuldner eine fällige Leistung nicht oder nicht vertragsgemäß, so kann der Gläubiger, wenn er dem Schuldner erfolglos eine angemessene **Frist zur Leistung** oder zur **Nacherfüllung** bestimmt hat, vom Vertrag **zurücktreten.**

[...]

§ 441 Minderung

(1) **Statt zurückzutreten**, kann der Käufer den Kaufpreis [...] mindern. [...]

§ 280 Schadensersatz [neben der Leistung]

(1) Verletzt der Schuldner eine Pflicht aus dem Schuldverhältnis, so kann der Gläubiger Ersatz des hierdurch entstehenden Schadens verlangen. **Dies gilt nicht, wenn der Schuldner die Pflichtverletzung nicht zu vertreten hat.**

§ 281 Schadensersatz statt der Leistung

(1) [...] kann der Gläubiger unter den Voraussetzungen des § 280 (1) Schadensersatz statt der Leistung verlangen, wenn er dem Schuldner erfolglos eine **angemessene Frist zur** Leistung oder **Nacherfüllung** bestimmt hat. [...]

2 Zusammenfassung

Rechte des Verbrauchers bei Pflichtverletzung

Pflichtverletzungen beim Kauf
M2

Ein Vertragspartner verletzt seine Pflicht, wenn er objektiv seinen Pflichten aus dem Kaufvertrag nicht nachkommt, d. h. er liefert entweder gar nicht (**Unmöglichkeit** der Leistung), zu spät (**Verzögerung** der Leistung), mangelhaft (**Sachmangel**), oder er **verletzt** eine **Nebenpflicht** (z. B. Sorgfalts- und Informationspflichten).

Rechte des Verbrauchers bei Sachmängeln
M4, M5, M7, M9

Liegt bei der Erfüllung eines **Kaufvertrags** ein **Sachmangel** vor, so hat der Käufer zunächst Anspruch auf **Nacherfüllung**, d. h. er erhält nach seiner Wahl entweder eine neue, mangelfreie Ware (**Ersatzlieferung**) oder die Sache wird repariert (**Nachbesserung**). Ist durch den Mangel ein **Schaden** entstanden und hat der Verkäufer diesen **zu vertreten**, so kann der Käufer **Schadensersatz (SE) neben der Leistung** verlangen. Der Käufer kann nach Fristsetzung und erfolglosem Verstreichen der Frist auch **Rücktritt** vom Vertrag oder **Minderung** des Kaufpreises forden. Schadensersatz statt der Leistung setzt sowohl Fristsetzung als auch Vertreten voraus.

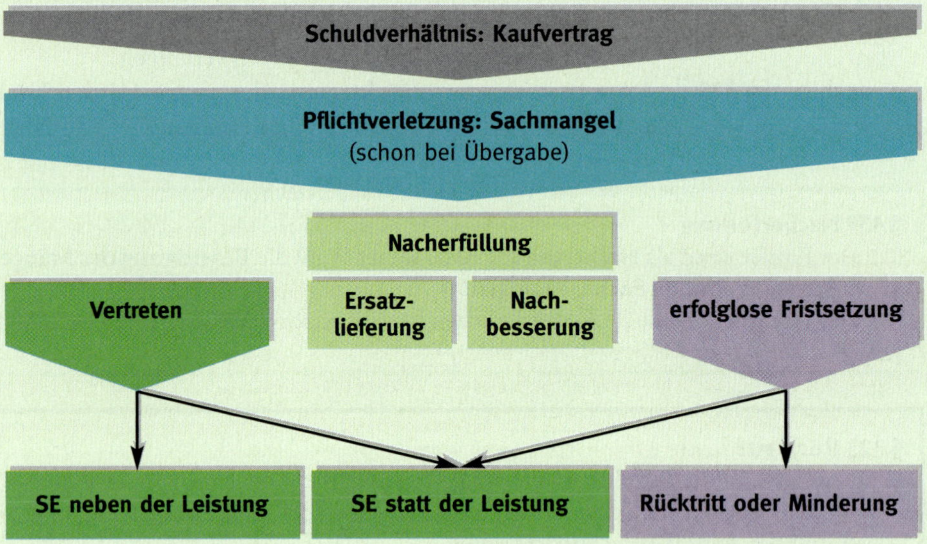

Verbraucherschutz
M5

Erfolgt der Verkauf von einem gewerblichen Verkäufer (**Unternehmer**) an einen privaten Konsumenten (**Verbraucher**), so handelt es sich um einen **Verbrauchsgüterkauf**. Die meisten Käufe des täglichen Lebens sind Verbrauchsgüterkäufe. Der Verbraucher wird hier besonders geschützt: Bis zu sechs Monaten nach der Übergabe der Ware muss der **Verkäufer beweisen**, dass kein Sachmangel bei der Übergabe vorlag. Außerdem können die meisten **Rechte des Käufers nicht durch Vertrag ausgeschlossen** werden.

2.3 Die rechtliche Stellung Minderjähriger

2.3.1 Stufen der Geschäftsfähigkeit

M1 Julias Ratte

Die ist aber doch sooo süß!

Und die war auch ganz billig.

Aber alle anderen haben auch eine Ratte!

Nein! Niemals!

Das ist viel zu eklig!

Und am Ende müssen wir dafür sorgen!

Kein Ungeziefer in unserer Wohnung!

Autorentext

M2 Wirtschaftliches Handeln lernt man wie Schwimmen

Mit der Geschäftsfähigkeit ist es wie mit dem Schwimmen: Ein kleines Kind kann nicht schwimmen und kann die Gefahren tiefer Gewässer nicht abschätzen. Es muss deshalb zu seinem eigenen Schutz außerhalb des Wassers bleiben. Ebenso darf ein kleines Kind auch die „wirtschaftlichen Gewässer" noch nicht betreten.

Nach und nach lernt das Kind zu schwimmen, bewegt sich aber zunächst – meist noch unter Aufsicht – im Nichtschwimmerbereich.

Im Laufe der Zeit darf es dann in tieferen Bereichen schwimmen und lernt, sich sicher im Wasser zu bewegen.

Schließlich wird das Schwimmen vollkommen beherrscht, auch sehr tiefe Gewässer stellen keine unberechenbare Gefahr mehr dar. Genauso darf der Minderjährige, der in das Wirtschaftsgeschehen hineinwächst, sich immer selbstständiger darin bewegen.

Autorentext

M3 Die rechtliche Stellung Minderjähriger im Spannungsfeld

Schutz des Jugendlichen vor den Folgen unüberlegter Rechtsgeschäfte

Schutzfunktion (Bsp. § 108 BGB)

Heranführen des Jugendlichen an die vollständige rechtliche und wirtschaftliche Verantwortlichkeit

Erziehungsfunktion (Bsp. §§ 107, 110 BGB)

Aufgaben

1. Ab welchem Alter sollten Jugendliche welche Verträge abschließen können? Schreibt eure Antworten auf Karteikarten und ordnet die Antworten.
2. Vergleicht eure Vorstellungen mit den Regelungen der §§ 105 ff. BGB.

M4 Geschäftsfähigkeit

Im Rechtsverkehr ist es äußerst wichtig zu wissen, ob eine Willenserklärung gültig, d.h. wirksam ist. Dies ist davon abhängig, ob derjenige, der die Willenserklärung abgibt, geschäftsfähig ist.

Unter Geschäftsfähigkeit versteht man die Fähigkeit, wirksam Rechtsgeschäfte selbstständig abschließen zu können. Zu untersuchen ist dazu, ob Willenserklärungen wirksam abgegeben werden können und damit Rechtsgeschäfte wirksam abgeschlossen werden können. Mit Vollendung des 18. Lebensjahres tritt normalerweise die volle Geschäftsfähigkeit ein, d. h. ab diesem Zeitpunkt abgegebene Willenserklärungen sind wirksam.

Bis zur Vollendung des 18. Lebensjahres gelten jedoch besondere Bestimmungen. Nach § 104, 1. BGB sind alle Kinder, die „nicht das siebente Lebensjahr vollendet" haben, geschäftsunfähig. Was das bedeutet, erklärt § 105 I BGB:

> § 105 Nichtigkeit der Willenserklärung.
> (1) Die Willenserklärung eines Geschäftsunfähigen ist nichtig.

Autorentext

Aufgaben

1. Ermittle in § 105 I BGB die Tatbestandsmerkmale und die Rechtsfolge und stelle das Ergebnis schematisch dar (vgl. Methode S. 88 f).
2. Der fünfjährige Thomas tauscht im Kindergarten mit dem gleichaltrigen Andreas sein Spielzeugauto gegen einen Teddybären. Erläutere, ob dieser Tauschvorgang rechtlich wirksam ist (M4).
3. Die vierjährige Stefanie gibt in der Bäckerei der Verkäuferin einen Einkaufszettel ihrer Mutter sowie deren Geldbeutel. Daraufhin packt die Verkäuferin die gewünschten Semmeln in eine Tüte, nimmt das Geld aus dem Geldbeutel und gibt Stefanie die Tüte und den Geldbeutel.
   a) Diskutiert, ob hier ein wirksamer Kaufvertrag zustande kommt.
   b) Benenne die Vertragspartner.

M5 Beschränkte Geschäftsfähigkeit: von Anfang an wirksame Willenserklärungen

Nach § 2 und § 106 BGB sind Jugendliche von der Vollendung des siebenten bis zur Vollendung des 18. Lebensjahres beschränkt geschäftsfähig. Die Willenserklärungen von beschränkt Geschäftsfähigen sind nur unter bestimmten Voraussetzungen wirksam:

Die Willenserklärung eines beschränkt Geschäftsfähigen ist wirksam, wenn:

a) für den beschränkt Geschäftsfähigen lediglich ein rechtlicher Vorteil entsteht (§ 107 BGB). Beispiel: Bei der Schenkung entstehen für den Beschenkten keinerlei Verpflichtungen. Durch die Erfüllung des Schenkungsvertrags erwirbt der Beschenkte das Eigentum an einer Sache, ohne selbst eine Gegenleistung erbringen zu müssen. Folgen aus einer Schenkung jedoch auch Verpflichtungen (z. B. muss	oder	b) eine Einwilligung (§ 182 BGB) des gesetzlichen Vertreters (i. d. R. der Eltern) vorliegt. • Ausdrücklich Beispiel: Die Eltern erlaubten der 14-jährigen Julia, die neue CD ihrer Lieblingsband zu kaufen. • Generaleinwilligung (vgl. M6): – Taschengeld – Eigenes Erwerbsgeschäft – Dienst- oder Arbeitsverhältnis	oder	c) der gesetzliche Vertreter die Willenserklärung im Nachhinein genehmigt (§ 184 BGB, vgl. M7). Bis zum Zeitpunkt der Genehmigung ist die Willenserklärung weder wirksam noch unwirksam, man sagt schwebend unwirksam. Im Falle der Genehmigung wird die Willenserklärung rückwirkend wirksam, d.h. sie wird als bereits beim Vertragsabschluss wirksam gewertet. Falls die Genehmigung verweigert wird, wird die

für ein geschenktes Haustier Futter gekauft werden), ist die Voraussetzung, dass lediglich ein rechtlicher Vorteil vorliegen darf, verletzt. Abzugrenzen vom rechtlichen Vorteil ist der wirtschaftliche Vorteil. Selbst wenn eine Sache sehr günstig erworben werden kann (z. B. zu einem sehr günstigen Sonderpreis), liegt neben dem rechtlichen Vorteil des Eigentumserwerbs auch die Verpflichtung (Nachteil), den günstigen Kaufpreis bezahlen zu müssen, vor.

Willenserklärung rückwirkend unwirksam.
Beispiel: Voller Freude präsentiert der 15-jährige Gerhard seinen Eltern seine neue Posaune, die er im Musikladen Schwarz ohne ihr Wissen gekauft hat. Da sie dieses Hobby ihres Sohnes unterstützen, stimmen sie dem Kauf nachträglich zu, wodurch die Willenserklärung rückwirkend wirksam wird.

Autorentext

M6 Beschränkte Geschäftsfähigkeit: Generaleinwilligung

Bewirken der Leistung mit eigenen Mitteln (§ 110 BGB):

Unter „eigenen Mitteln“ (Taschengeld) versteht das BGB Geld, das der beschränkt Geschäftsfähige entweder für einen bestimmten Zweck oder zur freien Verfügung von seinem gesetzlichen Vertreter (z. B. Eltern) oder von anderen Personen (sog. Dritten, z. B. Großeltern) bekommt, falls der gesetzliche Vertreter zustimmt. Sofern der beschränkt Geschäftsfähige nun einen Kaufvertrag schließt und den Kaufpreis mit eigenen Mitteln bar bezahlt („bewirkt“), sind sämtliche Willenserklärungen der Kaufhandlung wirksam.

Beispiele:

- Die 12-jährige Katharina bekommt von ihren Eltern fünf Euro, um sich davon die neue Englischlektüre zu kaufen. Katharinas Willenserklärungen zum Abschluss des Kaufvertrags und zur Bezahlung des Kaufpreises sind damit nach § 110 BGB wirksam, sofern sie mit diesem zweckgebundenen Geld den Kaufpreis bar bezahlt. Ihre Willenserklärung zur Übereignung des Buches ist nach § 107 BGB wirksam.
- Der 16-jährige Klaus kauft sich ein Kriegsspiel für seinen Computer, das eine Altersfreigabe ab 16 Jahren besitzt. Er bezahlt den Kaufpreis mit Geld, das er heimlich zum Geburtstag von seiner Tante bekommen hat. Klaus ist zwar wirksam Eigentümer des Geldes geworden, da er durch die Schenkung lediglich einen rechtlichen Vorteil erlangt hat. Jedoch handelt es sich nicht um eigene Mittel im Sinne des § 110 BGB, da Klaus' Eltern nichts davon wussten und somit der freien Verwendung gar nicht zustimmen konnten. Deshalb müssten die Eltern Klaus' Willenserklärung zum Abschluss des Kaufvertrags über das Computerspiel noch genehmigen.

Autorentext

Infobox

Der Schenkungsvertrag

Auch der Schenkungsvertrag (§ 516 BGB) kommt durch die beiden wirksamen Willenserklärungen Antrag (§ 145 BGB) und Annahme (§ 147 BGB) zustande. Jedoch ergeben sich nur für den Schenker Verpflichtungen: Er muss die Sache übergeben und übereignen. Für den Beschenkten dagegen entsteht keine Verpflichtung. Vielmehr erwirbt er durch die Erfüllung der Schenkung Eigentum, hat also nur einen rechtlichen Vorteil.

Autorentext

M7 Beschränkte Geschäftsfähigkeit: erst schwebend unwirksam, dann Genehmigung

Gibt ein beschränkt Geschäftsfähiger eine Willenserklärung ohne eine ausdrückliche oder generelle Einwilligung des gesetzlichen Vertreters ab und erlangt dadurch nicht lediglich einen rechtlichen Vorteil, so ist die Willenserklärung weder wirksam noch unwirksam, sondern befindet sich in einem Schwebezustand. Ob die Willenserklärung wirksam oder unwirksam wird, hängt davon ab, ob sie nachträglich genehmigt wird oder nicht.
Die Genehmigung (§ 184 BGB) muss i. d. R. durch den gesetzlichen Vertreter erfolgen (§ 108 I BGB). Wird der beschränkt Geschäftsfähige jedoch voll geschäftsfähig, so kann er sich selbst die Genehmigung erteilen (§ 108 III BGB).
Falls der Vertragspartner zur Genehmigung auffordert, bleiben dafür zwei Wochen Zeit.
Durch die Genehmigung wird die Willenserklärung wirksam von Anfang an. Wird die Genehmigung verweigert, so wird die Willenserklärung rückwirkend nichtig.

Autorentext

M8 Die Stufen der Geschäftsfähigkeit im Überblick

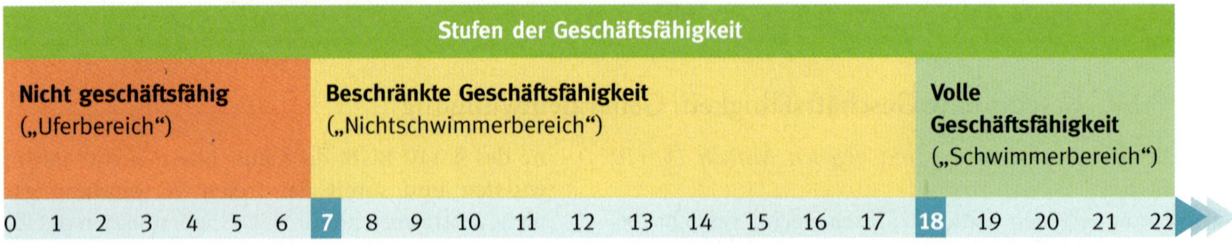

Aufgaben

1. a) Christoph besucht seine Oma und erzählt ihr voll Begeisterung von seinen ersten Schlagzeugstunden. Er wünscht sich deshalb ein eigenes Schlagzeug. Als er kurz darauf seinen 14. Geburtstag feiert, schenkt ihm seine Oma das gewünschte Instrument. Ist Christoph wirksam Eigentümer des Schlagzeuges geworden (M4–M7)?
   b) Angenommen, seine Oma hätte Christoph nicht das Schlagzeug selbst geschenkt, sondern das Geld für den Kauf eines neuen Schlagzeuges. Untersuche, unter welchen Bedingungen Christoph mit diesem Geld einen wirksamen Kaufvertrag abschließen kann (M4–M7).
2. Der 15-jährige Daniel möchte sich einen neuen Tennisschläger kaufen und schaut sich verschiedene Modelle an. Im Sportgeschäft Müller findet er ein stark reduziertes Modell, das statt 200 Euro nur noch 20 Euro kosten soll. Kann Daniel einen wirksamen Kaufvertrag über den reduzierten Tennisschläger abschließen? Begründe deine Antwort (M4–M7).
3. Die 15-jährige Karina kauft sich beim Optiker Durchblick eine topmodische Sonnenbrille. Da sie das Taschengeld für den Monat Mai schon ausgegeben hat, vereinbart sie mit dem Geschäftsinhaber Scharf, den Kaufpreis erst am 2. Juni zu bezahlen. Die Brille kann Karina sofort mitnehmen. Am 2. Juni bezahlt sie wie vereinbart den Kaufpreis mit ihrem Taschengeld.
   Begründe, ob und wann die abgeschlossenen Rechtsgeschäfte wirksam werden (M4–M7, Kap. 2.1).
4. Der Online-Buchhändler Amazon hat folgende Regelung in seine Allgemeinen Geschäftsbedingungen aufgenommen:

   > § 2 Vertragsschluss
   > Amazon.de bietet keine Produkte zum Kauf durch Minderjährige an. Auch unsere Produkte für Kinder können nur von Erwachsenen gekauft werden.
   > *aus den AGB von www.amazon.de (Stand: Oktober 2004)*

   Diskutiert, warum diese Regelung so getroffen wurde. Ist diese Regelung überhaupt zulässig?

2.3.2 Die Rechtsfähigkeit

M9 Menschen als Sachen?

Qui servum servamve alienum alienamve quadrupedemve pecudem iniuria occiderit, quanti id in eo anno plurimi fuit, tantum aes dare ero damnas esto.

Derjenige, der einen Sklaven oder eine Sklavin oder ein fremdes vierfüßiges Tier rechtswidrig getötet hat, muss dem Eigentümer so viel Geld zahlen, wie der Höchstpreis für diese Sache in diesem Jahr war.

Lex Aquilia de damno, 3. Jh. vor Christus

Uderzo/Goscinny, Asterix – Die Lorbeeren des Cäsar, Delta Verlagsgesellschaft, Stuttgart, 1990, S. 14

M10 Die Menschenwürde im Grundgesetz

Artikel 1

[Menschenwürde; Grundrechtsbindung der staatlichen Gewalt]

(1) Die Würde des Menschen ist unantastbar. Sie zu achten und zu schützen ist Verpflichtung aller staatlichen Gewalt.

(2) Das deutsche Volk bekennt sich darum zu unverletzlichen und unveräußerlichen Menschenrechten als Grundlage jeder menschlichen Gemeinschaft, des Friedens und der Gerechtigkeit in der Welt.

(3) Die nachfolgenden Grundrechte binden Gesetzgebung, vollziehende Gewalt und Rechtsprechung als unmittelbar geltendes Recht.

Artikel 2

[Allgemeine Handlungsfreiheit; Freiheit der Person; Recht auf Leben]

(1) Jeder hat das Recht auf die freie Entfaltung seiner Persönlichkeit, soweit er nicht die Rechte anderer verletzt und nicht gegen die verfassungsmäßige Ordnung oder das Sittengesetz verstößt.

(2) Jeder hat das Recht auf Leben und körperliche Unversehrtheit. Die Freiheit der Person ist unverletzlich. In diese Rechte darf nur auf Grund eines Gesetzes eingegriffen werden.

Artikel 3

[Gleichheit vor dem Gesetz; Gleichberechtigung von Männern und Frauen; Diskriminierungsverbote]

(1) Alle Menschen sind vor dem Gesetz gleich.

(2) Männer und Frauen sind gleichberechtigt. Der Staat fördert die tatsächliche Durchsetzung der Gleichberechtigung von Frauen und Männern und wirkt auf die Beseitigung bestehender Nachteile hin.

(3) Niemand darf wegen seines Geschlechtes, seiner Abstammung, seiner Rasse, seiner Sprache, seiner Heimat und Herkunft, seines Glaubens, seiner religiösen und politischen Anschauungen benachteiligt oder bevorzugt werden. Niemand darf wegen seiner Behinderung benachteiligt werden.

Grundgesetz für die Bundesrepublik Deutschland

M11 Rechtsfähigkeit

Voraussetzung für die Wahrnehmung von Rechten und Pflichten, z. B. im Rahmen von Verträgen, ist die Rechtsfähigkeit.

§ 1 BGB Beginn der Rechtsfähigkeit.
Die Rechtsfähigkeit des Menschen beginnt mit der Vollendung der Geburt.

Das bedeutet, dass jeder Mensch Rechte und Pflichten haben kann. Alter, Geschlecht, Rasse, Intelligenz spielen dabei keine Rolle. Beispiele für solche Rechte sind das Recht auf Leben, auf einen Namen, auf eine Staatsangehörigkeit und das Eigentumsrecht. Pflichten sind z. B. die Schulpflicht, die Wehrpflicht oder die Steuerpflicht.

So kann z. B. ein dreijähriges Kind eine vermietete Wohnung erben. Es hat alle damit verbundenen Rechte (z. B. auf Mietzahlung) und Pflichten (z. B. die Bezahlung der Grundsteuer). Um diese Rechte und Pflichten zu erwerben, muss jedoch der gesetzliche Vertreter (Eltern oder Vormund) tätig werden.
Unter Rechtsfähigkeit versteht man also die Fähigkeit, Träger von Rechten und Pflichten sein zu können. Nicht jeder rechtsfähige Mensch besitzt jedoch auch die volle rechtliche Handlungsfähigkeit. Diese ist durch die Bestimmungen über die Geschäfts- und Deliktsfähigkeit geregelt.

Autorentext

2.3.3 Die Deliktsfähigkeit

M12 Definition und Stufen der Deliktsfähigkeit

Menschen sind deliktsfähig, wenn es möglich ist, von ihnen Schadensersatz für einen Schaden zu verlangen, den sie bei einer unerlaubten Handlung angerichtet haben. Ähnlich wie die Geschäftsfähigkeit entwickelt sich auch die Deliktsfähigkeit in drei Stufen:

Stufen der Deliktsfähigkeit

Deliktsunfähigkeit	Beschränkte Deliktsfähigkeit	Volle Deliktsfähigkeit
Kinder unter 7 Jahren (§ 828 I BGB) können nicht zum Schadensersatz wegen unerlaubter Handlungen herangezogen werden.	Kinder und Jugendliche zwischen 7 und 18 Jahren (§ 828 III BGB) müssen für den verursachten Schaden nur aufkommen, wenn sie die „erforderliche Einsicht" haben. Das heißt, dass ihnen klar sein muss, dass durch ihre Handlung einem anderen ein Schaden entstehen kann.	Mit der Vollendung des 18. Lebensjahres tritt die volle Verantwortlichkeit für unerlaubte Handlungen ein.
0 1 2 3 4 5 6	7 8 9 10 11 12 13 14 15 16 17	18 19 20 21 22

Ausnahme: Im fließenden Straßenverkehr gelten Kinder bis 10 Jahre als deliktsunfähig, es sei denn, sie verursachen einen Schaden vorsätzlich (§ 828 II BGB).

Unter Umständen müssen aufsichtspflichtige Personen, z. B. die Eltern, Lehrer, Jugendgruppenleiter, bei Verletzung ihrer Aufsichtspflicht für den entstandenen Schaden aufkommen (§ 832 BGB).

M13 Zur Vertiefung: Fälle zum Schadensersatz

a) Eine Vierjährige wollte ein Auto mit einem Stein „bemalen" und zerkratzte es dabei. Nicht untypisch für dieses Alter, meinten die Richter. Deshalb reiche es nicht, dass die Eltern ab und zu nach der Kleinen schauten (LG Lüneburg, 4 S 237/96).
Allerdings betrifft die Schadensersatzpflicht hier nicht das Kind, denn es ist ja mit seinen vier Jahren deliktsunfähig. Das Verschulden wird hier den Eltern angelastet, da sie besser auf ihr Kind aufpassen hätten müssen. Es ist jedoch oft eine Ermessensfrage, wann die Aufsichtspflicht verletzt ist und wann nicht. *Autorentext*

b) Auch zehnjährige Kinder müssen grundsätzlich für Schäden haften, die sie anderen vorsätzlich oder fahrlässig zufügen. Das entschied das Koblenzer Oberlandesgericht. Lasse sich nicht feststellen, wer von mehreren Kindern für den Schaden verantwortlich sei, müssten alle einstehen. Das Gericht hob mit seinem Urteil eine Entscheidung des Landgerichts Koblenz auf und gab der Schadensersatzklage eines Kiesgrubenbesitzers statt.
Augsburger Allgemeine, 28./29.11.2003

c) Der 14-jährige Benjamin „verziert" aus Langeweile die Oberfläche seiner Schulbank mit einem wasserfesten Stift. Eine Reinigung ist nicht möglich, da sich die Farbe bereits in die Oberfläche eingeätzt hat. Der Hausmeister schleift deshalb die Oberfläche ab und lackiert den Tisch neu. Benjamin muss die Kosten dieser Reparatur tragen. *Autorentext*

d) Mitten im Juli wollen der sechsjährige Felix, der achtjährige Gerd und dessen 17-jähriger Bruder Harald ein Lagerfeuer anzünden. Obwohl es sehr windig ist, gelingt es ihnen, am Waldrand ein Feuer anzuzünden. Ein kräftiger Windstoß bläst jedoch ein noch glühendes Zweiglein in den Wald, wo sofort ein paar dürre Äste Feuer fangen. Da es den dreien nicht mehr gelingt, das Feuer zu löschen, rufen sie die Feuerwehr, die den sich ausbreitenden Waldbrand löscht. Insgesamt entsteht ein Schaden in Höhe von 10.000 Euro.
Felix ist deliktsunfähig und kann für den Schaden nicht haftbar gemacht werden. Gerd ist bereits beschränkt deliktsfähig, jedoch konnte er noch nicht die Gefahr erkennen, die von dem Lagerfeuer ausging. Harald ist zwar ebenfalls noch beschränkt deliktsfähig, jedoch hätte er die Situation richtig erkennen müssen. Er muss deshalb den Schaden ersetzen. Außerdem muss geprüft werden, ob die Eltern von Felix und Gerd ihre Aufsichtspflicht verletzt haben.
Autorentext

Aufgaben

1. Sonja, 15 Jahre alt, ist mit dem Skateboard auf dem Gehweg unterwegs. An einer scharfen Kurve verliert Sonja die Kontrolle über ihr Board. Um nicht gegen ein parkendes Auto zu rasen, springt sie ab. Das Skateboard saust über den Bordstein und kracht gegen die Beifahrertür eines parkenden Fahrzeugs. Der im Wagen sitzende Fahrer ist sehr verärgert. Er schätzt den Schaden auf 2.500 Euro und meint, Sonja müsse für den Schaden aufkommen. Sonja entgegnet empört: „Aber ich bin doch noch gar nicht volljährig!" Begründe, wer für den Schaden aufkommen muss (M12).
2. Erkläre die Entscheidungen b) und c) aus M13 mit deinen Kenntnissen über die Deliktsfähigkeit.
3. a) Die fünfjährige Gaby erblickt in der Geschirrabteilung eine lustige Tasse und möchte sie ihrer Mutter zeigen. Dabei fallen mehrere Teller und Tassen zu Boden und gehen zu Bruch. Kläre, ob Gaby oder ihre Eltern den Schaden ersetzen müssen (M12, M13).
   b) Der achtjährige Hannes kommt vom Fußball-Training nach Hause und stellt sein Fahrrad neben das Auto des Versicherungsvertreters Geißler, der gerade seinen Eltern mehrere Versicherungen verkaufen will. Als Hannes seine Sporttasche vom Gepäckträger nimmt, fällt das Fahrrad gegen die Fahrertür und beschädigt sie. Prüfe, ob Hannes zur Verantwortung gezogen werden kann (M12, M13).
   c) Der 12-jährige Klaus entdeckt auf einer Baustelle das „Steuerrad" eines Zementsilos und dreht wie ein erfahrener Kapitän daran. Dadurch wird jedoch der Öffnungsmechanismus in Gang gesetzt und der Inhalt des Silos entleert sich auf den Boden. Begründe, ob Klaus den Schaden ersetzen muss (M12, M13).

2.3.4 Die Strafmündigkeit

▶M14 Definition und Stufen der Strafmündigkeit

Strafmündigkeit ist die Möglichkeit, für strafbare Handlungen strafrechtlich verantwortlich gemacht werden zu können.

Stufen der Strafmündigkeit		
Strafunmündigkeit Bis zur Vollendung des 14. Lebensjahrs gelten Kinder und Jugendliche als strafunmündig (§ 19 StGB) und können nicht bestraft werden.	**Beschränkte Strafmündigkeit** Vom 14. bis zur Vollendung des 18. Lebensjahrs gilt die beschränkte Strafmündigkeit (§ 3 Jugendgerichtsgesetz JGG) nach Jugendstrafrecht: Jugendliche können nur dann bestraft werden, wenn sie zum Zeitpunkt der Tat sittlich und geistig reif genug sind, das Unrecht der Tat einzusehen und nach dieser Einsicht zu handeln.	**Volle Strafmündigkeit** Zwischen dem 18. und dem 21. Geburtstag gelten junge Erwachsene als **„Heranwachsende“**: Je nach Reife des Täters kann der Richter entscheiden, ob das Jugendstrafrecht oder das Erwachsenenstrafrecht angewendet wird (§ 105 JGG). Ab dem 21. Geburtstag muss das Erwachsenenstrafrecht angewendet werden.
0 1 2 3 4 ... 12 13	**14** 15 16 17	**18** 19 20 **21** 22

Wegen der Schwere der strafrechtlichen Sanktionen liegt die Altersgrenze für die Verantwortlichkeit im Strafrecht im Vergleich zur Deliktsfähigkeit im Zivilrecht höher.

Strafunmündigkeit	**Beschränkte Strafmündigkeit nach Jugendstrafrecht**	**Volle Strafmündigkeit**	
		Heranwachsende: Jugendstrafrecht kann angewendet werden	Erwachsenenstrafrecht zwingend
0 1 2 3 4 ... 12 13	**14** 15 16 17	**18** 19 20	**21** 22 23

▶M15 Zur Vertiefung: „Blüten“ aus dem Farbkopierer

Mit selbst gemachten „Blüten“ haben in drei nordschwäbischen Schulen 13- und 14-jährige Schüler ihre Pausenbrezen bezahlt. Das per Scanner, Drucker und Farbkopierer hergestellte Falschgeld wurde allerdings vom Pausenverkauf schnell erkannt. Wie die Polizei mitteilt, waren die jungen „Falschmünzer“ in Nördlingen, Deiningen (Kreis Donau-Ries) und in Gundelfingen (Kreis Dillingen) am Werk. Die Schüler hatten untereinander keinen Kontakt. Die falschen Fünf-, Zehn- und Zwanzig-Euro-Scheine waren von eher schlichter Qualität. Eine aufmerksame Kassiererin hätte sie wohl sofort erkannt. Laut Polizei sollen jetzt Gespräche mit den Eltern der strafunmündigen Schüler geführt werden. Die 14-Jährigen wurden der Staatsanwaltschaft gemeldet.

Augsburger Allgemeine, 29.10.2004

M16 Zur Vertiefung: Raubkopie eines Computerspiels

Jürgen hat ein Computerspiel kopiert und auf dem Schulhof eingetauscht. Er hat sich strafbar gemacht, denn:
„Wer ein Computerprogramm oder ein Computerspiel, das urheberrechtlich geschützt ist, unerlaubt kopiert oder Kopien verbreitet, verstößt gegen Strafvorschriften. Das Gesetz droht im Regelfall Freiheitsstrafen bis zu drei Jahren oder Geldstrafe an, in besonderen Fällen Freiheitsstrafe bis zu fünf Jahren oder Geldstrafe. Bei Jürgen, der einmal unerlaubt kopiert hat, ging es mit einem Denkzettel durch das Gericht glimpflich ab. Kopiert aber ein Jugendlicher häufiger, verschafft er sich etwa durch den Verkauf von Raubkopien einen ständigen Nebenverdienst, können die Strafen durchaus gravierend sein. Hinzu kommt, auch in unserem Fall: Die Ermittlungen der Staatsanwaltschaft führen häufig zur Durchsuchung der Wohnung, um Beweismaterial sicherzustellen. ...
Abgesehen von der strafrechtlichen Verfolgung durch Staatsanwaltschaft und Polizei kann der Urheber auch selbst zivilrechtlich vorgehen – und tut dies häufig auch:
... Was kann der Hersteller fordern? Im Regelfall wird er als Schadensersatz die ihm entgangene Lizenzgebühr verlangen. Die Erteilung einer Lizenz für die Vervielfältigung und Verbreitung ist der vom Autor des Spiels normalerweise gewählte Weg der wirtschaftlichen Verwertung seiner geistigen Leistung. Je interessanter das Spiel ist, desto höher ist die Lizenzgebühr. Sie kann drei- und sogar vierstellige Beträge erreichen! ...
Dazu können zum Teil beträchtliche Kosten anfallen: Die betroffenen Unternehmen schalten zur Wahrnehmung ihrer Rechte nämlich regelmäßig Rechtsanwälte ein, deren Gebühren der Raubkopierer ebenfalls tragen muss. Da können schon ein paar Tausend Euro zusammenkommen!“

Bayerisches Staatsministerium der Justiz, „Fairplay“ mit dem Computer – Straftaten lohnen nicht“, München 2002, S. 5–7

Aufgaben

1. Eine Tat – viele Folgen!
Heiko (15) und Bruno (13) kennen sich schon seit Ewigkeiten und sind ein eingeschworenes Team. Zum Beweis seiner Liebe möchte Heiko für seine Freundin Heike ein Graffiti an der Unterführung auf ihrem Schulweg anbringen. Natürlich ist Bruno dabei. Dummerweise muss Heiko auf seinen Bruder Charly (6) aufpassen. Kurzerhand beschließt Heiko, Charly mitzunehmen. Gegen 22 Uhr ziehen sie los. Beim Besprühen der Unterführung werden sie von Passanten beobachtet, die die Polizei alarmieren. Der Schaden beläuft sich laut Schätzung der Polizei auf ca. 400 Euro.
   a) Zeige die Unterschiede in der strafrechtlichen Verantwortlichkeit von Heiko, Bruno und Charly auf (M14).
   b) Wer hat den Schaden zu tragen (M12)?
   c) Warum gelten im Strafrecht und im Zivilrecht unterschiedliche Altersgrenzen (M12, M14)?
2. In der sogenannten „Freinacht“ auf den 1. Mai wollen der 19-jährige Johannes und der 13-jährige Stefan ihrem Nachbarn Norbert einen Streich spielen und werfen einige rohe Eier an dessen Hauswand. Da zum Reinigen der Fassade ein Gerüst notwendig ist und insgesamt Kosten in Höhe von 490 Euro entstehen, erstattet Norbert Strafanzeige bei der Polizei. Beim Verhör meint Stefan: „Wir wollten doch nur ein bisschen Spaß haben, weil das in der Freinacht so üblich ist. Ich konnte doch nicht wissen, dass durch die paar Eier solch ein Schaden entsteht.“
   a) Diskutiere, ob Johannes und Stefan für den Schaden bezahlen müssen (M12).
   b) Können Johannes und Stefan für ihre Tat bestraft werden (M14)?
   c) Warum behandelt der Gesetzgeber hier Jugendliche anders als Erwachsene (M14)?
3. Diskutiert, wie die Beteiligten aus M15 bestraft werden könnten und sollten.
4. Überlege dir, welche Folgen das Raubkopieren von Software a) für denjenigen, der die Raubkopien herstellt und b) für den ehrlichen Anwender hat (M16).

2.3.5 Lebensaltersstufen und Regelungen zum Jugendschutz

M17 Übersicht über die Lebensaltersstufen

Alter	Beispiele für Rechte und Pflichten
Geburt	Rechtsfähigkeit · Erbfähigkeit
5	Schulpflicht
7	Beschränkte Geschäftsfähigkeit Beschränkte Deliktsfähigkeit
10	Beschränkte Deliktsfähigkeit im fließenden Straßenverkehr
13	Leichte und geeignete Tätigkeiten sind stundenweise erlaubt
14	Beschränkte Strafmündigkeit Volle Religionsmündigkeit
15	Möglichkeit, ein Berufsausbildungsverhältnis oder ein Arbeitsverhältnis einzugehen Mofa-Prüfbescheinigung
16	Motorrad-Führerschein bis 125 ccm Begrenzte Ehemündigkeit Testierfähigkeit (Errichtung eines Testaments) Erlaubnis zum Aufenthalt in Gaststätten bis 24 Uhr
17	PKW-Führerschein, wenn in Begleitung eines zuverlässigen Erwachsenen gefahren wird
18	Volljährigkeit · Volle Geschäftsfähigkeit Volle Deliktsfähigkeit · Strafmündigkeit als Heranwachsender · Volle Ehemündigkeit · Aktives und passives Wahlrecht zum Deutschen Bundestag · Aktives Wahlrecht zum Bayerischen Landtag · Wehrpflicht · PKW-Führerschein
21	Volle Strafmündigkeit · LKW-Führerschein Passives Wahlrecht zum Bayerischen Landtag
40	Wählbarkeit zum bayerischen Ministerpräsidenten Wählbarkeit zum Bundespräsidenten Wählbarkeit zum Richter am Bundesverfassungsgericht

Autorengrafik

M18 Jugendschutz durch Gesetze

Durch spezielle Jugendschutzgesetze wird versucht, Kinder und Jugendliche vor einer Vielzahl von Gefahren in der Welt der Erwachsenen zu schützen. Zu den Jugendschutzgesetzen gehören:

- das Jugendschutzgesetz (JuSchG)
- das Jugendarbeitsschutzgesetz = Gesetz zum Schutz der arbeitenden Jugend (JarbSchG)
- die Kinderarbeitsschutzverordnung = Verordnung über den Kinderarbeitsschutz (KindArbSchV)
- Gesetz über die Verbreitung jugendgefährdender Schriften und Medieninhalte (GjSM)
- Kinder- und Jugendhilfegesetz (KJHG)
- Vorschriften aus dem Strafgesetzbuch bei Verletzung von Fürsorgepflichten und das Sexualstrafrecht

Auch in zahlreichen anderen Gesetzen, etwa dem Straßenverkehrsgesetz, wird auf die Belange von Kindern und Jugendlichen Rücksicht genommen.

Sigrun von Hasseln, Jugendrechtsberater, Baden-Baden 2003, Lizenzausgabe für die Bundeszentrale für politische Bildung, S. 36

M19 Das Jugendschutzgesetz

Die nachfolgende Tabelle zeigt die wichtigsten Bestimmungen des Jugendschutzgesetzes (JuSchG):

	unter 16 Jahren ohne Erziehungsberechtigten	unter 16 Jahren mit Erziehungsberechtigten	16–18 Jahre ohne Erziehungsberechtigten	16–18 Jahre mit Erziehungsberechtigten
Bier	rot	rot (B)	grün	grün
Schnaps, Alcopops	rot	rot	rot	rot
Gaststätte	rot (A)	grün	grün bis 24 h	grün
Rauchen	rot	rot	grün	grün
Computerspiel	rot	grün	grün	grün
Disco	rot (C)	grün	grün bis 24 h	grün

rot = verboten, grün = erlaubt

Ausnahmen sind, wenn ...

(A) 1. du an einer Veranstaltung eines anerkannten Jugendhilfeträgers teilnimmst.
2. du Dich auf Reisen befindest.
3. du eine Mahlzeit oder / und ein nichtalkoholisches Getränk einnimmst (zwischen 5 und 23 h).

(B) du über 14 Jahre und in Begleitung deiner Eltern bist.

(C) die Veranstaltung von einem anerkannten Jugendhilfeträger durchgeführt wird oder der künstlerischen Betätigung oder Brauchtumspflege dient.
Dann darfst du:
- unter 14 Jahren bis 22.00 Uhr
- unter 16 Jahren bis 24.00 Uhr bleiben.

http://www.juz-united.de/body.php?site=p404 (8.1.2005)

Aufgaben

1. Diskutiert Vor- und Nachteile des „Führerscheins mit 17", wenn in Begleitung eines zuverlässigen Erwachsenen gefahren wird.

2. Begründe anhand von M19, ob in folgenden Fällen ein Verstoß gegen das Jugendschutzgesetz vorliegt oder nicht.
   a) In deiner Gemeinde findet eine Faschingsdisco statt. Du bist 15 und bleibst bis 24 Uhr.
   b) Du bist unter 16. In Begleitung eines Erziehungsberechtigten rauchst du.
   c) Du bist 17 und gehst in die Spielhalle.
   d) In Begleitung deiner Eltern gehst du mit 15 bis 24 Uhr in die Disco.
   e) Du bist 14 und nimmst an der Tombola auf dem Schützenfest deiner Gemeinde teil.
   f) Auf einer Radtour mit deinen Freunden nimmst du mit 14 in einer Gaststätte eine Mahlzeit ein und trinkst ein Bier dazu.
   g) Du bist 15 und rauchst.
   h) Mit 17 kaufst du an der Tankstelle eine Flasche Jägermeister.
   i) Du bist 15 und trinkst in einer Gaststätte ein Bier. Deine Eltern haben es dir erlaubt.
   j) Mit 17 bleibst du bis 1.00 Uhr in einer Gaststätte.
   k) Du spielst mit 15 im örtlichen Spielcenter am einarmigen Banditen.
   l) Du bist 16 und ohne Begleitung deiner Eltern. In einer Gaststätte trinkst du ein Weizenbier.

3. Du möchtest dir den Film „Cast away – Verschollen" (FSK 12) in einer Videothek ausleihen.
   a) Informiere dich (z. B. im Internet: www.fsk.de, www.fsm.de), was die Abkürzung FSK 12 bedeutet und wie diese Einstufung zustande kommt.
   b) Unter welchen Umständen kannst Du den Film in einer Videothek ausleihen?

4. Diskutiert (evtl. in Gruppen) den Sinn der in M19 angesprochenen Einschränkungen jugendlicher Freiheiten. Welche Rechtsfunktionen sollen damit erfüllt werden?

5. Der 15-jährige Paul spielt mit seinem gleichaltrigen Freund Bernd im Innenhof der Wohnanlage Fußball. Der Ball landet aber nicht im Tor, sondern fliegt durch die offene Terrassentür in die Wohnung des Rentners Hausmann. Als Paul sich den Ball wieder holt, sieht er das Portemonnaie des Rentners auf dem Wohnzimmertisch liegen. Er entnimmt dem Geldbeutel 120 Euro und verlässt schnell die Wohnung.
   a) Untersuche, mit welchen Folgen Paul rechnen muss.
   b) Erläutere, welche Rechtsfunktionen betroffen sind.

6. Der 14-jährige Dieter beabsichtigt, eine Videospiele-Konsole zum Preis von 100 Euro zu kaufen. Bevor er zur Kasse geht, legt er in einem unbeobachteten Moment ein Spiel ein. Er bezahlt die Konsole mit den 100 Euro, die er kürzlich von seiner Oma erhalten hat, als er sie zusammen mit seinen Eltern besuchte. Am Ausgang wird er jedoch vom Kaufhausdetektiv gestellt, der ihn auf das Spiel anspricht, das nicht zum Lieferumfang gehöre.
   a) Untersuche die Wirksamkeit der abgeschlossenen Rechtsgeschäfte.
   b) Begründe, wer Eigentümer an der Konsole und wer Eigentümer am Spiel ist.
   c) Erläutere, mit welchen Folgen Dieter rechnen muss.

   Zu Hause merkt Dieter, dass die Steuerung der Konsole nicht funktioniert.
   d) Untersuche, welche Rechte Dieter gegenüber dem Verkäufer geltend machen kann.
   e) Kläre, unter welchen Voraussetzungen Dieter vom Vertrag zurücktreten könnte.

Zusammenfassung 2

Die rechtliche Stellung Minderjähriger

Handeln der Personen im Rechtsverkehr
M4, M11, M12, M14

Jeder Mensch ist von Geburt an **rechtsfähig** (Rechtsfähigkeit), d. h. er kann Träger von Rechten und Pflichten sein. **Geschäftsfähig** ist, wer wirksam eigene Willenserklärungen abgeben und damit Rechtsgeschäfte durch eigenes Handeln abschließen kann. **Deliktsfähigkeit** bedeutet die Verpflichtung zur Wiedergutmachung eines durch eine unerlaubte Handlung entstandenen Schadens. **Strafmündig** zu sein heißt, für eine strafbare Handlung bestraft werden zu können.

Beschränkte Geschäftsfähigkeit Minderjähriger
M5–M8

Im täglichen Leben ist es von besonderer Bedeutung, ob wirksame Willenserklärungen abgegeben und damit wirksam Rechtsgeschäfte (z. B. Kaufverträge) abgeschlossen werden können.
- Willenserklärungen von Kindern bis zur Vollendung des siebten Lebensjahres sind ausnahmslos unwirksam. Sie können lediglich als Boten agieren, d. h. wirksame Willenserklärungen z. B. ihrer Eltern überbringen.
- Bei Kindern und Jugendlichen vom vollendeten siebten Lebensjahr bis zur Volljährigkeit gibt es verschiedene Fälle, in denen ihre Willenserklärungen wirksam sind:

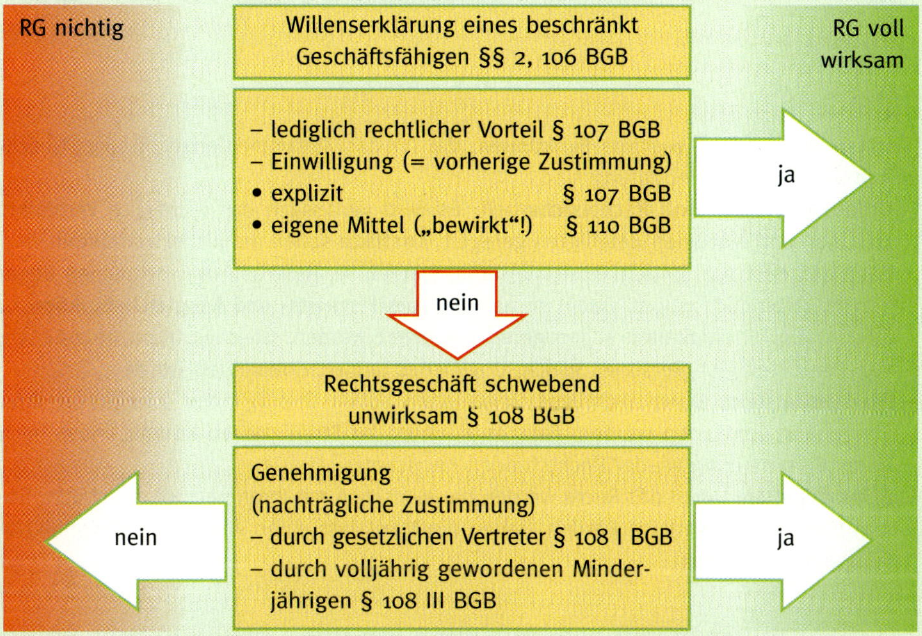

- Willenserklärungen von volljährigen Personen sind bis auf wenige Ausnahmen wirksam.

2 Zusammenfassung

Altersstufen im Recht
M3, M17

Die rechtliche Stellung eines Menschen ändert sich im Laufe seines Lebens. Entsprechend seiner Entwicklung werden ihm stufenweise immer mehr Möglichkeiten eingeräumt, rechtlich wirksam zu handeln. Dies geht einher mit einer zunehmenden Verantwortlichkeit für diese Handlungen:

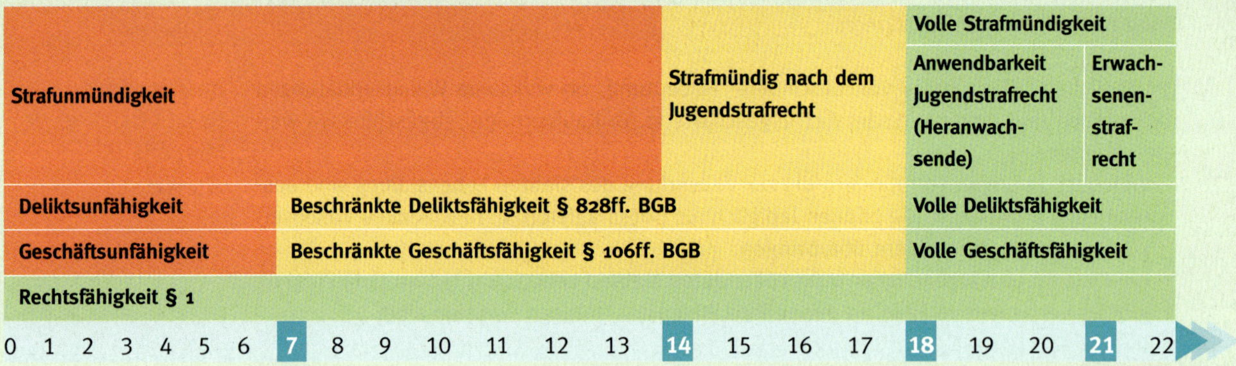

Funktionen des Rechts
Kap. 2.1
M3

Rechtsregeln erfüllen wichtige **Funktionen**, die für das Zusammenleben in einer Gesellschaft von zentraler Bedeutung sind:

- **Ordnungsfunktion und Rechtssicherheit:** Es wird verlässlich das rechtliche Verhältnis zwischen den einzelnen Beteiligten geregelt. Konflikte sollen möglichst vermieden werden; falls dennoch Streitigkeiten auftreten, werden sie aufgrund der rechtlichen Regelungen verbindlich gelöst. Dabei ist auf die **Gerechtigkeits- und Ausgleichsfunktion** zu achten, d.h. Streitigkeiten sollen gerecht geregelt werden. Gleiches muss unabhängig von den beteiligten Personen gleich, Ungleiches ungleich behandelt werden.
- **Friedensfunktion:** Durch rechtliche Regelungen sollen Streitigkeiten bereits vor ihrer Entstehung vermieden werden. Falls es dennoch zu Streitigkeiten kommt, muss nach deren Entscheidung wieder Rechtsfrieden herrschen.
- **Schutzfunktion:** Durch das Recht werden die Menschen mit ihren Rechten geschützt. Sofern diese Rechte verletzt werden, haben die Menschen einen Anspruch auf Konfliktlösung durch den Staat.

Wirtschaftliches und rechtliches Handeln im Unternehmen

Simpsons Comics, No. 95 (September 2004), Stuttgart, S. 12

3.1 Entscheidungen bei der Gründung eines Unternehmens

3.1.1 Die Geschäftsidee: Welches Unternehmen verspricht Erfolg?

M1 Unternehmensgründung bei Dilbert – die Idee ist entscheidend

Scott Adams, Random Acts of Management, London u. a. 2000, S. 46

Süddeutsche Zeitung, 20.7.1995

Worterklärungen:
start up company = neu gegründetes Unternehmen; internet source = Bezugsquelle im Internet; to ship [goods] = Waren ausliefern; to pick up [goods] = Waren abholen

Aufgaben

1. Vergleiche die drei Unternehmen (Auftaktseite, M1) unter Berücksichtigung folgender Gesichtspunkte:
   a) Was haben sie gemeinsam, was sind die Unterschiede?
   b) Welche Motive für die Unternehmensgründung werden angesprochen?
   c) Welche unternehmerischen Entscheidungen werden genannt?
2. Beurteile Chancen und Risiken dieser Gründungen.

M2 Persönliche Voraussetzungen von Unternehmensgründern

Der folgende Test kann dir helfen herauszufinden, ob du als Unternehmensgründer geeignet wärest, z. B. auch in einem Schülerunternehmen. Schreibe deine Antworten (a, b oder c) auf eine Liste und ermittle so dein persönliches „Unternehmer-Profil".

1. Wenn du bei deinen Hausaufgaben auf Schwierigkeiten stößt ...
   a) machst du weiter, bis das Problem gelöst ist.
   b) ruhst du dich kurz aus und machst dann weiter.
   c) wirfst du das Ganze auch mal hin und machst was anderes.

2. Hättest du lieber ...
   a) einen Beruf, der dir liegt, auch wenn du wenig Geld verdienst?
   b) einen sicheren Job?
   c) einen leichten Job, der trotzdem viel Geld bringt?

3. Gehst du gerne Risiken ein?
   a) wenn ich muss
   b) oft und gern
   c) nie

4. Bist du leicht zu begeistern?
   a) bei allem, was du tust
   b) bei Dingen, die du magst
   c) eher selten

5. Kommen andere Menschen zu dir, um dich um Rat oder Hilfe zu bitten?
   a) fast nie b) manchmal c) oft

6. Wie würdest du eine Unternehmerin/einen Unternehmer beschreiben? Jemand, der ...
   a) seine Arbeiter ausnützt.
   b) einen vernünftigen Gewinn macht.
   c) einen sinnvollen Beitrag für die Gesellschaft leistet.

7. Führen Mitglieder deiner Familie ein eigenes Unternehmen?
   a) keine b) einer c) viele

8. Arbeitest du gerne allein?
   a) nie b) immer c) wenn ich muss

9. Wenn du einen großen Geldbetrag erben würdest, würdest du ...
   a) ein Haus kaufen.
   b) etwas kaufen, was du immer schon wolltest.
   c) das Geld genüsslich ausgeben.

10. Wirst du darum gebeten, bei der Vorbereitung von Festen, Klassenfahrten u. Ä. mitzuhelfen?
    a) manchmal b) oft c) nie

11. Schreibst du dir auf, was du nächste Woche tun musst?
    a) immer b) manchmal c) nie

12. Wenn du eine komplizierte Aufgabe hättest würdest du ...
    a) Leute fragen, die sich damit auskennen.
    b) alles selber tun.
    c) nur das lösen, was du lösen kannst.

Auswertung:
Bei Fragen 1–4 zählt jeweils Antwort
a) 5 b) 2 c) 0 Punkte.
Bei Fragen 5–8 zählt jeweils Antwort
a) 0 b) 2 c) 5 Punkte.
Bei Fragen 9–12 zählt jeweils Antwort
a) 2 b) 5 c) 0 Punkte.
Zähle deine Punkte zusammen (Maximum: 60)

40–60 Punkte: Du hast beste Voraussetzungen für eine/n Unternehmensgründer/in.
20–40 Punkte: Du könntest dich als selbstständige/r Unternehmer/in bewähren. Vielleicht wärest du aber in einem Angestelltenverhältnis glücklicher.
0–20 Punkte: Du solltest dir die unternehmerische Selbstständigkeit gut überlegen!

Aufgabe

Bei den Fragen in M2 werden verschiedene persönliche Charaktereigenschaften getestet. Ordne die Fragen folgenden Voraussetzungen an die Unternehmerpersönlichkeit zu:
- Kreativität, Ideenreichtum
- Verantwortungsbereitschaft
- Durchhaltevermögen, Einsatzbereitschaft
- Risikobereitschaft
- Vorsicht
- Teamfähigkeit
- Organisationstalent
- Sorgfalt
- Zuverlässigkeit

▶M3 Die Rolle von Unternehmern in Wirtschaft und Gesellschaft

Im Jahre 1882 spielte sich in einem kleinen Theater in Berlin eine merkwürdige Szene ab. Die Bühne war nicht mehr, wie es die Zuschauer gewohnt waren, mit Kerzen beleuchtet, sondern mit neuartigen gläsernen Kugeln, deren Inneres durch elektrischen Strom zum Leuchten gebracht wurde: Glühbirnen. Wer die Gelegenheit hatte, hinter die Bühne zu treten, der konnte einen Herrn in schwarzer Weste und durchgeschwitztem weißem Hemd sehen, der mithilfe von Eiswürfeln versuchte, die Maschine zu kühlen, die die Elektrizität für die Theaterbeleuchtung lieferte. Der Mann hieß Emil Rathenau. Er wurde 1838 in Berlin als Sohn eines jüdischen Kaufmanns geboren und war später einer der einflussreichsten Unternehmer Deutschlands. Er hatte die Idee, die Erfindungen des genialen Amerikaners Thomas Alva Edison mit einer eigenen Firma in Europa zu vermarkten. Edison hatte gezeigt, wie man die (schon ältere) Erfindung des

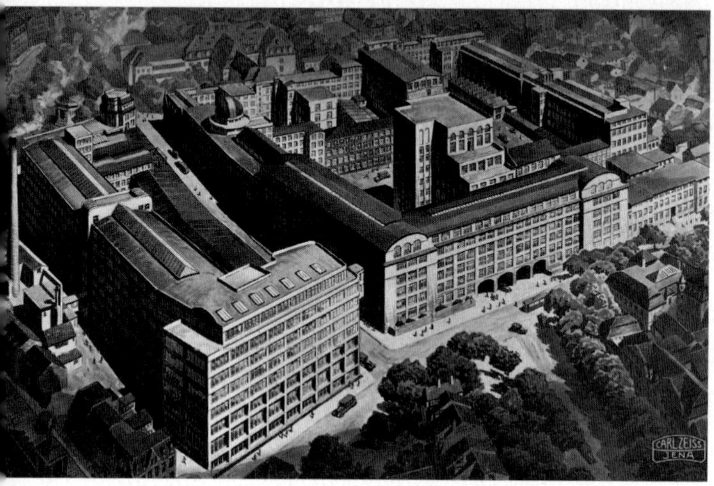

Historische Zeichnung der Carl Zeiss Werke in Jena (o.J.). Das von Carl Zeiss gegründete Unternehmen ist auch heute noch führend im Bereich der Optik- und Messsysteme.

Telefons wirtschaftlich nutzen konnte, vor allem aber erfand er die elektrische Glühbirne.

Rathenau war schon früher einmal mit einer eigenen Firma gescheitert; er ahnte, dass man die neuesten Erfindungen des Industriezeitalters nicht als einzelner Unternehmer nutzen konnte, man brauchte Geld und Partner. Um die für die Nutzung der Elektrizität notwendigen Kapitalmengen aufzubringen, gründete er deshalb 1883 eine Aktiengesellschaft mit fünf Millionen Mark Grundkapital, die »Deutsche Edison Gesellschaft für angewandte Elektricität«.

Dabei ging Rathenau mit System und Geschicklichkeit vor. Er installierte auf eigene Rechnung Pilotprojekte, bei denen er dem Publikum den Nutzen der Elektrizität demonstrierte. So beleuchtete er Theaterbühnen und einzelne Straßenzüge. Rathenau schloss Verträge mit seinem Hauptkonkurrenten, dem Elektrounternehmer Werner von Siemens, er holte führende deutsche Bankiers in den Aufsichtsrat seiner Aktiengesellschaft, was deren Finanzierung erheblich erleichterte. Später entwickelte Rathenaus Gesellschaft Ideen, wie man die Erzeugung von Strom in Kraftwerken am besten organisieren und wie man die Nachfrage nach Strom durch neue Gebrauchsgegenstände erhöhen konnte.

Zu den ersten Elektrogeräten gehörten Wasserkocher, Brennscherenwärmer und Bügeleisen. Im Jahre 1887 löste Emil Rathenau seine Beziehungen zu Edison und wandelte sein Unternehmen in die Allgemeine Elektricitätsgesellschaft (AEG) um.

Auch Jakob Fugger oder Nathan Rothschild, ja selbst all die kleinen Handwerker des Mittelalters waren Unternehmer gewesen: Sie besaßen ihr Geschäft selbst und arbeiteten auf eigene Rechnung. Aber sie alle konnten die Welt nicht so sichtbar und so nachhaltig verändern wie ein Fabrikherr, der eine neue Maschine einführte, die Tausende von Arbeitern um ihre Beschäftigung brachte, oder ein neues Produkt anbot, das seinen Konkurrenten das Geschäft ruinierte. Die Unternehmer des Industriezeitalters prägten ganze Epochen, sie nutzten viele der spektakulären Erfindungen des 19. Jahrhunderts und machten daraus erfolgreiche Produkte. Viele ihrer Namen sind uns noch heute geläufig.

Der Deutsche Friedrich Krupp baute 1811 in Essen sein Hüttenwerk, um ein neu entwickeltes Gussstahlverfahren zu nutzen. In Jena gründete Carl Zeiss ein Unternehmen, in dem er Erfindungen zur Verbesserung von Mikroskopen wirtschaftlich nutzte. Die Ingenieure Carl Benz und Gottlieb Daimler hatten selbst Erfindungen zur Entwicklung moderner Motoren gemacht; sie gründeten eigene Unternehmen, die sich 1926 zur Daimler-Benz AG zusammenschlossen. Der deutsche Schneider Levi Strauss wanderte während des Goldrauschs 1873 nach Kalifornien aus, erfand dort die Jeans und gründete 1890 sein Unternehmen, das die Bekleidungsgewohnheiten junger Menschen auf der ganzen Welt veränderte. Der Amerikaner Henry Ford machte die Massenfertigung von Autos möglich: Er stellte die Autos hinter-

einander auf ein Fließband, sodass jeder Arbeiter daran nur ein paar Handgriffe machen musste. Dadurch wurden Autos so billig, dass sie sich auch weniger Reiche leisten konnten.
Der österreichische Ökonom Joseph Schumpeter (1883 – 1950) bezeichnete die Tätigkeit der Unternehmer als »schöpferische Zerstörung«. Unternehmer im Industriezeitalter schaffen immer etwas Neues und vernichten auf diese Weise Überkommenes. Wer das Auto zum Massenprodukt macht, der nimmt all jenen Handwerkern die Existenzgrundlage, die zuvor Pferdekutschen bauten. Die englischen Textilunternehmer mit ihren mechanischen Webstühlen schufen massenhaft Stoffe in neuer, guter Qualität zu erträglichen Preisen; daher kaufte niemand mehr bei den Handwebern. Wenn die Unternehmer sich aber auf ihren Verdiensten ausruhen und aufhören, ihre Produkte oder ihre Produktionsmethoden zu erneuern, wenn sie also nicht mehr Pioniere sind, dann sorgt der Wettbewerb dafür, dass ihre Firma vom Markt verschwindet oder von einem anderen Unternehmen übernommen wird. Vielen bedeutenden Unternehmen ging es so, zum Beispiel Emil Rathenaus AEG. Sie wurde in den 80er-Jahren des 20. Jahrhunderts von der Daimler-Benz AG übernommen und dann nach und nach aufgelöst. Auf diese Weise treibt der Wettbewerb den technischen Fortschritt und der technische Fortschritt den Wettbewerb an.

Nikolaus Piper, Geschichte der Wirtschaft, Weinheim 2002, S. 124 ff.

Methode

Fachtexte analysieren

In Studium und Beruf liest man Texte zu ökonomischen Themen oft mit dem Ziel, in kurzer Zeit ganz bestimmte Informationen zu entnehmen. In der Schule wird dem Leser diese Aufgabe meist durch konkrete Arbeitsaufträge vorgegeben. Fehlen diese, so muss man sich einem komplexen Text erst langsam „nähern“, um selbst geeignete Fragen an den Text stellen zu können.

Schritt 1: Überblick verschaffen
Der Leser verschafft sich durch das erste, kursorische („überfliegende“) Lesen einen Überblick darüber, welche Fragestellungen und Themen im Text behandelt werden. Gute Anhaltspunkte sind z. B. die Überschrift, der erste und der letzte Satz, aussagekräftige Zwischenüberschriften, der Name des Autors, ggf. Illustrationen.

Schritt 2: Fragen und Auswertungsmethode entwickeln
Jetzt können Fragen oder Kriterien formuliert werden, nach denen der Text beim zweiten, intensiven Lesen untersucht werden soll.
Eine mögliche Fragestellung für Text M 2 könnte beispielsweise sein: *Wie haben sich die Erfindungen bekannter Unternehmer auf Wirtschaft und Gesellschaft ausgewirkt?*
Textarbeit bedeutet aber nicht nur, den Inhalt eines Textes nachzuvollziehen, sondern ihn „handhabbar“ zu machen, d.h. zu zergliedern, zu strukturieren usw. Eine Möglichkeit ist, Texte mithilfe einer selbst entwickelten Tabelle auszuwerten. Diese könnte folgendermaßen aussehen:

Unternehmer:	Rathenau	...	...	...	...
Branche/ Produkte	*Elektro/ Glühlampe* ...				
Auswirkungen auf die Wirtschaft					
Auswirkungen auf die Gesellschaft					
Bemerkungen					

Schritt 3: Intensives Lesen und Auswerten des Textes
Jetzt wird der Text gründlich gelesen und hinsichtlich der eigenen Fragestellung und mit der gewählten Auswertungsmethode bearbeitet. Dazu benötigt man einen Textmarker und gegebenenfalls ein Notizblatt. Schlüsselsätze, hinter denen Kernaussagen vermutet werden, sollten unterstrichen oder mit Textmarker (Farben!) markiert werden. Unbekannte Begriffe können notiert und mithilfe eines Lexikons nachgeschlagen werden. Schwer verständliche Sätze oder Absätze werden mit einem Fragezeichen versehen. Mit einem kleinen Kreis am Rande kann signalisiert werden, wo der Autor seine Aussagen zusammenfasst. Ein Ausrufezeichen kann auf besonders wichtige Aussagen hinweisen. Markierungshilfen sollten aber überlegt und sparsam eingesetzt werden, damit der Text nicht unübersichtlich wird.

Schritt 4: Kreativer Umgang mit dem Text
Um ein tieferes Textverständnis zu entwickeln, kann der Text weiter bearbeitet werden:
- Leserbrief an den Autor verfassen
- Text in ein Interview umwandeln
- Kurzzusammenfassung zum Text schreiben
- Mindmap, Schaubild oder ein Strukturmodell aus den Schlüsselbegriffen entwickeln
- Schlagwortregister erstellen

Autorentext

Aufgaben

1. Übertrage die Tabelle (Methode) in dein Heft und vervollständige sie (M3). Werden die dort für die Auswertung des Textes vorgegebenen Kriterien nach deiner Meinung dem Text gerecht? Nach welchen (weiteren) Kriterien hättest du den Text ausgewertet?
2. Versetze dich in die Lage der folgenden Personen im 19. Jahrhundert bzw. Anfang des 20. Jahrhunderts: Konsument, Handweber, Hersteller von Pferdekutschen, Fabrikarbeiter. Verfasse für jede dieser Personen eine kurzen Kommentar zu den Auswirkungen des technischen Wandels (M3).
3. Erkläre den von Josef Schumpeter geprägten Begriff der „schöpferischen Zerstörung“. Wo kannst du ähnliche Entwicklungen bei Unternehmen der Gegenwart beobachten (M3)?
4. Welche der in M2 angesprochenen persönlichen Voraussetzungen zeigen die im Text M3 beschriebenen Unternehmer?
5. Fasse die unternehmerischen Entscheidungen zusammen, die in M1 und M3 angesprochen werden.

M4 Schülerunternehmen: Junior

Junior

Junge Unternehmer
→ initiieren
→ organisieren
→ realisieren

Bei dem vom Institut der deutschen Wirtschaft (iwd) in Köln organisierten Junior-Projekt können Schüler selbstständig ein Unternehmen gründen und leiten. Aufgaben müssen verteilt werden, ein Organisationsplan erstellt, Anteilsscheine verkauft, ein Produkt erstellt und vermarktet werden – wie bei einem richtigen Unternehmen. Vor der Anmeldung für den Wettbewerb muss aber die Geschäftsidee feststehen.

So könnte das Protokoll einer Diskussion aussehen, bei der eine Schülergruppe versucht, eine Geschäftsidee zu finden:

Leila: Also, unser erster und einziger Tagesordnungspunkt ist „Festlegung der Geschäftsidee und des Firmennamens“. Als Gesprächsform schlage ich ein Brainstorming vor; ihr kennt die Regeln: Meldung ist nicht nötig, keine Killerbemerkungen etc.

Christian: Wir hatten schon mal überlegt, so was mit T-Shirts und Mützen zu machen. Wir könnten die mit originellen Logos und Texten, z. B. für Schulen und Unternehmen bedrucken lassen.

Serpil: Das gibt´s doch schon. Im SMV-Zimmer kann ich dir fünf Kisten unverkäufliche Schul-T-Shirts zeigen. Keine Sau kauft so was!

Leila: Keine Killerbemerkungen!

Serpil: Entschuldigung; ich meine ja nur: Vor 15 Jahren war das noch neu, jetzt hat jeder schon 5 solche T-Shirts, die er nicht anzieht. Und jetzt mal ehrlich: Mit einem Schul-T-Shirt möchte ich nicht mal tot überm Zaun hängen.

Leila: Serpil!

Katharina: Also ich wüsste was, das wäre richtig neu: ein Distanzmesser für Fahrräder. Wenn du zu nahe an ein Hindernis oder ein anderes Auto kommst, ertönt ein Warnton. „Das unverzichtbare Sicherheitsfeature für den Fahrradfahrer" – hey, das ist fast lyrisch.

Christian: Lyrisch schon, aber das ist doch technisch wahnsinnig aufwändig; kannst du so was bauen?

Leila: Selbst wenn wir es bauen könnten: Da braucht man doch Maschinen, um so ein Gerät herzustellen. Und die sind sicher nicht billig. Wie viel Kapital haben wir denn überhaupt zur Verfügung?

Benjamin: Laut Junior-Handbuch verkaufen wir insgesamt 90 Anteilsscheine um je 10 Euro. Wer sich so einen Schein kauft, ist damit Teilhaber am Unternehmen und bekommt einen Anteil am Gewinn – wie bei einer richtigen Aktiengesellschaft. Damit hätten wir 900 Euro Startkapital.

Christian: Das langt nicht für aufwändige Maschinen. Wir könnten uns natürlich einen Kredit von der Bank holen.

Leila: Das geht bei Junior nicht. Stell dir vor, wir gehen mit 20.000 Miesen pleite. Wer zahlt das dann der Bank zurück?

Alyona: Wir sollten uns vielleicht lieber im Dienstleistungsbereich orientieren. Da braucht man nicht so viel Kapital. Wie wär´s z. B. mit einem individualisierten Kinderbuch: die wichtigsten Textbausteine liegen fest, dann werden Namen und Charaktereigenschaften des beschenkten Kindes eingearbeitet –„Rent-a-text".

Benedikt: Also, lieber noch „Rent-a-Sitzblockade".

Alyona: Das ist ja wohl typisch, dass wir von dir wieder nichts anderes hören als eine blöde Bemerkung.

Katharina: Halt, so dumm ist das gar nicht, wie Benedikt vielleicht meint. Das könnte so sein, wie bei „Versteckte Kamera". Da hat einer, der nichts so wenig mag wie linke Revoluzzer, Geburtstag. Seine Frau will ihn überraschen und beauftragt unser Unternehmen. Und der Typ kommt am Morgen aus dem Haus und findet Benedikt und seine Freunde, alle vermummt, vor seinem Auto sitzen. Als er gerade explodiert, kommt seine Frau mit der Geburtstagstorte.

Am Anfang aller Überlegungen zur Unternehmensgründung steht eine erfolgversprechende Geschäftsidee.

Leila: Das klingt ausbaufähig: „Rent-an-entertainment".

Christian: Oder gleich „Rentertainment" – und die personalisierten T-Shirts bzw. das Kinderbuch könnten wir in dem Rahmen auch verkaufen.

Leila: Ich glaube ... wir sind uns einig.

Autorentext

▶ Aufgaben

1. Notiere jeweils drei Argumente aus der Sicht der „Wirtschaft" und der Sicht der Teilnehmer von Junior, warum Schülerunternehmen sinnvoll sein können.
2. Begründe anhand von M1, M3 und M4, aus welchen persönlichen Motiven heraus Unternehmen gegründet werden.
3. Fasse die Kriterien zusammen, nach denen die Junior-Unternehmer ihre verschiedenen Geschäftsideen diskutieren (M4).

M5 Unternehmensgründungen in der Statistik

Im Jahr 2005 wagten 1.390.000 Menschen den Sprung in die Selbstständigkeit (im Voll- und Nebenerwerb).

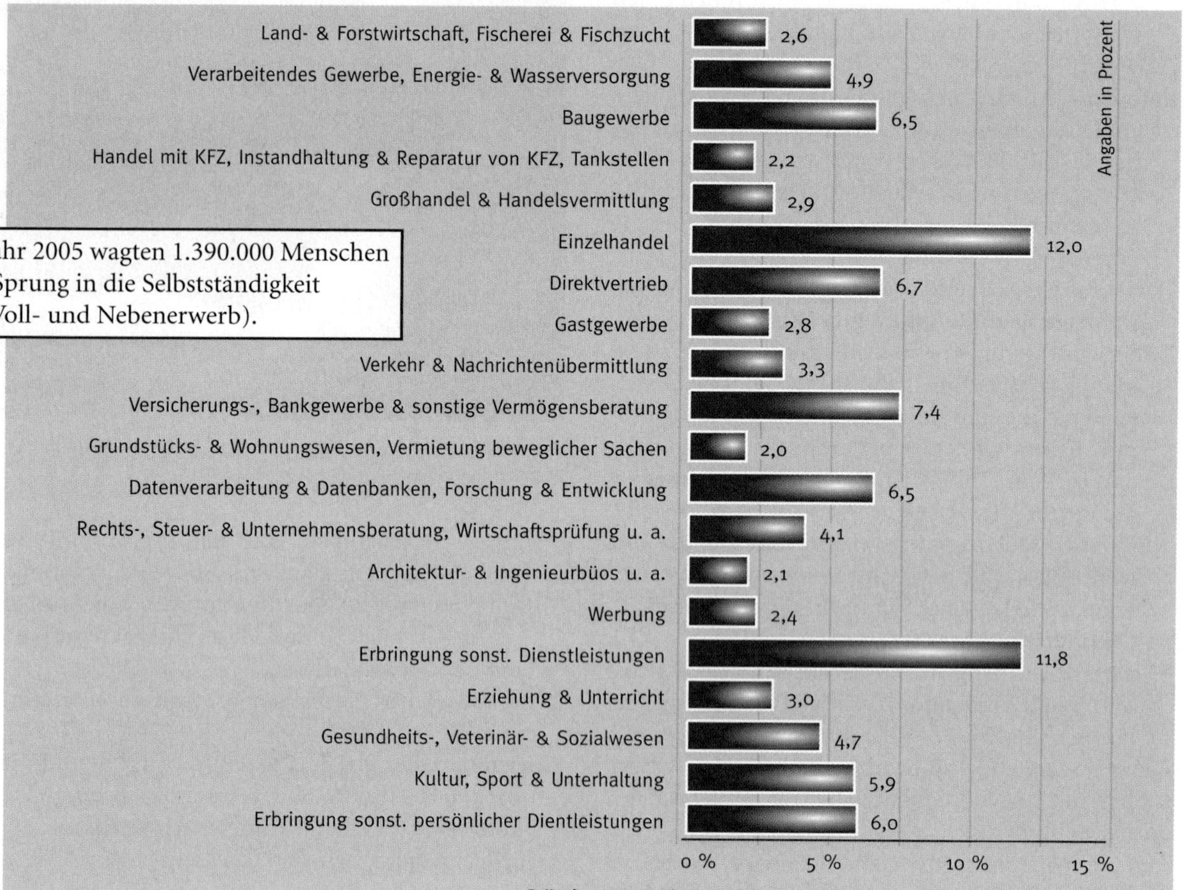

Gründungen nach Branche

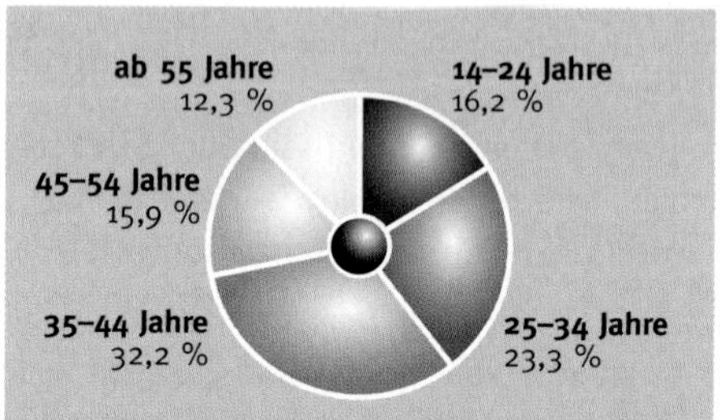

Gründungen nach Alter

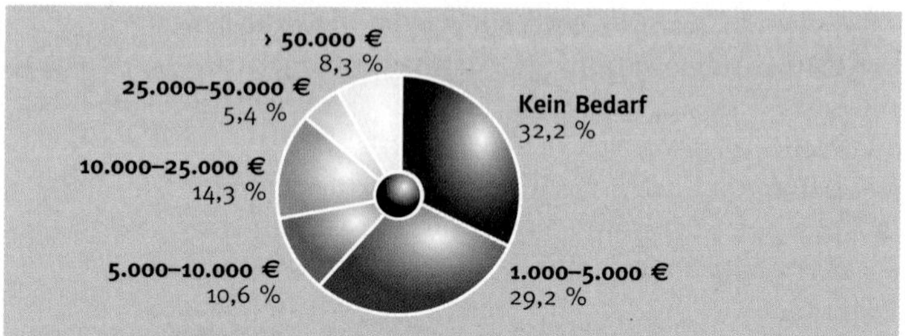

Gründungen nach Finanzierungsbedarf

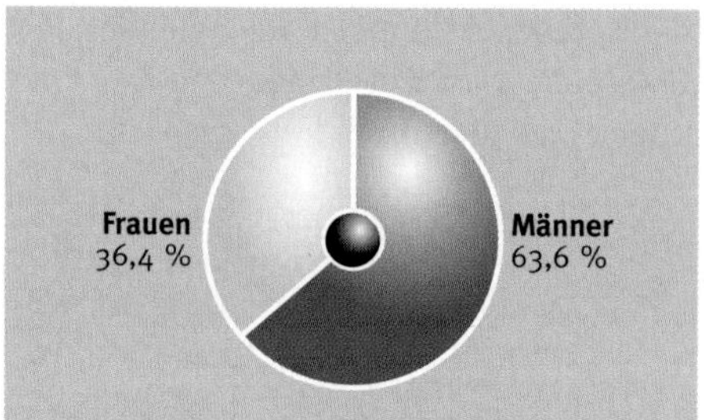

Gründungen nach Geschlecht

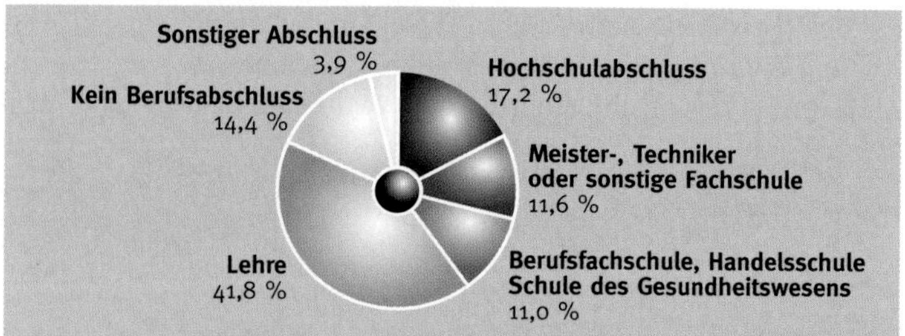

Gründungen nach Bildungsabschluss

KfW-Gründungsmonitor 2006, Stand: 2005

M6 Gründe für das Scheitern neu gegründeter Unternehmen

Die Gründe und Ursachen für das Scheitern von neu gegründeten Unternehmen sind vielfältig. Es gibt jedoch einige typische Faktoren:

- **Finanzierungsmängel**
Finanzierungsmängel sind in 69 % aller Fälle ursächlich für das Scheitern.
- **Informationsdefizite**
Gründer wissen oft zu wenig vom Marktgeschehen. In 61 % der Fälle sind Informationsdefizite ein Grund für das Scheitern. Beratungsmöglichkeiten werden entweder nicht ausreichend oder erst gar nicht genutzt.
- **Qualifikationsmängel**
Berufsbezogene Mängel sind ein eher seltener Grund. Aber nicht ausreichende kaufmännische und unternehmerische Kenntnisse sind in fast 50 % relevant.
- **Planungsmängel**
Eine fehlerhafte Planung oder das Nicht-Einhalten einer guten Planung sind in einem Drittel aller Fälle ursächlich an einer Pleite beteiligt.
- **Familienprobleme**
Der Schritt in die Selbstständigkeit bedeutet gerade in der Anfangsphase, Einschnitte z. B. in das Familienleben hinnehmen zu müssen. Bei 30 % aller Pleiten sind dadurch entstehende Familienprobleme ursächlich beteiligt.
- **Betriebsleistung**
Zu 20 % werden Pleiten durch die Überschätzung der Betriebsleistung mit verursacht. Der Umsatz ist zu gering im Verhältnis zu den hohen Investitionen oder den Fixkosten.
- **Unvorhergesehenes**
Ursachen, die der Unternehmer kaum vorhersehen oder beeinflussen kann – wie Änderungen im Kundenverhalten oder Wertverlust teurer Maschinen durch technischen Fortschritt – sind in nur ca. 15 % der Fälle eine der Pleiteursachen.

Bundesministerium für Wirtschaft, 2005

Mangelndes Kapital und unzureichende Kenntnisse des Marktes sind die häufigsten Gründe für das Scheitern von Unternehmen.

Aufgaben

1. Beschreibe die „typische Unternehmensgründung“ aus dem Jahr 2005 und gib mögliche Erklärungen für die einzelnen Werte an (M5).
2. Erstelle zu den Fakten in M6 eine geeignete Grafik.

▶M7 Gründungsvoraussetzungen in der Übersicht

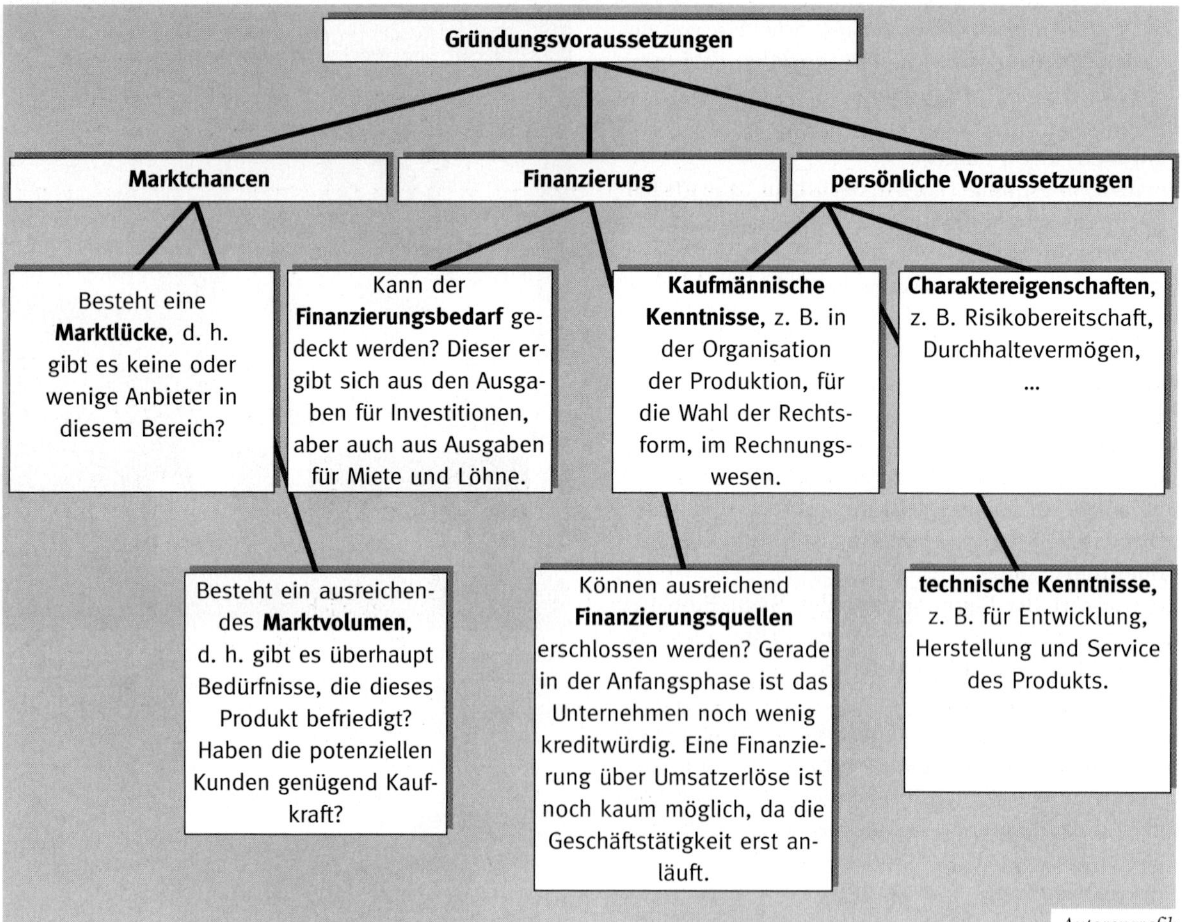

Autorengrafik

▶M8 Ideen über Ideen

Fitte Kids hilft übergewichtigen Kindern. Die angebotene Dienstleistung umfasst eine regelmäßige Nachmittagsbetreuung inklusive Ernährungsberatung, gemeinsames Kochen, Hausaufgaben-Gruppen und Sportprogramm.

Die Sonne brennt – das Bier ist kühl. Das Kühlsystem von **Freeze** macht es möglich. Eine faltbare Kühlhaube, bestückt mit Thermogel-Kühlkissen und Kühlaggregaten, kann über die komplette Getränkekiste gestülpt werden und hält den Inhalt erfrischend kühl.

Die Entwickler von **SIKA** vereinen Kfz-Bordelektronik und Mobiltelefon zu einem Bordcomputer, der ein umfassendes Steuerungs- und Kommunikationssystem darstellt. Dieses System, Mobile Car Detector (MCD) genannt, kann mittels Handy gesteuert werden: Starten Sie die Standheizung bereits von zu Hause aus. Oder legen Sie ihr Fahrzeug einfach mit einer SMS still, falls es gestohlen sein sollte.

Mehrfach wiederverwendbare **Wärme-Gel-Inlets** aus Natrium-Acetat werden in Kleidungsstücke oder Gebrauchsgegenstände wie zum Beispiel Kaffeetassen eingearbeitet. Der Clou: Auf Knopfdruck wird Wärme freigesetzt. In Rettungswesten kann das Wärme-Gel auch Leben retten, indem es vor Unterkühlung schützt.

Die drei jungen Männer vom **ALS-Altenservice** bieten ein umfassendes Programm für das Wohlfühlen im Alter: altersgerechte Wohnungsumbauten, Schulungen für technische Geräte sowie einen Gesprächs- und Betreuungsservice.

Ein Gerät, das alles sofort wiederfindet – ein **„Easyfinder"**: Ob Brille, Schlüsselbund oder Kuscheltier – jedes Objekt mit Drang zum Verschwinden erhält einen winzigen Markierungsstreifen, den ein Handteller großer Peilsender im Umkreis von 30 Metern orten kann. Die Fernbedienung für häusliche Chaoten sozusagen.

Zusammenstellung von Schülerunternehmen aus dem Schülerwettbewerb „Start up"

M9 Quali-Aufgabe: Wissenschaftler oder Unternehmer?

Jahrzehntelang hat der Wissenschaftler Johannes Döhmer an der Technischen Universität geforscht und gelehrt. Doch als seine beste wissenschaftliche Idee ausgereift war, kehrte der Professor der Hochschule den Rücken und machte sich selbstständig. Im April 2000 gründete er die Firma „GenPharmTox". Das Unternehmen prüft für Kunden aus der Pharma- und Chemieindustrie, welche Wirkung neu entwickelte Medikamente und Chemikalien auf den Menschen haben – lange bevor man die Stoffe in klinischer Prüfung tatsächlich am Menschen ausprobiert. Seit knapp einem Jahr lebt der heute 56-Jährige allein von Aufträgen aus der Wirtschaft. Im Interview spricht Döhmer über seine zwei Leben, die Unterschiede und den entscheidenden Schritt:

Frage SZ: Wie ist das, nach 25 Jahren im Hochschuldienst plötzlich selbstständiger Unternehmer zu sein?

Döhmer: Also die Anforderungen sind um das Zehnfache gewachsen. Erstens ...

Frage SZ: Was hat Sie dazu bewogen, sich selbstständig zu machen?

Döhmer: Die zwei wichtigsten Gründe waren, dass mir das universitäre Umfeld nicht die Möglichkeit bieten konnte, ...

Frage SZ: Was sehen Sie als die beiden wichtigsten Voraussetzungen bei der Unternehmensgründung?

Döhmer: Die zwei wichtigsten Faktoren sind ...

„Wie in eine Kristallkugel schauen", Süddeutsche Zeitung, 23.8.2002 (bearbeitet); Aufgabe aus der Prüfung für den qualifizierenden Hauptschulabschluss für externe Bewerber von 2003

Tipp

In Bayern gibt es für Schüler des Gymnasiums die Möglichkeit, als externer Bewerber den qualifizierenden Hauptschulabschluss zu erwerben. Die Teilnahme an dieser Prüfung ist vor allem den Schülern zu empfehlen, die von einer Abweisung vom Gymnasium (wiederholtes „Durchfallen") bedroht sind. Unter anderem muss eine Prüfung in Wirtschaft und Recht abgelegt werden. Diese wird nach dem Lehrplan des Gymnasiums gestellt. Interessenten sollten sich frühzeitig von ihrer Wirschaft-Recht-Lehrkraft beraten lassen.

Aufgaben

1. Wählt die Gesprächsform der „Fishbowl". Die Klasse wird dazu in zwei Hälften geteilt. Jede Seite notiert gemeinsam Argumente für bzw. gegen die jeweilige Geschäftsidee auf Karten. In der Diskussion werden die Gruppen durch jeweils drei Schüler pro Geschäftsidee vertreten. Diese sitzen in einem Kreis der Zuhörer einander gegenüber. Für jede Geschäftsidee stehen fünf Minuten Diskussionszeit zur Verfügung. Am Ende kann kurz abgestimmt werden, ob die Chancen der Geschäftsidee positiv oder negativ beurteilt werden (M8).
2. Führe die Antworten des Unternehmensgründers fort (M9). Ergänze jeweils zwei Aspekte. Bemühe dich dabei um eine zusammenhängende und sprachlich angemessene Darstellung.

3.1.2 Wer haftet? – Die Wahl der Rechtsform

M10 Schülerunternehmen Junior: Zweite Sitzung

Leila: Nachdem wir jetzt unsere Geschäftsidee grob umrissen haben, sollten wir daran gehen, unseren Business-Plan zu formulieren. Das bedeutet, dass wir vor allem unser Leistungsprofil festlegen sollten. Ich zitiere aus dem Protokoll der letzten Sitzung: „Das Unternehmen organisiert individuelle ‚Events' zu allen Gelegenheiten."

Benedikt: Richtig harte Stunts; da darf es schon mal krachen.

Lissi: Wie ist das eigentlich: wenn unser Top-Chaot auf die Idee kommt, bei einem unserer „Events" den Wagen des Kunden mit Farbe zu übergießen, weil er meint, das sei der Gipfel der Originalität ...

Leila: Oder er klemmt Werbezettel unter Scheibenwischer und bekommt eine Anzeige – das darf man nämlich nicht.

Serpil: Dann zahlt er das natürlich.

Benedikt: Soll ich dir meinen Kontostand zeigen?

David: Außerdem hat der Kunde nicht den Top-Chaoten, sondern das Unternehmen „Rentertainment" beauftragt. Und das sind dann wohl wir alle, die zahlen.

Corinna: Vergessen wir das Ganze. Das ist mir zu riskant, selbst ohne Benedikt. Es könnte ja sonst auch was schief gehen. Ich will doch nicht mein Leben lang Schulden abzahlen.

Christian: Halt! Hier steht was im Junior-Handbuch: Wenn wir uns einfach so zusammentun und ein Unternehmen gründeten, würde das zutreffen, was David sagt: Wir würden alle haften, und zwar jeder persönlich und mit seinem gesamten Vermögen – unbeschränkt.

Benedikt: Cool, die Expropriation der Expropriateure.

Christian: Wir sind aber als Junior-Unternehmen doch kein ganz „echtes" Unternehmen. Wir haben keine „eigene" Rechtsform, sondern wir agieren im Rahmen der Rechtsform unseres Organisators, dem Institut der deutschen Wirtschaft – was immer das genau heißt. Und die sind ein e. V., also ein eingetragener Verein. Aber wen´s interessiert: Im Internet gibt es jede Menge Informationen, wie sich ein Unternehmensgründer durch die Wahl der richtigen Rechtsform vor unbeschränkter Haftung schützen kann.

Autorentext

M11 Rechtsformen und Haftung von Unternehmen im Überblick

Einzelunternehmen: („Die Firma, das bin ich")
Die einfachste Art, ein Unternehmen zu gründen: Ein Geschäft eröffnen und schon ist man Einzelunternehmer. Man ist sein eigener Herr, niemand kann einem etwas vorschreiben. Der Einzelunternehmer führt die Geschäfte, wie es ihm gefällt. Es müssen kaum Formalitäten eingehalten werden (erst ab einer bestimmten Größe – sprich Umsatz und Mitarbeiterzahl – muss die Firma ins Handelsregister eingetragen werden). Es wird auch kein festes Kapital benötigt. Wenn etwas schiefgeht, haftet der Einzelunternehmer mit seinem gesamten Privatvermögen.

Offene Handelsgesellschaft:
Die offene Handelsgesellschaft (OHG) ist die große alte Dame unter den Rechtsformen. Bei Einsteigern ist sie allerdings die Ausnahme. Denn der Gesellschaftszweck ist der Betrieb eines „Handelsgewerbes" mehrerer Personen – das setzt eine gewisse Größenordnung voraus. Die Mitglieder haften persönlich und uneingeschränkt. Das heißt, ein Gläubiger kann den gesamten Betrag seiner Forderung von einem einzelnen OHG-Gesellschafter verlangen (nicht nur einen Teil). Die anderen Gesellschafter müssen natürlich dem, der die Forderung beglichen hat, das Geld anteilsmäßig zurückgeben – sofern sie dazu finanziell in der Lage sind. Die OHG genießt daher ein sehr hohes Ansehen bei Kreditinstituten und Banken, da Mitglieder mit ihrem gesamten Vermögen haften.

Die Kommanditgesellschaft:
Ein ungleiches Paar: Ein Mittelding zwischen OHG und GmbH ist die Kommanditgesellschaft (KG). Wenn zusätzliches Eigenkapital von weiteren Personen in das Unternehmen eingebracht werden soll bzw. kann, bietet sich die KG an. Sie besteht aus zwei unterschiedlich haftenden Gesellschaftergruppen: den Komplementären und den Kommanditisten. In der KG führen die Komplementäre allein die Ge-

schäfte. Sie haben das alleinige Entscheidungsrecht, haften aber auch mit ihrem Privatvermögen. Die Kommanditisten schießen Kapital zu, halten sich aber im Großen und Ganzen aus der Geschäftsführung heraus. Dafür haften sie auch nur mit ihrer Einlage. Die KG ist besonders gut geeignet, wenn sich beispielsweise Angehörige an einem Unternehmen beteiligen wollen.

Gesellschaft mit beschränkter Haftung

Hier ist der Name Programm. Die Gesellschaft mit beschränkter Haftung (GmbH) ist die risikoärmste Gesellschaftsform. Mehrere Gesellschafter schließen sich zusammen und bestimmen einen Geschäftsführer, der das Sagen hat. Für eine GmbH muss man aber ein bestimmtes Startkapital mitbringen. Mindestens 25.000 € werden für die Einlage benötigt (Stammkapital). Alle Gesellschafter haften Geschäftspartnern gegenüber nur in Höhe der Einlage, nicht mit dem Privatvermögen.

Das Gründungsprozedere ist ziemlich aufwändig. Und auch die Haftungsbeschränkung hat ihre Tücken. Denn Geschäftspartner und Geldgeber kennen die Haftungsbeschränkung natürlich auch. Bei der Kreditvergabe verlangen Banken in der Regel auch private Sicherheiten, sobald das Volumen über 25.000 € hinausgeht.

Aktiengesellschaft

Auch die Aktiengesellschaft (AG) ist eine Gesellschaft, deren Gesellschafter (Aktionäre) mit Kapitaleinlagen (Aktien) beteiligt sind, ohne persönlich für die Verbindlichkeiten der Gesellschaft zu haften. Lediglich die AG haftet mit ihrem Gesellschaftsvermögen. Die Rechtsform der AG wird in Deutschland hauptsächlich für Großunternehmen gewählt; dies liegt daran, dass Formalitäten und Kosten bei ihrer Gründung erheblich sind; ihre Zahl ist daher gering, ihre wirtschaftliche Bedeutung in der gewerblichen Wirtschaft aber sehr groß. Nach dem Aktiengesetz beträgt der Mindestnennbetrag des Grundkapitals der AG 50.000 €.

focus.msn.de/D/DB/DB4/DBY15/DBY15D/dby15d.htm, (6.5.2004, bearbeitet)

Die Google-Gründer Larry Page und Sergej Brin gingen 2004 mit ihrem Unternehmen an die Börse. Sie erlösten damit 3,5 Milliarden Dollar für ihr Unternehmen.

▶M12 Unternehmen in Deutschland nach Rechtsform

Rechtsform	Anzahl	zu versteuernder Umsatz in Mrd. €
Aktiengesellschaft	7.165	859,34
Gesellschaft mit beschränkter Haftung (GmbH)	451.414	1.395,10
Kommanditgesellschaft (KG)	112.671	1.004,70
Offene Handelsgesellschaft (OHG)	260.046	236,26
Einzelunternehmen	2.029.784	483,45
sonstige	54.402	269,24
gesamt	**2.915.482**	**4.248,09**

Erich Schmidt Verlag, Zahlenbilder 227 020, Stand: 2003

▶M13 Personen- und Kapitalgesellschaften

Was hier (s. Kasten) wie ein ziemlich absurder Spruch klingt, ist im Bereich der Rechtsformen tatsächlich möglich: Es ist vorgesehen, dass der Unternehmer als „natürliche Person“ durch die Gründung einer Kapitalgesellschaft eine weitere – „juristische“ – Person erschafft, nämlich eine GmbH oder eine AG. Die Personengesellschaften (OHG und KG) sowie die Einzelunternehmung haben keine eigene Rechtspersönlichkeit. Die Gründer handeln unter ihrer eigenen Rechtspersönlichkeit („Das Unternehmen bin ich“), deshalb heißen sie **„Personengesellschaften“**.

„Wenn ich ein Schwan wäre, könnte ich fliegen. Wenn ich zwei Schwäne wäre, könnte ich hinter mir herfliegen. Wenn ich drei Schwäne wäre, könnte ich zusehen, wie ich hinter mir herfliege.“

Zeichnung: Benno Bauer

Bei der Gründung einer Kapitalgesellschaft tritt z. B. die GmbH als unabhängige Rechtsperson („juristische Person“) neben den Gründer. Sie kann z. B. verklagt werden, sie kann – vertreten durch natürliche Personen – Verträge abschließen und haftet als Rechtspersönlichkeit. Es ist beispielsweise auch möglich, eine „Ein-Mann-GmbH“ zu gründen. Der Gründer kann dann als Geschäftsführer bei seiner eigenen GmbH beschäftigt sein. Die Gesellschaft definiert sich durch ihr Kapital, nicht durch die Personen, die ihr angehören, deshalb heißt sie **„Kapitalgesellschaft“**.

Autorentext

▶Aufgaben

1. Beschreibe das zentrale Problem des Junior-Unternehmens in dieser Phase der Unternehmensgründung (M10, M11).
2. Stelle die Möglichkeiten der Haftungsbeschränkung bei den unterschiedlichen Rechtsformen in einer Übersicht dar (M11).
3. Erstelle aus den Zahlen (M12) eine Grafik, aus der die Bedeutung der Rechtsformen nach Anzahl und Umsatz deutlich wird.
4. Erläutere die Begriffe Personengesellschaft und Kapitalgesellschaft (M13).

3.1.3 Entscheidungsfindung im Management am Beispiel der Standortwahl

M14 I Love Germany

Amerikanische Unternehmer loben den Standort Deutschland – und finden sogar an seinen Schwächen Gefallen.

Jeffrey Immelt, General Electric

Die Botschaft, die Jeffrey Immelt, Chef des amerikanischen Mischkonzerns General Electric (GE), kürzlich bei der Eröffnung seines neuen Forschungszentrums in Garching bei München ablieferte, war ... unschlagbar positiv: „Deutschland liegt jetzt im Zentrum des künftigen Europas. Deshalb sind wir mit unserer Investition von 52 Millionen Dollar hierher gegangen. Und das war ein erster Schritt, es wird nicht der letzte sein." Folgende Gründe sprechen seiner Meinung nach für den Standort Deutschland:

Marktzugang: General Electric hat sich auf der Suche nach dem Standort für sein viertes globales Forschungszentrum nach New York, Shanghai und dem indischen Bangalore in ganz Europa umgesehen. Dafür, dass die Entscheidung zugunsten des bayerischen Garching fiel, nennt Chairman Jeffrey Immelt einen simplen Grund: „Wir müssen da groß sein, wo unsere Kunden groß sind – Kunden wie Lufthansa oder BMW." Deutschland ist immer noch ein führendes Industrieland, neuerdings an vorderster Front zum ökonomisch keimenden Osteuropa. Wer sich über Lieferbeziehungen mit hiesigen Spitzenunternehmen austauscht, sichert sich Zugang zu alten und neuen Märkten und zum technischen Fortschritt.

Grundlagenforschung: „Mit unserem Forschungszentrum in Garching sitzen wir in unmittelbarer Nähe zur Technischen Universität München. Wir sehen hier die absolut neuesten Trends zum Beispiel bei der Nutzung erneuerbarer Energien." Sein deutscher Statthalter Thomas Limberger pflichtet Jeffrey Immelt bei: „Und weil wir ein amerikanisches Unternehmen sind, mit einer sehr flachen Hierarchie, sind wir einfach schneller in der Umsetzung als unsere deutsche Konkurrenz."

Faktor Arbeit: Aber nicht nur die Qualität der deutschen Forscher lockt US-Investoren an, die Amerikaner schätzen auch das Können und den Ausbildungsstand deutscher Facharbeiter. „Wenn es um reine Massenfertigung geht, wo der Faktor Lohnkosten eine entscheidende Rolle spielt, ist Deutschland nicht der ideale Standort. Da wandert viel nach Asien oder Osteuropa ab", sagt GE-Mann Thomas Limberger: „Aber wenn es sich um High-Tech-Fertigung dreht, gehört Deutschland zur Spitze. Das wird auch in Zukunft so bleiben."

Reformfreude: Schließlich nennen US-Manager in Deutschland noch ein überraschendes Argument. Es lautet: Deutschland ist Reformland. „Die Reformen werden im Ausland wahrgenommen", sagt Dieter Heuskel von der Boston Consulting Group, einer internationalen Unternehmensberatung, und fügt hinzu: „Und vermutlich werden sie dort sogar überbewertet." Jörg Menno Harms von Hewlett Packard sagt: „Natürlich ist das Steuersystem immer noch ein Problem. Vor allem die Tatsache, dass es sich dauernd ändert. Aber grundsätzlich muss man sagen, dass sich die steuerliche Situation für Unternehmen doch gebessert hat."
Bei General Electric, AMD und Amazon sind die Manager vor allem von der deutschen Bürokratie begeistert, weil sie zuverlässig, unkompliziert und schnell arbeite. Alle drei Unternehmen haben ihre Neubauten in Rekordzeit hochgezogen. Amazon etwa brauchte gerade einmal zehn Monate vom ersten Kontakt mit der Stadtverwaltung Bad Hersfeld bis zur Schlüsselübergabe im neuen Logistikzentrum.

Wolfgang Gehrmann, Die Zeit, 8.7.2004 (bearbeitet)

M15 Aspekte der Standortentscheidung

Standort: Was für die Unternehmen zählt

Auf einer Skala von 1 = sehr wichtig bis 5 = eher unwichtig bewerteten die befragten Wirtschaftsförderungsgesellschaften diese Standortfaktoren für Unternehmen im Schnitt wie folgt

Kosten	
Arbeitskosten	1,7
Gewerbemieten	2,2
Grundstückspreise	2,3
Baukosten	2,6
Ver- und Entsorgungsgebühren	2,7
Höhe des Gewerbesteuerhebesatzes	2,8
Abgabenpolitik der Gemeinde	2,8
Infrastruktur	
Ausbau und Erhalt des Straßennetzes	1,5
Verfügbarkeit von Gewerbeflächen	1,7
Parkraum für Kunden- und Lieferverkehr	2,2
Überregionale Verkehrsanbindung	
– Luft	2,3
– Schiene	2,5
– Wasser	3,4
Öffentliches Personennahverkehrsnetz	2,6

Agglomerationsfaktoren	
Nähe zu Absatzmärkten/Kunden	1,7
Nähe zu Beschaffungsmärkten/ Zulieferern	2,0
Nähe zu Dienstleistern (z.B. Handwerker)	2,2
Aus- und Weiterbildungsangebot, Humankapital	
Verfügbarkeit von qualifizierten Arbeitskräften	1,3
Hochschulen und Forschungseinrichtungen	2,1
Ausstattung mit Schulen/Berufsschulen	2,3
Weiterbildungsangebote	2,5
Standortattraktivität für Mitarbeiter	
Wohnraumangebot	2,3
Naherholungsgebiete, landschaftliche Attraktivität	2,5
Kulturelles Angebot	2,6
Günstige Wohnungsmieten	2,6
Kooperation mit Behörden	
Zusammenarbeit zwischen Unternehmen und Behörden aller Ebenen	1,6
Wirtschaftsförderung	1,8
Standortmarketing	2,2
Nähe zu öffentlichen Einrichtungen	2,6

Quelle: Befragung von 103 Wirtschaftsförderungsgesellschaften durch die Institut der deutschen Wirtschaft Köln Consult im Mai 2003 Institut der deutschen Wirtschaft Köln

Lohnstückkosten international: Standortnachteil für Deutschland

im Verarbeitenden Gewerbe im Jahr 2005, Deutschland = 100

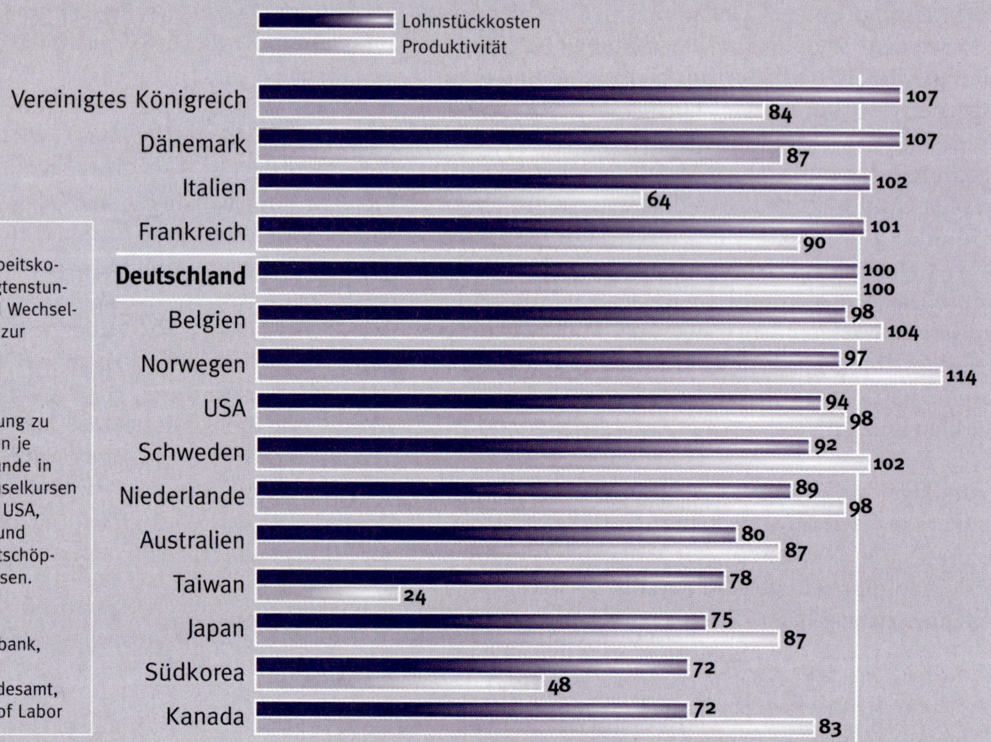

Lohnstückkosten: Verhältnis von Arbeitskosten je Beschäftigtenstunde in Preisen und Wechselkursen von 2005 zur Produktivität.

Produktivität: Bruttowertschöpfung zu Herstellungskosten je Erwerbstätigenstunde in Preisen und Wechselkursen von 2005, in den USA, Japan, Südkorea und Taiwan Bruttowertschöpfung zu Marktpreisen.

Ursprungsdaten: Deutsche Bundesbank, OECD, Statistisches Bundesamt, U.S. Department of Labor

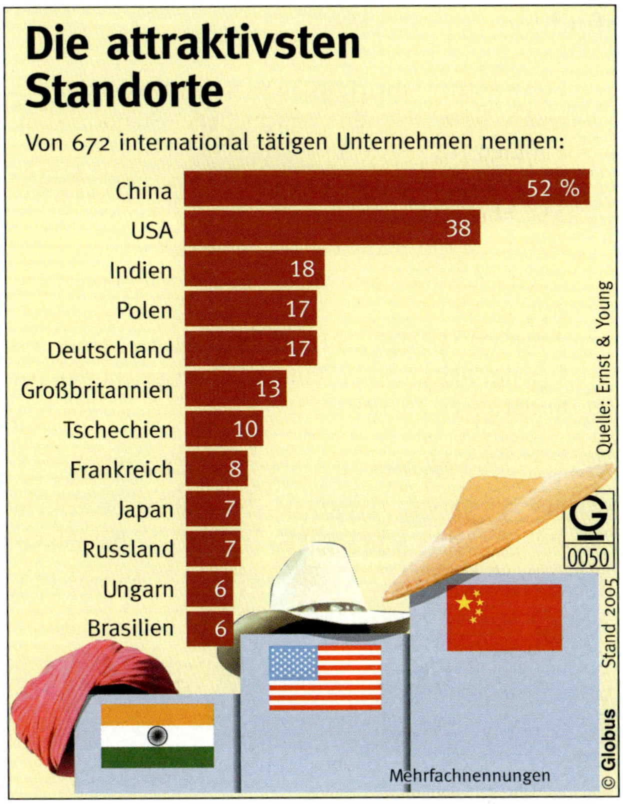

China ist der attraktivste Wirtschaftsstandort der Welt. Diese Ansicht vertritt mehr als die Hälfte der 672 international tätigen Unternehmen, die im Frühjahr 2005 von der Beraterfirma Ernst & Young interviewt worden waren. Auf dem zweiten Platz liegen die USA, gefolgt von Indien und Polen. Deutschland erreicht mit 17 Prozent Zustimmung den fünften Rang und ist damit der gefragteste Standort in Westeuropa. Die Vorteile der Bundesrepublik sind aus der Sicht der befragten Manager: hervorragende Telekommunikationssysteme, hohe Qualifikation der Arbeitnehmer, guter Ausbau der Verkehrs- und Transportwege. Als Nummer vier nennen die Befragten die bemerkenswerte Lebensqualität am Standort Deutschland.

Globus-Infografik, 15.7.2005

▶M16 Standortfaktoren im Überblick

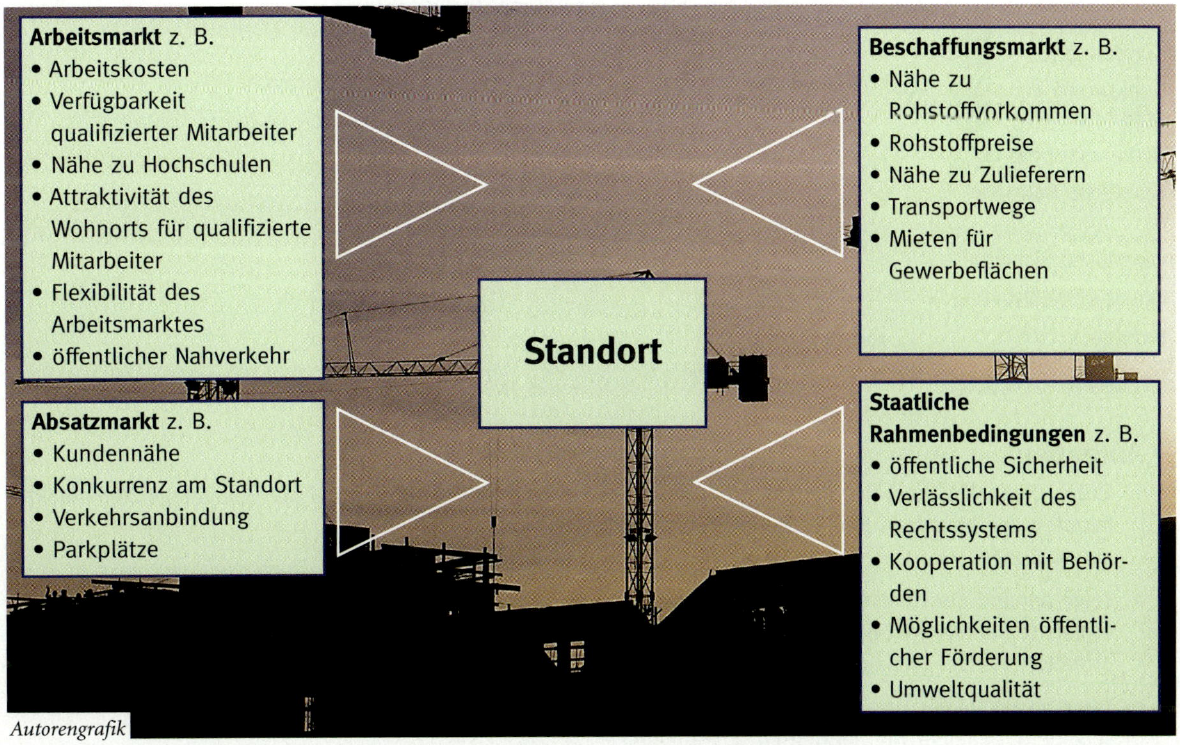

Autorengrafik

▶M17 Methoden rationaler Entscheidungsfindung

Die Entscheidung über den richtigen Unternehmensstandort hat noch weitreichendere Folgen als die Entscheidungen beim Konsum oder bei der Geldanlage. Um eine rationale Entscheidung bei der Auswahl zwischen mehreren Standorten zu ermöglichen, kann die Anwendung einer Entscheidungsmatrix sinnvoll sein (vgl. S. 8f.). In der Tabelle ist dazu eine Auswahl von Standortfaktoren vorgegeben.
Gewichte in der Tabelle zunächst die Standortfaktoren für das betreffende Unternehmen nach ihrer relativen Bedeutung in Prozent, z. B.:
5 % = relativ unwichtig, 30 % = relativ wichtig.
Dann bewertest du verschiedene Standorte mit Punkten:
1 = sehr schlecht bis 10 = sehr gut.
Anschließend multiplizierst du die Bewertung der Standorte mit den Gewichtungen der Faktoren und trägst die Zahl in die Spalte „gewichtete Bewertung" ein.
Zum Schluss addierst du die Punkte jedes Standortes. Der mit der höchsten Punktzahl entspricht den Anforderungen am besten.

		Standort A		Standort B		Standort C	
Standortfaktoren	Gewichtung	Bewertung	Gewichtete Bewertung	Bewertung	Gewichtete Bewertung	Bewertung	Gewichtete Bewertung
Arbeitsmarkt							
Arbeitskosten							
Qualifikation							
Verkehrsanbindung							
Beschaffungsmarkt							
Nähe Rohstoffvorkommen							
Nähe Zulieferer							
Transportwege							
Absatzmarkt							
Kundennähe							
Konkurrenz am Standort							
Verkehrsanbindung							
Staatliche Rahmenbedingungen							
Öffentliche Sicherheit							
Öffentliche Förderung							
Summe	**100 %**						
Rangstelle							

Autorentext

▶Aufgaben

1. Ordne die in M14 und M15 genannten Standortfaktoren den einzelnen Bereichen der Übersicht aus M18 zu.
2. Zeige anhand der Übersicht aus M16 inwieweit schlechte Standortfaktoren durch andere Standortfaktoren ausgeglichen werden können.
3. Zeige an Beispielen, dass bei der Standortentscheidung genauso wie bei den Entscheidungen beim Konsum und bei der Geldanlage Zielkonflikte entstehen.
4. Wende auf die Standortentscheidung eines in Kapitel 3.1 genannten Unternehmens die Entscheidungsmatrix aus M17 an. Präsentiere Gewichtung und Bewertung mit einer geeigneten grafischen Darstellung vor der Klasse.

Entscheidungen bei der Gründung eines Unternehmens

Die Rolle von Unternehmern in Wirtschaft und Gesellschaft
M3

Die Bedeutung von Unternehmen in der Wirtschaft werden teilweise schon in Kapitel 1 aufgezeigt: **Unternehmen** erstellen Waren und Dienstleistungen für den Konsum der Haushalte und sie beschäftigen Arbeitnehmer – damit sind sie eine wichtige Quelle für das Einkommen der Haushalte. Unternehmerinnen und Unternehmer setzen **Innovationen** auf dem Markt um. Sie sind deshalb eine wichtige Triebfeder der wirtschaftlichen und gesellschaftlichen Innovation. Sie übernehmen außerdem die Aufgabe der Kapitalbeschaffung, aber auch das **Risiko** des Kapitalverlustes. Motiviert durch das Gewinnstreben handeln sie nach dem ökonomischen Prinzip und versuchen die Effizienz der Produktion zu steigern. Dabei werden einerseits Arbeitsplätze geschaffen (z. B. bei Ausweitung der Produktion) andererseits auch vernichtet (z. B. durch Rationalisierung infolge des technischen Fortschritts). Insgesamt jedoch werden die Wirtschaftlichkeit der Leistungserstellung und damit der gesellschaftliche **Wohlstand** gesteigert.

Wahl der Geschäftsidee – Chancen und Risiken

Die richtige Geschäftsidee ist wesentliche Voraussetzung der erfolgreichen Unternehmensgründung. Unternehmensgründer sollten sich überlegen, ob ihr Produkt überhaupt benötigt wird und die erforderliche Kaufkraft vorhanden ist (**Marktvolumen**) und ob dieses Produkt bisher von wenigen oder keinen Mitbewerbern angeboten wird (**Marktlücke**). Außerdem sollte sichergestellt werden, ob der **Finanzierungsbedarf** mit den gegebenen Kapitalquellen gedeckt werden kann. Nicht zuletzt sollten die erforderlichen **technischen und kaufmännischen Qualifikationen** gegeben sein.

Gründungsvoraussetzungen
M7

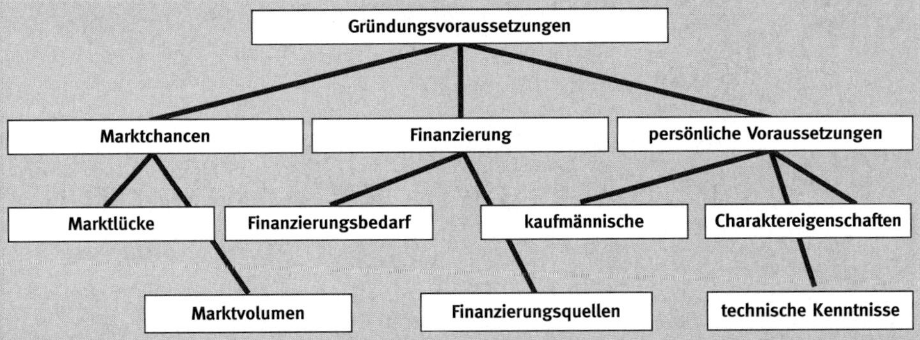

Haftungsbeschränkung durch Wahl der Rechtsform
M11, M13

Die Haftung lässt sich durch Gründung einer **Kapitalgesellschaft** (GmbH und AG) erheblich einschränken. Bei der Kapitalgesellschaft haften nicht mehr die Mitglieder persönlich, sondern nur noch die juristische Person der Gesellschaft mit ihrem jeweiligen Kapital. Bei den **Personengesellschaften** (OHG, KG) lässt sich die Haftung kaum einschränken, allerdings ist der Gründungsaufwand geringer und die Gesellschaft – bedingt durch die uneingeschränkte Haftung der Gründer – unter Umständen kreditwürdiger.

3 Zusammenfassung

Rechtsform	Haftung
Einzelunternehmen	persönlich und unbeschränkt
OHG	alle Teilhaber persönlich und unbeschränkt
KG	Komplementäre: wie OHG Kommanditisten: nur mit Einlagen
GmbH	Gesellschafter nur mit der Einlage
AG	Gesellschafter nur mit der Einlage

Standortwahl
M16, M17

Besonders deutlich werden die möglichen Zielkonflikte der unternehmerischen Entscheidung bei der Standortwahl. Es müssen nicht nur sehr unterschiedliche **Standortfaktoren** erörtert werden (z. B. Kundennähe, Mieten, Lohnkosten und Qualifikation, Infrastruktur), die Standortfaktoren haben auch unterschiedlich hohe Bedeutung für ein Unternehmen.

In einer **Entscheidungsmatrix** werden die verschiedenen Standortfaktoren daher **gewichtet** (z. B. hätte die Kundennähe im Einzelhandel ein besonders hohes Gewicht, der Zugang zu Rohstoffen ein nur sehr geringes).

3.2 Typische Geschäftsprozesse im Unternehmen

3.2.1 Arbeitsteilung und Wirtschaftlichkeitsprinzip im Unternehmen

▶M1 Schülerunternehmen Junior: Erstellen des Organisationsplanes

Leila: Ich begrüße das Rentertainment-Team zur 3. Plenumssitzung. Erster wichtiger Tagungsordnungspunkt: Erstellen eines Organisationsplans.

Benedikt: „Team“ – Abkürzung für „Toll, ein anderer macht´s.“

Leila: Genau, darum brauchen wir auch einen Organisationsplan. Damit die Aufgaben klar verteilt sind und wir uns die Arbeit sinnvoll aufteilen. Serpil, du bist der Verwaltungsvorstand; für solche organisatorischen Dinge bist du zuständig.

Serpil: Also, im Handbuch ist eine Übersicht der wichtigsten Funktionsbereiche eines Unternehmens, schaut euch das mal an:

Funktionsbereiche des Unternehmens

Eine traditionelle Art der Strukturierung ist die Einteilung in Funktionsbereiche. Diese Einteilung eignet sich besonders für Industriebetriebe:

David: Wieso „Produktion“? Wir sind doch ein Dienstleister, wir produzieren doch nichts.

Christian: Natürlich produzieren wir: Wir produzieren eben unsere „Events“.

Katharina: Aber das lässt sich doch nicht unbedingt vom Marketing trennen. Die Leute, die einen neuen Kunden an Land gezogen haben, werden ihm doch auch seinen persönlichen Event organisieren. Die sprechen doch zuerst mit dem: Was findet das Opfer des Streichs lustig, was nicht? Was sind die örtlichen Rahmenbedingungen? Welche Materialien werden benötigt?

Leila: Stopp, also da fängt meiner Meinung nach schon der Aufgabenbereich der „Produktion“ an. Die müssen sich halt mit dem Marketing gut absprechen.

Katharina: Vielleicht brauchen wir jemanden, der bei jedem Auftrag die Kommunikation zwischen Marketing und Produktion herstellt; so eine Art Projektmanagerin.

Christian: Also, ich fasse einmal den Ablauf eines typischen Auftrags zusammen: Zuerst versuchen wir Kunden zu werben – auf welchem Weg auch immer. Wenn dann ein Auftrag kommt, muss mit dem Kunden besprochen werden, was er genau wünscht. Dann müssen wir intern den Event planen und durchführen.

Katharina: Du hast die finanzielle Seite vergessen: wenn Materialien für den Event eingekauft werden, muss Geld von der Bank abgehoben werden, Löhne müssen gezahlt, Rechnungen geschrieben werden, die dann hoffentlich auch bezahlt werden; und damit wir die Übersicht nicht verlieren, muss alles in der Buchführung festgehalten werden.

Benjamin: Ganz schön kompliziert. Wir wollten doch vor allem Spaß haben.

Leila: Arbeitsteilung hat eben auch immer was mit Koordination und Organisation zu tun.

Serpil: Ich sehe schon: Wir müssen uns mit den Verwaltungsleuten erst mal zusammensetzen und einen Vorschlag für unsere Organisationsstruktur erarbeiten.

Autorentext

Infobox

Geschäftsprozesse
Christian und Katharina beschreiben mit der Auftragsabwicklung von Rentertainment einen typischen *Geschäftsprozess*. Geschäftsprozesse sind Ereignisketten im Unternehmen, die mehrere Funktionsbereiche (z. B. Marketing, Produktion) betreffen. Jedes Ereignis (z. B. Zahlungseingang) bewirkt Informationen (z. B. Rechnung), die weitere Ereignisse anstoßen (z. B. Verbuchung des Zahlungseingangs im Rechnungswesen, Einzahlen des Betrags bei der Bank). Aufgabe der Organisation ist es, einen möglichst störungsfreien Informationsfluss zwischen den Funktionsbereichen zu gewährleisten.

Autorentext

Aufgaben

1. Erstelle eine sinnvolle Organisationsstruktur für das Schülerunternehmen Rentertainment. Orientiere dich dabei an den angegebenen Funktionsbereichen (M1).
2. Diskutiere, welche Abteilung für das Unternehmen am wichtigsten ist. Welche Abteilung sollte die meisten Mitarbeiter haben?
3. Stelle den von Christian und Katharina in M1 beschriebenen Geschäftsprozess grafisch dar. Unterscheide dabei Ereignisse, Informationen und die betroffenen Funktionsbereiche bzw. organisatorischen Einheiten.

M2 Produktion und Produktionsfaktoren

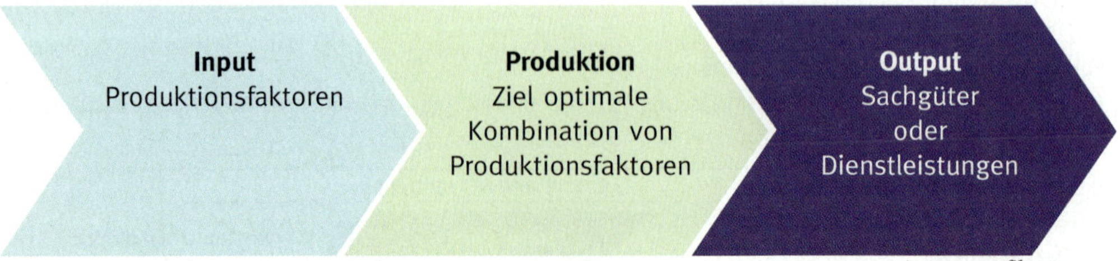

Autorengrafik

Einteilung von Produktionsfaktoren:

a) volkswirtschaftliche Einteilung			b) betriebswirtschaftliche Einteilung		
• Arbeit, Wissen („know-how“)	• Kapital, z. B. Maschinen, Patente	• Boden, „Natur“, z. B. Rohstoffe, Energie, Grundstücke	• Betriebsmittel, die im Umsatzprozess genutzt werden, ohne mit ihrer Substanz Eingang in die hergestellten Erzeugnisse zu finden (z. B. Maschinen, Gebäude)	• Werkstoffe wie Roh-, Hilfs- und Betriebsstoffe, Halb- und Fertigfabrikate, die als Bestandteil in die hergestellten Erzeugnisse eingehen	• Arbeitsleistungen, d.h. die von Menschen im Unternehmen zu erbringenden Leistungen • Informationen, die für ein zielgerichtetes wirtschaftliches Handeln notwendig sind (z. B. Daten über die Bedürfnisse der Konsumenten)
Wenn eine Computerfirma eine neue Software herstellt, setzt sie dabei Programmierer-Arbeitszeit (Arbeit) ein, Grundstücksfläche für das Gebäude (Boden) sowie das Bürogebäude und die Computer- und sonstige Ausrüstung (Kapital).					
N. Gregory Mankiw, Grundzüge der Volkswirtschaftslehre, Stuttgart 2003, S. 414			*Jean-Paul Thommen, Allgemeine Betriebswirtschaftslehre, Wiesbaden, 2001, Gabler Verlag, S. 39*		

▶M3 Das Wirtschaftlichkeitsprinzip bei der Produktion

Zielgerichtetes Handeln des Unternehmens erfolgt entweder nach dem …

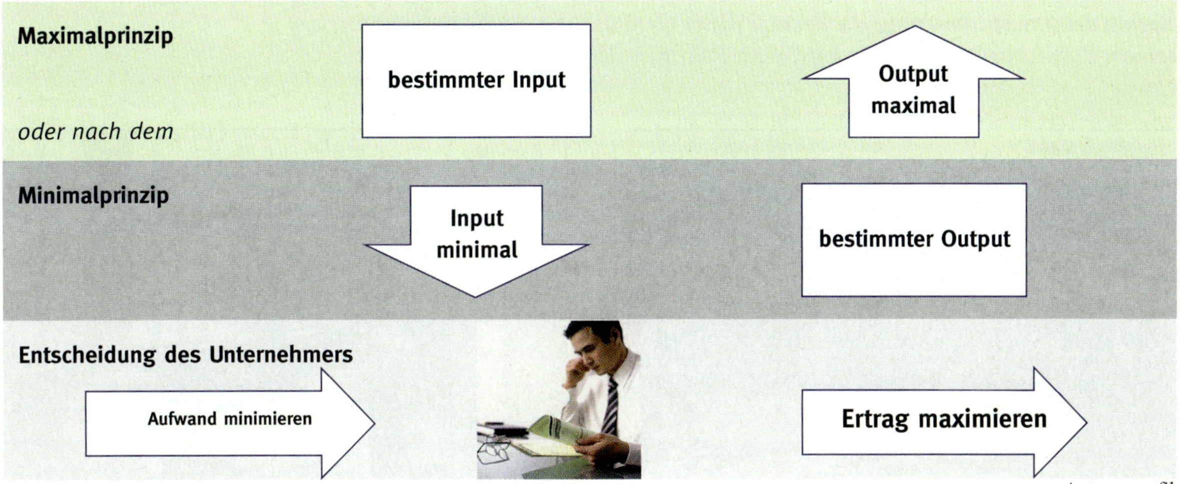

Autorengrafik

▶M4 Die Ursprünge der Arbeitsteilung

Wichtigstes Mittel, um knappe Produktionsfaktoren wirtschaftlich einzusetzen, d. h. mit möglichst wenig Input hohen Output zu erzielen, ist die Arbeitsteilung. Die Ursprünge der Arbeitsteilung liegen wohl schon in der Zeit, als aus umherziehenden Jägern und Sammlern sesshafte Hirten und Bauern wurden:

Die höheren Erträge aus Ackerbau und Viehzucht erlaubten es den Bauern und Hirtenvölkern, nicht nur ein sichereres Leben zu führen. Sie hatten nun die Möglichkeit, sich auf bestimmte Tätigkeiten zu spezialisieren. Die einen gingen weiter auf die Jagd, die anderen bestellten die Felder, die dritten hüteten das Vieh. Erste Berufe bildeten sich heraus: Hirten, Bauern, Jäger, vielleicht schon Zimmerleute und Fischer. Die Erfindung der Arbeitsteilung erhöhte den Wohlstand weiter. Wie das funktioniert, hat bereits der griechische Philosoph Xenophon (430 – 355 v. Chr.) beschrieben:
„Nun ist es aber unmöglich, dass ein Mensch, der vieles macht, alles gut macht. Es ist aber zwingend, dass der, der auf einem kleinen Gebiet arbeitet, seine Arbeit am besten kann."
Xenophon hat ein Buch über den Betrieb eines Landgutes (griechisch: oikos) verfasst, das den Titel „Oikonomeia" trägt, worauf der moderne Begriff Ökonomie als Bezeichnung für die Wirtschaft zurückzuführen ist. Indem Arbeitsteilung Wohlstand schafft, sorgt sie auch für Streit und Missgunst. Sobald nämlich nicht mehr alle das Gleiche machen, merkt man die Unterschiede zwischen den Einzelnen viel deutlicher. Wenn es insgesamt mehr zu verteilen gibt, dann hat es viel größere Auswirkungen, ob jemand tüchtig ist oder faul, tollpatschig oder geschickt, sanftmütig oder brutal. Nicht nur Fleiß und Geschick bringen einen größeren Ertrag als früher, sondern auch Betrug, Habgier und Herrschsucht.
Weil der Ertrag der Arbeit stieg, konnte man einzelne Menschen sogar mit Tätigkeiten beschäftigen, die überhaupt nichts mit dem nackten Überleben zu tun hatten: Künstler zum Beispiel, Sterndeuter und Priester, aber auch Könige, Diener und Soldaten. Durch die Erfindung der Arbeitsteilung wurden Kultur, Wissenschaft und Kunst überhaupt erst möglich – aber eben auch Herrschaft und Unterdrückung. Hier zeigt sich das Doppelgesicht des Fortschritts: Die Menschen lernen Methoden, um ihr Leben leichter und schöner zu machen, und manche nutzen diese Methoden dann gegen andere Menschen.

Nikolaus Piper, Geschichte der Wirtschaft, Weinheim 2002, S. 20 f.

M5 Adam Smith über die Vorzüge der Arbeitsteilung

Ein wesentliches Mittel zur Verwirklichung des Wirtschaftlichkeitsprinzips bei der Produktion ist die Arbeitsteilung. Der britische Nationalökonom Adam Smith hat schon 1776, zu Beginn der Industrialisierung, die Vorzüge dieser Organisation von Fertigungsprozessen in seinem Buch „The Wealth of Nations“ (Der Reichtum der Nationen) geschildert.

Bernard Canavan, Economists for Beginners, Writers and Readers, Publishing Cooperative Limited, London 1982, S. 19 f.

„Um als Beispiel die Stecknadelfertigung zu nehmen: ... der eine Arbeiter zieht Draht, der andere streckt ihn, ein vierter spitzt ihn zu, ein fünfter schleift das obere Ende, damit der Kopf aufgesetzt werden kann ... und die wichtige Fertigung von Stecknadeln wird so in ungefähr 18 verschiedene Arbeitsschritte aufgeteilt.
Was ist nun der Vorteil, wenn man all diese Arbeiter so eine einfache Aufgabe erledigen lässt?
Erstens die größere Geschicklichkeit jedes einzelnen Arbeiters; zweitens die Ersparnis der Zeit, die gewöhnlich beim Wechsel von einer Tätigkeit zur anderen verloren geht und zuletzt die Erfindung einer Reihe von Maschinen, welche die Arbeit erleichtern, die Arbeitszeit verkürzen und den einzelnen in den Stand versetzen, die Arbeit vieler zu tun.“

Aufgaben

1. Überlege, ob und gegebenenfalls wie sich die Bedeutung der volkswirtschaftlichen Produktionsfaktoren im Verlauf der Geschichte verändert hat (M2).
2. Erkläre, warum die Arbeitsteilung die Wirtschaftlichkeit des menschlichen Handelns wesentlich verbessert (M3, M4, M5).
3. Erläutere, warum arbeitsteilige Produktion zur Berufsbildung führt (M4, M5).
4. Fasse die gesellschaftlichen Auswirkungen der Arbeitsteilung zusammen (M4, M5).

3.2.2 Entscheidungen bei Beschaffung und Produktion

Hinweis: Es kann wahlweise Abschnitt 3.2.2 oder 3.2.3 bearbeitet werden.

▶M6 Organisation des Fertigungsprozesses in der Automobilproduktion

Die Automobilproduktion beginnt im Presswerk mit riesigen Rollen aus Stahl- oder Aluminiumblech. Sogenannte Coilanlagen schneiden aus den bis zu 35 Tonnen schweren Blechrollen zunächst Blechplatinen aus. Anschließend werden die Platinen in bis zu 90 Meter langen Pressenstraßen überwiegend vollautomatisch weiterverarbeitet. Je nachdem wie vielfältig das Bauteil ist, erfolgt dies in drei bis sieben hintereinander geschalteten Bearbeitungsstufen.

Das Presswerk in Dingolfing mit seinen rund 1.800 Mitarbeitern verarbeitet täglich mehr als 1.500 Tonnen Stahl- und Aluminiumblech. Tag für Tag werden dort rund 1.700.000 Einzelteile wie Dächer, Türen, Seitenrahmen, Motorhauben oder Heckklappen für die verschiedenen Automodelle hergestellt.

Im Karosserie-Rohbau werden schrittweise mehrere hundert Blechteile, die aus dem Presswerk kommen, zu einer Karosserie zusammengefügt. Dabei kommen, je nach Werkstoff, neben dem Punktschweißen auch Schweißtechnologien wie das Laserschweißen sowie Fügetechniken wie Nieten und Kleben zum Einsatz. An manchen Stellen wird auch gelötet. Weil die Rohkarosserien maßgenau, leicht, steif, dicht, korrosionsbeständig und lackierfähig sein müssen, bedient sich der Karosserie-Rohbau modernster Logistik-, Anlagen- und Robotertechniken. Mehr als 97 Prozent aller Schweißpunkte werden von Industrierobotern gesetzt.

Flexible Messroboter überprüfen in der laufenden Produktion die Maßgenauigkeit jeder Karosserie. Schon bei den geringsten Abweichungen von den Idealdaten wird korrigierend eingegriffen.

Im Karosserie-Rohbau Dingolfing vervollständigen weit mehr als 700 Industrieroboter Schritt für Schritt an über 150 Stationen die Rohkarosserien der 5er, 6er und 7er Baureihen. Dabei werden die rund 500 Einzelteile aus Aluminium- und Stahlblech einer Rohkarosserie zunächst zu kleineren Baugruppen wie Türen, Vorderbau oder Bodengruppe verbunden. Erst dann werden diese miteinander verschweißt, verklebt oder verschraubt. Allein bei einem BMW der 7er Baureihe sind 6.130 Schweißpunkte zu setzen, 150 laufende Meter Klebstoff aufzutragen und fünf Meter Laserschweißnaht zu ziehen.

Die Grundvarianten sind so konstruiert, dass sie später in der Montage alle Ausstattungswünsche der Kunden „aufnehmen" können. Das heißt, dass alle notwendigen Befestigungspunkte für z. B. Sonderausstattungen wie ein Navigationssystem bereits vorhanden sind. Rein rechnerisch kann der Kunde eines BMW 7er aus 1.017 Kombinationsmöglichkeiten sein individuelles Fahrzeug bestellen.

Der letzte Kernbereich einer Automobilfertigung ist die Montage. Dort arbeiten die meisten Mitarbeiter und komplettieren das Fahrzeug nach Kundenwunsch. Die lackierten Karosserien werden jetzt einem Kundenauftrag mit Fahrgestellnummer zugewiesen. Ein Großteil der bis zu 20.000 Teile und Komponenten, aus denen ein Automobil besteht, wird in der Vormontage zu fertigen Baugruppen wie Antriebsstrang oder Türen zusammengebaut und sekundengenau ans Band der Montage geliefert. Hier versieht man die lackierten Karosserien mit allen vom Kunden gewünschten Ausstattungen und Anbauteilen. Trotz modernster Anlagetechnik erfordert die Montage viel Handarbeit und großen Personaleinsatz. Die Mitarbeiter begleiten die werdenden Automobile auf Mitfahrbändern über mehrere Arbeitsschritte. Sie sind in kleinen Gruppen mit hoher Eigenverantwortung und klaren Zielvorgaben organisiert, wobei Zusammenhalt und Verantwortung im Team die Basis der Arbeitsstrukturen sind.

Bei der sogenannten „Hochzeit" wird die Antriebseinheit aus Motor, Getriebe, Achsen und Abgasanlage eingebaut. Diese Verbindung von Karosserie und Antriebsstrang ist die eigentliche Geburtsstunde des Fahrzeugs. In der Endmontage stehen die Fahrzeuge auf eigenen Rädern. Letzte Teile und Verkleidungen werden montiert, Flüssigkeiten eingefüllt und erstmals der Motor gestartet.

Im letzten Endmontageabschnitt, dem Finish, werden an verschiedenen Prüf- und Messständen Funktions-Checks und Feineinstellungen für den Kunden vorgenommen. Nach der abschließenden Beurteilung und dem letzten optischen Feinschliff wird das neue Automobil für den Transport zum Kunden vorbereitet und zur Auslieferung bereitgestellt.

BMW AG in Zusammenarbeit mit dem ISB München, Faszination Automobilbau, fächerübergreifende Unterrichtsmappe für die 7. bis 10. Jahrgangsstufe, Neuried 2004, S. 20 ff.

Aufgaben

1. Stelle die Prozesse bei der Automobilproduktion grafisch dar (M6).
2. Bei welchen Fertigungsschritten wird der Produktionsfaktor Arbeit benötigt? In welchem Ausmaß? Begründe deine Antwort (M6).

M7 Geschäftsprozesse bei der Beschaffung: Logistik und „Just-in-time"-Produktion

Das weltweite Produktionsnetzwerk der BMW Group erfordert eine ausgefeilte Logistik, die einen ungestörten Materialfluss und Produktionsablauf garantiert. Alle Teile und Komponenten müssen sekundengenau am Montageband eintreffen. Das ist nur möglich, wenn alle am Fertigungsprozess Beteiligten in das Produktionsnetzwerk integriert, d. h. eingebunden, sind. Die Logistik sorgt dafür, dass nach dem Auftragseingang in der Produktion rechtzeitig ein Fertigungsauftrag an die Komponentenwerke der BMW Group oder externe Partner aus der Zulieferindustrie erteilt wird.

Die Teile oder Module treffen per Lkw und Bahn in den Werken ein. Vor der Anlieferung an die Montagebänder werden sie zum Teil in Versorgungszentren auf dem Werksgelände vormontiert und dann über automatisierte Förderanlagen an die Bänder geliefert. Um die Kosten für Lagerbestände gering zu halten, treffen Lieferungen termingerecht, also „just-in-time" ein. Die Logistik lässt es zu, den Teilebestand, der auf dem Lkw oder im Bahncontainer unterwegs ist, jederzeit abzurufen oder zu überprüfen. Anstatt kostenintensive Lager zu unterhalten, werden nur noch kleine Vorräte als Puffer angelegt, die für einige Stunden den reibungslosen Produktionsbetrieb garantieren.

Individualität ist eine der Stärken moderner Produktionssysteme. Fast jedes Fahrzeug, das vom Band rollt, ist ein Unikat und speziell auf die Wünsche des Kunden zugeschnitten. Würde man alle möglichen Variationen von Modellvarianten, Farben, Motorisierungen und Innenausstattungen durchspielen, ergäbe sich eine astronomische Zahl. Um diese enorme Vielfalt zu beherrschen, sind ein zuverlässiges Zuordnungssystem und sichere Abläufe bei der Teilebereitstellung unerlässlich. Vor allem modellspezifische Komponenten und Baugruppen wie Motoren, Sitze oder Cockpits werden genau in der Reihenfolge, wie sie in die Fahrzeuge eingebaut werden – Fachleute nennen das „just-in-sequence" – vollautomatisch in den Montageprozess eingesteuert.

BMW AG in Zusammenarbeit mit dem ISB München, Faszination Automobilbau, fächerübergreifende Unterrichtsmappe für die 7. bis 10. Jahrgangsstufe, Neuried 2004, S. 20 ff.

Internationale Arbeitsteilung: BMW unterhält ein weltweites Entwicklungs- und Produktionsnetzwerk.

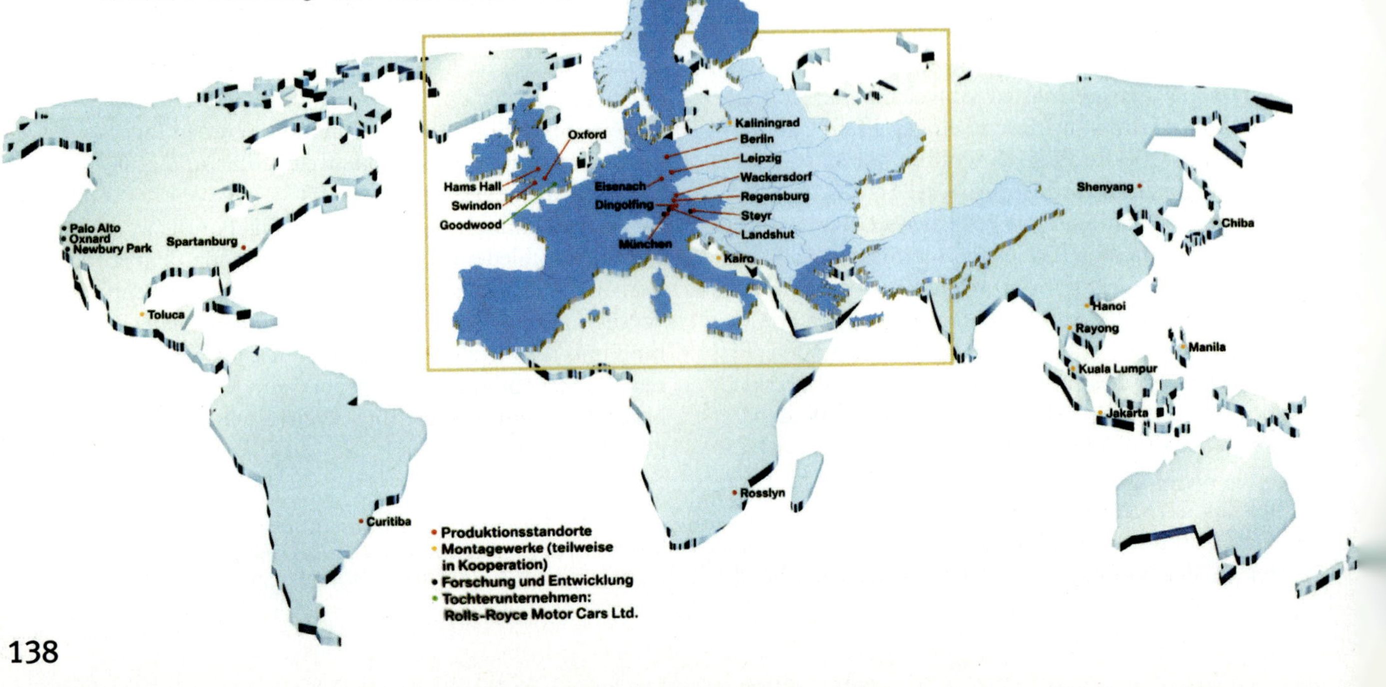

M8 Überblick: die Prozesskette – arbeitsteilige Fertigungsschritte

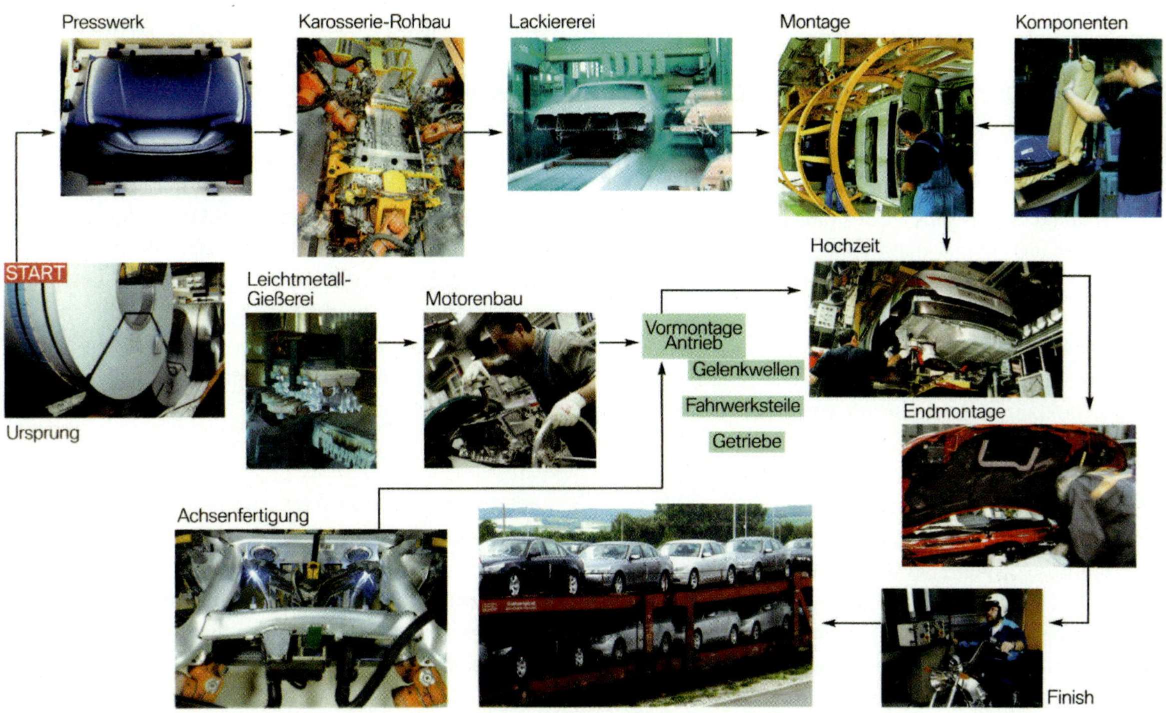

BMW AG in Zusammenarbeit mit dem ISB München, Faszination Automobilbau, fächerübergreifende Unterrichtsmappe für die 7. bis 10. Jahrgangsstufe, Neuried 2004, S. 20 ff.

Aufgaben

1. Wo werden im Text M7 Aspekte der inner- und zwischenbetrieblichen Spezialisierung (Arbeitsteilung) angesprochen? Welche Probleme entstehen durch diese Spezialisierung?
2. Durch welche logistischen Maßnahmen wird eine störungsfreie Beschaffung gesichert (M7)?
3. Diskutiert Vor- und Nachteile einer Just-in-time-Lieferung (M7).
4. Warum ist arbeitsteilige Produktion grundsätzlich weniger flexibel? Wie kann BMW trotzdem auf individuelle Kundenwünsche eingehen? Vergleiche dabei auch Adam Smiths Stecknadelproduktion mit der Automobilproduktion (M5–M7).

Methode

Vorbereitung und Durchführung einer Betriebserkundung

Die Erkundung eines Unternehmens ist ein wichtiges Mittel, betriebswirtschaftliche, volkswirtschaftliche und gesellschaftliche Bereiche in der Realität zu erleben. Eine „Erkundung“ sollte keine reine „Besichtigung“ sein, bei der der „Besucher“ im Betrieb zwar vieles sieht, das Gesehene aber nicht zu- und einordnen kann. Stelle dir beispielsweise vor, du besuchst eine Zeremonie in einem hinduistischen Tempel: Ohne Hintergrundinformationen wirst du fast gar nichts verstehen und der Erkenntnisgewinn bleibt sehr beschränkt. Bei der Erkundung ist also eine eingehende Vor- und Nachbereitung sehr wichtig. Bei der Vorbereitung sollte man sich überlegen, worauf man überhaupt seine Aufmerksamkeit richten will; bei der Nachbereitung wird das Gesehene in die theoretischen Zusammenhänge des Unterrichts eingeordnet. Für eine fundierte Vor- und Nachbereitung ist die Bearbeitung eines Beobachtungsbogens sehr wichtig.

Die Vorbereitung im Unterricht:
- Ziele der Erkundung festlegen
- Sachinformationen zum Betrieb sammeln und zu seiner wirtschaftlichen Situation
- Eventuelle überregionale, nationale oder internationale Bedeutung des Betriebes feststellen
- Informationen auswerten und in Relation setzen zur gesamtwirtschaftlichen Entwicklung des Standortes
- Beobachtungs- und Befragungsschwerpunkte festlegen und gegebenenfalls üben
- Material für die Erkundung entwerfen (Fragebögen etc.)
- Hinweise auf Sicherheitsvorschriften und das Verhalten im Betrieb

Allgemeine organisatorische Vorbereitungen:
- Organisatorische Absprachen mit dem Betrieb treffen
- Erkundungsschwerpunkte im Betrieb festlegen (z. B. Verwaltung, Produktion, Stellung am Markt)
- Organisation der Erkundung (z. B. zeitlicher Ablauf, Betreuung und eventuelle Verpflegung, Fotografieren, Interviews)
- Rechts- und Versicherungsfragen klären
- Fahrtmöglichkeiten und Kosten regeln
- Notwendige Genehmigungen einholen

Mögliche Themenschwerpunkte:
- Produktpalette des Unternehmens: Vergleicht sie mit anderen Unternehmen derselben Branche
- Eingangsbereich: Wie versucht die Architektur des Werkes die Corporate Identity / das „Image“ der Marke zu vermitteln (Formen, Materialien, Räume)?
- Mitarbeiter (Motivation, Qualifikation, Identifikation mit dem Unternehmen, Arbeitsbelastung, Entlohnung): Welche Instrumente der Motivation/ Kontrolle sind erkennbar?
- In welchen Bereichen wird noch menschliche Arbeitskraft eingesetzt? Warum?
- Welche Komponenten werden zugeliefert (Outsourcing)? Welche werden vor Ort gefertigt? Warum (nicht)? Welche Probleme können durch das Outsourcing auftreten?
- Beschaffung: Wie wird die Zulieferung organisiert? Sind z. B. Zwischenlager erkennbar?
- Produktion: Wie ist der Produktionsprozess organisiert?
- Absatz: Wie werden die Produkte vertrieben und beworben?
- Wie erfolgt die Qualitätskontrolle? Wo? Von wem?
- Umweltaspekte im Unternehmen
- Veränderung der Arbeitswelt durch den Einsatz neuer Technologien

Auswertung:
- Sammeln der Erkundungsergebnisse
- Systematisches Auswerten der Erkundungsunterlagen und Materialien
- Präsentation der Ergebnisse (Erkundungsbericht, Präsentation, Referat)
- Einbettung der Ergebnisse in den unterrichtlichen Zusammenhang und
- eventuelle Fortführung
- Rückmeldung an den Betrieb

Autorentext

3.2.3 Entscheidungen beim Marketing

M9 Schülerunternehmen Junior: die erste Sitzung der Marketingabteilung

Die Schülerunternehmen, die am Wettbewerb „Junior“ teilnehmen, haben auch einen Unternehmenspaten. Dieser ist eine Kontaktperson aus einem Unternehmen, die die jungen Unternehmer bei ihren Entscheidungen unterstützen soll. Rentertainment hatte mit seiner Unternehmenspatin besonderes Glück: Frau Kurz, Leiterin der Werbeagentur „Kreativ“, kann das Unternehmen besonders bei den Entscheidungen im Marketing unterstützen:

Christian: Zur ersten Sitzung unserer Abteilung begrüße ich besonders unsere Unternehmenspatin, Frau Kurz. Wir haben ja schon einiges auf die Beine gestellt und sie kann uns heute mal ihre Meinung zu unseren Plänen sagen. Also, ich glaube Lissi kann uns schon einiges zur Homepage sagen.

Lissi: Wie ihr sehen könnt, habe ich mich bei dem Entwurf auf die für unsere Kunden wesentlichen Informationen beschränkt. Und ein Logo haben wir auch schon.

Benedikt: Schaut gut aus: kühl und professionell. Das passt gut zu dir, aber passt das auch zu unserem Produkt?

Frau Kurz: Blau und Türkis sind tatsächlich sehr kühle Farben.

Lissi: Das war schon Absicht, dass wir uns nicht von vorne herein als Amateure darstellen.

Frau Kurz: Da habe ich allerdings ein kleines Problem: Wird aus dem Text, wie er da auf der Homepage steht, wirklich klar, was ihr verkauft? Die klare Werbebotschaft ist nämlich ein zentraler Bestandteil des Marketing.

Christian: Wir versuchen das natürlich auch über unseren Namen und den Slogan „Für jeden Spaß zu haben“ rüberzubringen. Aber da müssen wir sicher noch daran arbeiten; ich habe selber schon bemerkt, dass es sehr schwer ist, den Leuten zu erklären, was wir machen.

Benedikt: Was kostet die Homepage eigentlich?

Lissi: Meine Arbeit natürlich; ansonsten zahlen wir nur einen Euro im Monat.

Benedikt: Da kann man nichts dagegen sagen: Zielgruppe alle Internetnutzer der Welt – bei minimalen Kosten.

Frau Kurz: So einfach ist das nun auch wieder nicht. Nicht alle Internetnutzer gehören zu eurer Zielgruppe. Die müsst ihr schon gezielter ansprechen. Habt ihr euch schon darüber Gedanken gemacht?

Christian: Wir haben auch einen Flyer entworfen, mit demselben Layout wie die Homepage. Die wollen wir dann unter die Leute bringen.

Frau Kurz: Ihr müsst aber schon genau überlegen, wo. Flyer, die auf der Straße verteilt werden, landen z. B. fast alle im Mülleimer. Und ihr solltet ja auch an die Druckkosten denken.

Lissi: Wie wäre es denn mit den Kneipen der Umgebung, Altersheimen, Schulen ...?

Christian: Also macht euch bis zum nächsten Mal darüber Gedanken. Und noch was: Ich bin der Meinung, unsere ersten Aufträge waren zu billig – macht mal bitte Vorschläge zur Preisgestaltung.

Autorentext

M10 Übersicht: der Marketing-Mix

Ein Unternehmen muss nicht nur gute Produkte herstellen, es muss sie auch verkaufen. Die Marketingmaßnahmen, die dem Konsumenten am meisten auffallen, stammen aus dem Bereich der Werbung (s. auch Kapitel 1.1.2). Tatsächlich sind es aber sehr vielfältige Maßnahmen, die das Unternehmen einsetzt, um seine Kunden zu erreichen. Diese Maßnahmen werden oft in vier Bereiche eingeteilt – entsprechend der englischen Bezeichnungen in die **„4 P" des Marketing**. In allen vier Ps sind zahlreiche Entscheidungen zu treffen, die unten mit einigen Grundfragen angedeutet sind:

Marketing-Mix

P – Product
Produktpolitik
Wie wird das Produkt gestaltet?
(Design, Funktionen etc.)
Wie ist die Verpackung gestaltet?
Ist das Produkt in ein Sortiment eingebettet („Marke")?
Welcher Produktname ist geeignet?

P – Place
Distributionspolitik
Wie gelangt das Produkt zum Kunden?
(Vertrieb über Einzelhandel, Großhandel, Internet, Vertreter, ...)
Wie wird das Ladenlokal gestaltet?

P – Price
Konditionenpolitik
Wie hoch ist der Preis?
(Anpassung an die Konkurrenz, Deckung der Stückkosten)
Gibt es Sonderpreise für bestimmte Kundengruppen?
Wie werden Rabatte gestaltet?

P – Promotion
Kommunikationspolitik
Welches Werbekonzept verspricht am meisten Erfolg?
(Medien, Botschaft, Budget)
Wie kann das Image des Unternehmens verbessert werden?
(Public Relation, z. B. Sponsoring, Zusammenarbeit mit Schulen)

Es würde keinen Sinn machen, nur eine dieser Maßnahmen einzusetzen, z. B. nur auf eine aufwändige Fernsehwerbung zu vertrauen, ohne diese durch andere Maßnahmen zu unterstützen, z. B. eine entsprechende Produktgestaltung. Da diese Maßnahmen gut aufeinander abgestimmt – also gut „gemischt" – sein müssen, spricht man auch vom Markting-„Mix". Bei allen Maßnahmen ist die erwartete Wirkung mit den durch die Maßnahme verursachten Kosten in Bezug zu setzen. Entscheidend für die Wirkung einer Marketingmaßnahme ist unter anderem, ob es ihr gelingt, die richtige Zielgruppe anzusprechen. Dies ist besonders wichtig bei Produkten, die für jugendliche Konsumenten bestimmt sind.

Autorentext

M11 Wie entsteht eine Werbekampagne?

Am Anfang stand eine Umfrage, bei der herauskam, dass das alte Bild von Fa die jungen Deutschen nicht mehr ansprach. Schließlich ist die Marke ein Klassiker aus den fünfziger Jahren und in den Sechzigern durch die „weltweit bestaunteste Werbekampagne" (O-Ton Henkel) groß geworden: Eine langhaarige, lächelnde Blondine liegt oben ohne im weißen Sand der Karibik, umspült von tropischen Wellen. Zum ersten Mal eine Frau barbusig in der Fernsehwerbung, das brachte Kirchenführer und Konservative auf die Palme und Henkel die gewünschte Publicity. Halbnackte Blondinen an fernen Stränden, diese Masche zog fast drei Jahrzehnte lang. Jetzt nicht mehr. Das liegt an einem gesellschaftlichen Wandel. „Heute ist alles möglich – selbst eine günstige Reise in die Karibik", sagt Patrick Kaminski, Marketingleiter bei Schwarzkopf & Henkel. „Aber was zählt, ist der Mut, die eigenen Bedürfnisse selbst einzufordern und umzusetzen." Selbstbewusst und durchsetzungsfähig – mit diesem Verständnis eines modernen Konsumenten will sich die Marke Fa von ihren Konkurrenten abheben. Schließlich gebe es ansonsten „kaum positive Werbung in Deutschland", sagt Kaminski. „Die meisten Hersteller suggerieren den Menschen, irgendetwas sei nicht in Ordnung und sie müssten etwas dagegen tun." Palmolive schreibt auf sein Duschgel „Aroma Therapy", und das könnte auch heißen: Du bist therapiebedürftig. Das neue Fa aber solle sagen: Sei, wie Du bist!

Genau deshalb läuft seit ein paar Monaten Folgendes in den Fernseh-Werbeblocks: Ein Mann versucht, mit seinem Auto rückwärts einzuparken. Eine hübsche Blondine lotst ihn vor einen Hydranten. Kaum ist dieser niedergemäht, schießt eine Wasserfontäne aus dem Boden. Die Blonde – derweil ihrer Oberbekleidung entledigt – nimmt eine erfrischende Dusche. Sehr Fa. So weit der Plot.

„Kleine Armeen" hat Henkel mit der Entwicklung des neuen Auftritts beauftragt. Die Hauptarbeit erledigte das eigens zusammengestellte „Virtuosa-Team". Mehr als ein Dutzend Leute machten sich auf die Suche nach einem Werbespruch, der das Lebensgefühl jener „selbstbewussten" Konsumenten am besten wiedergibt, nicht so negativ ist wie die der Konkurrenz und sich in einem Fernsehspot erzählen lässt. Das Ergebnis von zehn Wochen Kreativität: Jeder soll selbst entscheiden, was er tut und wie weit er gehen will. Oder: Wie Fa.

Das grobe Konzept für den Fernsehspot lieferte das „Virtuosa-Team" gleich mit: Frau, Auto, Hydrant, Einparken, Ausziehen, Rumms, Dusche. Die Feinarbeit wurde zum Gemeinschaftsprojekt mit der 18 Mann starken Zentralen Geschäftseinheit Body Care, die für die internationale Markenführung verantwortlich ist – schließlich wird Fa in 146 Ländern verkauft. „Die Teams diskutieren über jedes Detail der TV-Spots", sagt Kaminski. „Etwa darüber, zu welchem Zeitpunkt sich das blonde Model auszieht: bevor die Wasserfontäne aus dem Hydranten schießt oder danach. Wir haben uns natürlich für davor entschieden."

Natürlich. Mit frisch entblößtem Oberkörper lässt sich ein Einpark-Unfall halt am besten provozieren. Offenbar war es die richtige Entscheidung. Denn seit sich die Blondine nicht mehr in der Karibik am Strand räkelt, sondern einem demolierten Großstadt-Hydranten beisteht, ist der Marktanteil von Fa um rund ein Drittel auf zehn Prozent gestiegen.

Marcus Rohwetter, Die Zeit 33/2003, S. 18

Aufgaben

1. Teile die Entstehung der Werbekampagne bei Henkel in Phasen ein (M11).
2. Wie lässt sich der Erfolg der Kampagne begründen (M11)?
3. Zeige am Beispiel den Zusammenhang von Produkt- und Kommunikationspolitik auf (M10, M11).

M12 Produkt- und Kommunikationspolitik bei Dilbert

Auch bei Dilbert versucht man die Produktpolitik durch eine geeignete Kommunikationspolitik zu ergänzen ...

Worterklärungen: consultant = Unternehmensberater; support staff = Kundenberatung

Scott Adams, Random Acts of Management, London u. a. 2000, S. 48

M13 Zusammenhang von Produkt- und Kommunikationspolitik: der Marketing-Mix des Handwerksbetriebs

Holzbau Kiefl ist ein traditioneller Meisterbetrieb, der sich auf Produkte aus Holz und den Holzbau spezialisiert hat. Im Interview spricht der Geschäftsführer, Herr Kiefl, über Entwicklung und Selbstverständnis des mittelständischen Unternehmens.

Frage: Wie lange gibt es Holzbau Kiefl schon?

Antwort: Mein Vater übernahm im Jahr 1968 eine Zimmerei in Schondorf und fing 1972 an, Blockhäuser zu bauen. 1978 siedelte er nach Hechenwang um und begann 1984 außer Blockhäusern auch Holzrahmenhäuser zu bauen. Die üblichen Zimmererarbeiten wie Dachstühle, Dachsanierung oder -ausbau, Innenausbau, Fenster und Türen gehören auch zu unserem Angebot.

Frage: Wie unterscheidet sich Ihr Unternehmen von dem Ihres Vaters vor 20–30 Jahren?

Antwort: Wir sind natürlich mit der Zeit gegangen und diese hat viele Veränderungen gebracht. Früher entwarf man mit Bleistift, Lineal und Zirkel, heute macht man CAD-Planung am Computer. Früher haben sich nur überzeugte Holzhausfreunde ein Blockhaus von uns bauen lassen. Spätestens seit der Energiesparverordnung 2000 ist es im Bewusstsein vieler Leute, welche Vorteile im Bauen mit Holz liegen.
Anfangs waren es weniger Mitarbeiter und wir hatten nicht die Möglichkeiten zu produzieren, wie wir sie heute in unserer neuen, geräumigen Werkshalle haben. Zurzeit gibt es bei Holzbau Kiefl 25 hoch motivierte und qualifizierte Mitarbeiter, die ganze Häuser in Hechenwang vorfertigen. Diese können dann innerhalb weniger Tage vor Ort aufgestellt werden.

Frage: Was bieten Sie ihren Kunden über die reine Bauleistung hinaus?

Antwort: Ich führe zunächst ein aufklärendes Gespräch über die drei Hauptvarianten unseres Angebots mit dem Kunden und erkläre die Unterschiede und jeweiligen Vorteile der Vollwand, der Niedrigenergie-Blockwand und der Holzrahmenkonstruktion. In allen Fällen werden diese Häuser in Niedrigenergie-Bauweise hergestellt. Danach kann der Kunde entscheiden, was für ihn das Beste ist. Fortan bieten wir die Planung, wir machen die Eingaben und Ämtergänge. Wir erstellen den Energiepass nach der Energiesparverordnung, geben Empfehlungen, die zu einem zinsgünstigen Darlehen bei der KfW-Bank vermitteln können. Wir bieten dem Kunden bei der Umsetzung des Baus alle Gewerke an. Seit Jahrzehnten arbeiten wir mit zuverlässigen Firmen aus der nahen Umgebung zusammen, welche die Elektrik- oder Installationsarbeiten übernehmen.

Elga Nebel, Ammersee Westufer Journal, 8/2004, S. 11, (Name geändert)

M14 Werbeinvestitionen

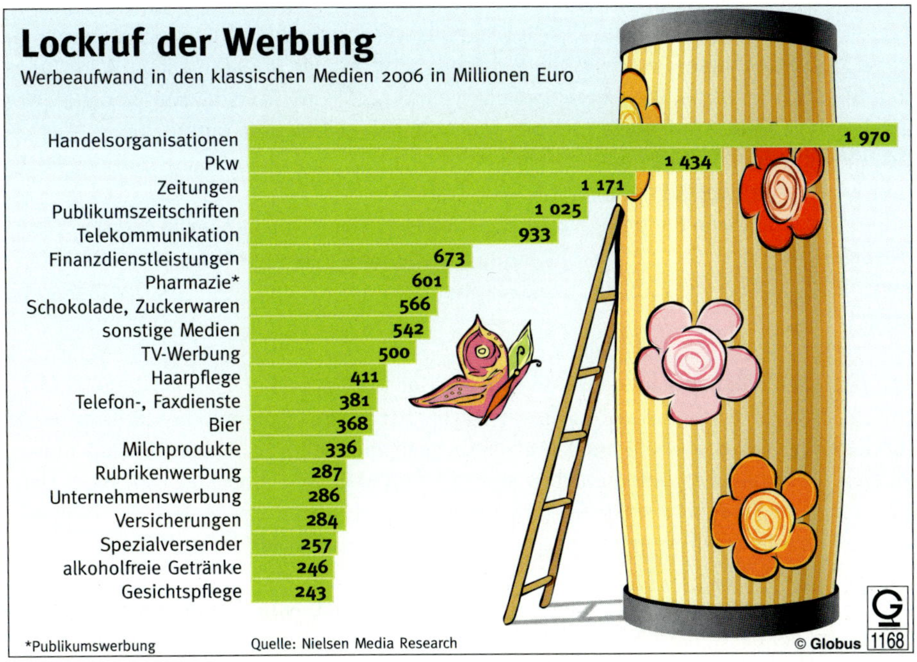

Aufgaben

1. Beschreibe die Entwicklung der Produktpolitik bei Holzbau Kiefl (M13).
2. Erläutere, inwieweit auch das Handwerksunternehmen „Outsourcing“ betreibt (M13).
3. Begründe, warum die Distributionspolitik bei diesem Unternehmen eine besondere Bedeutung hat (M13).
4. Schlage drei geeignete Maßnahmen aus dem Bereich der Kommunikationspolitik für Holzbau Kiefl vor (M13).
5. Erläutere mögliche Gründe, warum einzelne der in M14 genannten Branchen besonders stark in die Kommunikationspolitik investieren.

3 Zusammenfassung

Typische Geschäftsprozesse im Unternehmen

Funktionsbereiche und Geschäftsprozesse
M1

Unternehmen versorgen sich auf den Beschaffungsmärkten mit Produktionsfaktoren (z. B. Rohstoffen, Maschinen, Personal). In der Produktion erfolgt die eigentliche Wertschöpfung des Unternehmens. Die erstellten Güter werden auf den Absatzmärkten verkauft. Neben diesen zentralen Aufgabenbereichen (**Funktionsbereichen**) des Unternehmens gibt es noch die Funktionsbereiche der Leitung und Verwaltung, der Finanzierung und des Rechnungswesens und der Kontrolle.
Betriebswirtschaftliche Ereignisse (z. B. ein Kundenauftrag) betreffen meist mehrere Funktionsbereiche – z. B. löst der Kundenauftrag in fast allen Funktionsbereichen des Unternehmens Ereignisse aus. Solche Ereignisketten bezeichnet man auch als **Geschäftsprozesse**.

Ökonomisches Prinzip bei der unternehmerischen Entscheidung
M2, M3

Auch das Unternehmen geht – wie der private Haushalt – ökonomisch mit knappen Gütern um, handelt also nach dem **Wirtschaftlichkeitsprinzip (ökonomisches Prinzip)**. Jede Entscheidung zielt darauf ab, **Input** (Aufwand) zu **minimieren** oder **Output** (Ertrag) zu **maximieren**. Der Input des Unternehmens sind die **Produktionsfaktoren**. Man versucht also, den Einsatz an Produktionsfaktoren möglichst gering zu halten bzw. teuere durch billigere Produktionsfaktoren zu ersetzen.

Arbeitsteilung und ökonomisches Prinzip
M4

Eines der wichtigsten Mittel, um den ökonomischen Einsatz von Produktionsfaktoren zu verbessern, also z. B. mit einer bestimmten Zahl an Arbeitsstunden mehr Güter zu produzieren, ist die **Arbeitsteilung**. Indem man sich auf eine bestimmte Tätigkeit spezialisiert, kann man – z. B. durch größeres Geschick bei dieser Tätigkeit oder den Einsatz von Maschinen – mehr produzieren als wenn man sehr unterschiedliche produktive Tätigkeiten ausführen würde. So spezialisieren sich Menschen auf einen Beruf bzw. eine bestimmte Tätigkeit im Unternehmen und Unternehmen wiederum auf bestimmte Güter.

Entscheidungen bei der Produktion und der Beschaffung
M6, M7

In der Produktion wird versucht, den Aufwand zu minimieren bzw. den Ertrag zu maximieren. Dies geschieht insbesondere durch eine entsprechende Organisation der Arbeitsteilung. Die **innerbetriebliche Arbeitsteilung** betrifft die Fertigungsprozesse im Unternehmen. Bei der **zwischenbetrieblichen Arbeitsteilung** werden Teile der Produktion auf andere Unternehmen verlagert (**Outsourcing**). Um Lagerkosten zu senken, erfolgt die Zulieferung „just in time“, also genau zu dem Zeitpunkt, an dem das Bauteil in der Produktion benötigt wird.

Entscheidungen beim Absatz (Marketing)
M10

Auch im Marketing dürfen die vorhandenen Mittel nicht verschwendet werden. Man versucht, mit den geeigneten Maßnahmen des **Marketing-Mix** (Produkt-, Distributions-, Konditionen- und Kommunikationspolitik) die jeweilige Zielgruppe möglichst effizient anzusprechen. Die einzelnen Maßnahmen müssen bei einem guten Marketingkonzept schlüssig aufeinander abgestimmt sein.

3.3 Das Rechnungswesen als Grundlage unternehmerischen Handelns

M1 Geschichte und Bedeutung der „doppelten" Buchführung

Die christlichen Kaufleute brachten aus dem Nahen Osten nicht nur die [arabischen] Zahlen mit, sondern auch ein System, mit dem sie ihre Bücher viel besser führen konnten. Es ist eine Methode, die bis heute überall auf der Welt angewendet wird: die **doppelte Buchführung**. Als Erfinder gilt der italienische Mönch *Luca Pacioli* (1445–1514), der die Methode 1494 in Genua vorstellte.

Der Grundgedanke der doppelten Buchführung ist einfach: Alles, was in einer Firma passiert, wird zweimal aufgeschrieben. Hat ein Kaufmann zum Beispiel ein Fass für zehn Dukaten verkauft, dann notiert er auf seinem Konto „Weinvorräte" die Buchung „– 10 Dukaten", auf seinem Konto „Kasse" die Buchung „+ 10 Dukaten". Wenn alle Geschäftsvorgänge auf diese Weise immer doppelt verbucht werden, dann kann man zu jeder Zeit eine Bilanz des Unternehmens aufstellen.

Bilanz kommt von dem italienischen Wort für Waage (bilancia). Es ist eine Art Zahlenbild des jeweiligen Unternehmens. Wie bei einer Waage gibt es zwei Schalen: In die rechte Schale kommt das Geld hinein, das in der Firma steckt (die Passiva), in die linke Schale die Dinge, für die das Geld verwendet wurde (Aktiva). In beiden Schalen muss logischerweise immer gleich viel drin sein; wenn nicht – wenn sich also die Waage zur einen Seite neigt –, dann hat jemand einen Fehler gemacht. Weil es ziemlich unpraktisch ist, immer richtige Waagen in die Geschäftsbücher zu zeichnen, hat man dafür eine stark vereinfachte Form entwickelt: ein „T". Links vom senkrechten Strich des „T" stehen die Aktiva, rechts die Passiva.

Die doppelte Buchführung erlaubte es den Kaufleuten, systematisch ihr Geschäft zu durchleuchten. Dadurch verstanden sie selbst besser, was dort vorging. Sie konnten zum ersten Mal genau ausrechnen, wie hoch der Gewinn ihres Unternehmens war. Vielleicht noch wichtiger war, dass sie ein Zahlenbild ihrer Firma aufstellen konnten, das auch andere verstanden. Damit konnten die Kaufleute ihr Wissen mit anderen teilen, mehrere Geschäftspartner konnten sich zusammentun, das Geschäft wuchs. Und es wurde für sie leichter, sich Geld zu leihen, denn sie konnten einem Geldgeber ganz einfach vorrechnen, ob sich ihr Geschäft rentierte oder nicht. Von Italien aus eroberte die neue Methode ganz Europa. Wer sie anwandte, hatte in der Regel mehr Erfolg als der, der sie ablehnte.

Nikolaus Piper, Geschichte der Wirtschaft, Weinheim 2002, S. 57 ff.

M2 Die Bilanz eines Unternehmensgründers

Herr Rölz will ein Unternehmen gründen. Er bringt seine Ersparnisse von 200.000 Euro in das Unternehmen ein, indem er das Geld auf ein Geschäftskonto überweist. Da die 200.000 Euro vom Unternehmer selbst stammen, ist es Eigenkapital.

Aktiva			Passiva
Bankguthaben	200.000,00	Eigenkapital	200.000,00

Da das Geld für die notwendigen Anschaffungen nicht ausreicht, nimmt er einen Kredit in Höhe von 300.000 Euro auf. Der Betrag wird vom Kreditgeber auf das Geschäftskonto von Herrn Rölz überwiesen, sodass das Geschäftskonto jetzt 500.000 Euro aufweist. Auch die Passiv-Seite verändert sich, da zum Eigenkapital noch Schulden, d.h. Fremdkapital, kommen. Die Bilanz würde jetzt so aussehen:

Aktiva			Passiva
Bankguthaben	500.000,00	Eigenkapital	200.000,00
		Fremdkapital	300.000,00
	500.000,00		**500.000,00**

Jetzt kann der Unternehmer die notwendigen Maschinen und Rohstoffe für seine Produktion kaufen. (Gebäude, Betriebsstoffe usw. bleiben der Einfachheit halber hier unberücksichtigt.)

Er kauft Maschinen für 200.000 Euro und Rohstoffe für 100.000 Euro.

Er bezahlt per Überweisung von seinem Geschäftskonto. Dadurch vermindert sich das Geschäftskonto, und es erscheinen auf der Aktiv-Seite die Maschinen und die Rohstoffe. Die rechte Seite verändert sich nicht.

Aktiva			Passiva
Maschinen	200.000,00	Eigenkapital	200.000,00
Rohstoffe	100.000,00	Fremdkapital	300.000,00
Bankguthaben	200.000,00		
	500.000,00		**500.000,00**

Die Produktion läuft jetzt in diesem Unternehmen, und die Bilanz würde sich verändern. Grund dafür ist:

- Die Maschinen verlieren an Wert, sie werden abgenutzt und schrittweise abgeschrieben (20.000 Euro im Jahr). Der Wert der Maschinen beträgt dann nach einem Jahr noch 180.000 Euro.
- Die Rohstoffe sind zum Teil verarbeitet worden (für 80.000 Euro). Es bleiben noch Rohstoffe für 20.000 Euro.
- Es mussten Löhne aus dem Bankguthaben gezahlt werden in Höhe von 100.000 Euro. Dadurch verringert sich das Bankguthaben auf 100.000 Euro.
- Es sind Fertigprodukte geschaffen worden, die aber noch nicht verkauft wurden. Sie gehen in Höhe der Herstellungskosten in die Bilanz ein (Herstellungskosten = Abschreibung 20.000 Euro + Lohn 100.000 Euro + Rohstoffe 80.000 Euro = 200.000 Euro).

Die Bilanz weist dadurch nur Veränderungen auf der Aktiv-Seite auf:

Aktiva			Passiva
Maschinen	180.000,00	Eigenkapital	200.000,00
Rohstoffe	20.000,00	Fremdkapital	300.000,00
Fertigprodukte	200.000,00		
Bankguthaben	100.000,00		
	100.000,00		**500.000,00**

Bisher wurden nur Vermögensteile untereinander umgewandelt, die Kapitalseite blieb noch unverändert.
Jetzt kann der Unternehmer seine Fertigprodukte (Herstellungskosten von 200.000 Euro) mit Gewinn für 240.000 Euro verkaufen. In der Bilanz werden die Fertigprodukte nun nicht mehr aufgeführt. Da sie per Überweisung bezahlt wurden, geht der Erlös ins Bankguthaben ein.

Aktiva			Passiva
Maschinen	180.000,00	Eigenkapital	240.000,00
Rohstoffe	20.000,00	Fremdkapital	300.000,00
Bankguthaben	340.000,00		
	540.000,00		**540.000,00**

Die Aktiv-Seite erhöht sich um 40.000 Euro. Da beide Seiten einer Bilanz gleich sein müssen, steigt auch die Passiv-Seite um 40.000 Euro. Das Fremdkapital bleibt gleich groß, da keine zusätzlichen Kredite aufgenommen werden (540.000 Euro – 300.000 Euro Fremdkapital = 240.000 Euro Eigenkapital). Das Eigenkapital steigt durch den Gewinn an. Der Gewinn ist dadurch entstanden, dass die Produkte, die 200.000 Euro in der Herstellung kosteten, für 240.000 Euro verkauft wurden.

Wirtschaft, Basiswissen Schule, Bibliographisches Institut & F. A. Brockhaus AG Mannheim und paetec Gesellschaft für Bildung und Technik mbH Berlin, 2001, CD-ROM

▶M3 Die Bilanz: Vermögen und Kapital des Unternehmens

Die Bilanz ist eine Gegenüberstellung von Vermögensform und Vermögensquelle bzw. Mittelverwendung und Mittelherkunft.
Sie gibt also eine Übersicht über

– die Zusammensetzung und Finanzierung des betrieblichen Vermögens und
– die Zusammensetzung des Kapitals, d. h. die Finanzierung des Vermögens.

Die Bilanz dient der Kontrolle der Ordnungsmäßigkeit der Geschäfte und ist eine wichtige Informationsquelle für alle am Betrieb Interessierten (Unternehmer, Aktionäre, Mitarbeiter, …).

Die folgende Bilanz eines Großunternehmens ist stark vereinfacht:

Bilanz der Chemie und Pharma AG

Aktiva in Mio. Euro	Jahr 2	Jahr 1	Passiva in Mio. Euro	Jahr 2	Jahr 1
Immaterielle Vermögensgegenstände, z. B. Patente, Software	2.200	1.900	Eigenkapital	12.600	11.600
Sachanlagen	17.800	16.800	Bilanzgewinn	1.000	800
Forderungen (an Kunden)	4.800	5.600	Langfristige Verbindlichkeiten (z. B. gegenüber Banken)	11.700	11.900
Flüssige Mittel z. B. Bargeld	2.000	1.700	Lieferverbindlichkeiten	1.500	1.700
Bilanzsumme	**26.800**	**26.000**	**Bilanzsumme**	**26.800**	**26.000**

Anmerkung: Der Bilanzgewinn wurde in beiden Jahren nicht an die Aktionäre ausgeschüttet, sondern verblieb im Unternehmen.

Schematischer Aufbau der Bilanz

Aktiva	Passiva
Anlagevermögen: Vermögensgegenstände, die dauernd dem Geschäftsbetrieb dienen, z. B. Maschinen	**Eigenkapital**: Finanzielle Mittel, die dem Unternehmen von den Eigentümern des Unternehmens zeitlich unbegrenzt zur Verfügung gestellt werden
Umlaufvermögen: Vermögensgegenstände, die nur kurz im Unternehmen verbleiben, und dann wieder verkauft, verbraucht oder verarbeitet werden, z. B. Rohstoffe	**Fremdkapital:** Finanzielle Mittel, die dem Unternehmen von Dritten zeitlich befristet zur Verfügung gestellt werden
Bilanzsumme	**Bilanzsumme**

Aktiva erfassen die **Kapitalverwendung (Vermögen)**

Passiva erfassen die **Kapitalherkunft (Kapital)**

Die Positionen der Aktivseite sind nach dem Grad ihrer Liquidität („liquide" = flüssig) geordnet: Unten stehen die Vermögensgüter, die am „flüssigsten" sind. Die Passivseite ist nach der Fristigkeit des Kapitals gegliedert: Oben steht das Kapital, das dem Unternehmen zeitlich unbegrenzt zur Vergügung steht; unten steht das Kapital, das dem Unternehmen nur kurzfristig zur Verfügung steht.

Autorentext

▶ Aufgabe

Ordne die Einzelposten der Bilanz der Chemie und Pharma AG den vier Blöcken des Bilanzschemas zu (Anlage- und Umlaufvermögen, Eigen- und Fremdkapital, M3).

M4 Eckberts Eröffnungsbilanz

Eckbert hat endlich seinen Heimservice „Call a Rührei“ gegründet. Er hat als Lieferfahrzeug ein Fahrrad (300 Euro) und eine Kücheneinrichtung für 5.000 Euro erworben. Außerdem hat er ein geeignetes Geschäft gemietet (1.000 Euro Miete im Monat). Um das alles zu finanzieren, hat er 1.000 Euro von seinem persönlichen Sparbuch abgehoben und 4.000 Euro von seiner Tante für 8 Jahre ausgeliehen; zudem bezahlt er seiner Tante 100 Euro für ihr unvergleichliches Rezept „uove strappezzate alla Fiorentina“. 3.000 Euro schuldet er noch dem Verkäufer der Küche. Was ihm noch an Geld bleibt, verwendet er, um Rohstoffe zu kaufen (700 Euro). Außerdem steckt er einen Teil des restlichen Geldes in die Kasse, den anderen Teil zahlt er auf ein Geschäftskonto ein. Um nicht den Überblick in seinem Unternehmen zu verlieren, möchte er die Vorgänge möglichst übersichtlich darstellen.

Eckberts Eröffnungsbilanz würde demnach folgendermaßen aussehen:

Aktiva in Euro			Passiva in Euro
Anlagevermögen:		Eigenkapital	1.000
Immaterielle Vermögensgegenstände	100		
Einrichtung	5.000	Fremdkapital	
Fahrrad	300	Langfristige Verbindlichkeiten	4.000
		Lieferverbindlichkeiten	3.000
Umlaufvermögen			
Rohstoffe	700		
Bank	1.000		
Kasse	900		
Bilanzsumme	**8.000**	Bilanzsumme	**8.000**

Autorentext

M5 Die Erfolgsrechnung: Gewinn oder Verlust?

Nach einem Jahr will Eckbert wissen, ob sich sein Schritt in die Selbstständigkeit letztlich gelohnt hat. Ausschlaggebend für den Erfolg eines Unternehmens ist vor allem, ob ein Gewinn erzielt wurde. Dazu erstellt Eckbert zunächst eine Liste seiner Ausgaben und Einnahmen (in Euro):

Miete:	12.000
Energie:	5.000
Personal (Lohn für Aushilfsfahrer):	6.000
Kreditzinsen (an Tante) 5 %:	200
Habenzinsen für Sparbuch (Geschäftskonto):	100
Verkaufserlöse:	40.000
Rohstoffverbrauch:	10.000

In der Gewinn- und Verlustrechnung werden Aufwand und Ertrag gegenübergestellt. Die Differenz von Aufwand und Ertrag ergibt den sogenannten „Saldo“. Ist der Ertrag größer als der Aufwand (positiver Saldo), hat das Unternehmen einen Gewinn erwirtschaftet; ist der Aufwand größer als der Ertrag (negativer Saldo), ist ein Verlust zu verzeichnen.

Ertrag – Aufwand = Gewinn/Verlust

Soll (Aufwand) in Euro		Haben (Ertrag) in Euro	
Mietaufwand	12.000	Zinsertrag	100
Energieaufwand	5.000	Verkaufserlöse	40.000
Personalaufwand	6.000		
Zinsaufwand	200		
Rohstoffverbrauch	10.000		
Saldo (Gewinn)	**6.900**		
	40.100		**40.100**

Gewinn erhöht das Eigenkapital. Durch Verlust wird das Eigenkapital vermindert.

Autorentext

Aufgaben

1. Für das Unternehmen ist die Bilanz ein wichtiges Mittel der Kontrolle. Für den Außenstehenden, z. B. den Aktionär, ist die Bilanz eine Informationsquelle, die ein „Bild" von den Vorgängen im Unternehmen wiedergibt. Versuche, aus der Bilanz der Chemie und Pharma AG (M3) drei wichtige Entwicklungen im abgelaufenen Jahr abzulesen.

2. Die Bilanz eines neu gegründeten Unternehmens hatte folgendes Aussehen:
Übertrage die Bilanz in dein Heft und vervollständige die Bilanz an den gekennzeichneten Stellen (M3).

....	Bilanz		....
Geschäftsausstattung	20.000	Eigenkapital	....
Bank	45.000	Fremdkapital	30.000
Kasse	5.000		
	....		....

3. Wie ändert sich die Bilanz (M4), wenn Eckbert
   a) für 200 Euro Eier kauft und diese bar bezahlt?
   b) sich einen neuen Herd kauft (1.000 Euro – die Rechnung wird erst in einem halben Jahr fällig)?
   c) sein Fahrrad für 300 Euro verkauft (bar)?

4. Wie würde sich die Erfolgsrechnung ändern, wenn Eckbert 18.000 Euro Miete zahlen müsste (M5)?

5. Erstelle aus den folgenden Zahlen die Gewinn- und Verlustrechnung (M5).
Die KT GmbH hat für das laufende Geschäftsjahr folgende Zahlen in Euro vorgelegt:

Rohstoffverbrauch	800.000
Eigenkapital	5.000.000
Verkaufserlöse	4.000.000
Sachanlagen	6.000.000
Löhne	1.200.000
Miete	1.000.000
Sonstiger Aufwand	700.000

6. Welche der folgenden Aussagen ist falsch? Berichtige gegebenenfalls.
   a) Anlagevermögen (AV) und Umlaufvermögen (UV) weisen das gleiche Verhältnis auf wie Eigenkapital (EK) und Fremdkapital (FK).
   b) Grundstücke, Warenvorräte und Maschinen zählen zum AV.
   c) Die linke Seite der Bilanz zeigt die Herkunft des Kapitals.
   d) Die Summe aus AV und UV ist gleich der Summe aus FK und EK.
   e) Die Lohnkosten finden sich auf der Aktivseite der Bilanz.
   f) Die beiden Seiten der Bilanz heißen Soll und Haben.

7. In einer finanziell schwierigen Situation will sich Familie Müller ein Bild von ihrer Vermögenslage verschaffen. Erstelle für die Familie eine Bilanz. Errechne dazu das „Eigenkapital" der Familie. Fasse einzelne Vermögensgüter zu sinnvollen Bilanzposten zusammen. Ordne die Vermögensgüter nach der Liquidität und die Kapitalquellen nach der Fristigkeit. Welches Problem kann sich für die Familie Müller aus der unterschiedlichen Liquidität des Vermögens ergeben (M2–M4)?

Anmerkung: Es handelt sich um Verkehrswerte, d.h. den gegenwärtigen Schätzwert der verschiedenen Vermögensgüter in Euro.

Wertpapiere	12.000
Möbel, Küche etc.	15.000
Auto	7.000
Fahrräder	700
Computer, Fernseher, Hifi	1.200
Bargeld	463
Eigentumswohnung	150.000
Hypothekarkredit für Wohnung (Restschuld)	140.000
Girokonto	1.230
Noch offene Raten für Einbauküche	4.500
Schulden bei Tante Monika	1.500

8. „Modellwechsel bremst BMW. Absatzrekord kann Umsatz- und Gewinnrückgang nicht verhindern" (Handelsblatt, Schlagzeile vom 4./5.5.2005)

Erkläre anhand des Aufbaus der Erfolgsrechnung die in dieser Schlagzeile beschriebenen Zusammenhänge (M5).

M6 Kennzahlen für den Erfolg des Unternehmens

Die Zahlen des Rechnungswesens dienen der Unternehmensleitung unter anderem dazu, den Erfolg des Unternehmens zu kontrollieren. Insbesondere geht es darum festzustellen, ob das Unternehmen wirklich ökonomisch gewirtschaftet hat, also mit möglichst geringem Mitteleinsatz (Input) einen hohen Output erreicht hat.

Die Eigenkapitalrentabilität stellt fest, wie sich der Einsatz des Eigenkapitals „ausgezahlt" hat. Ist sie sehr niedrig, wird sich ein Investor überlegen, ob er sich nicht eine andere, rentablere und eventuell auch sicherere Geldanlage sucht.

$$\textbf{Eigenkapitalrentabilität} = \frac{\textbf{Gewinn}}{\textbf{Eigenkapital}} \ (\textbf{x 100})$$

Die **Produktivität** stellt das mengenmäßige Verhältnis zwischen Output und Input des Produktionsprozesses fest.

$$\textbf{Produktivität} = \frac{\textbf{Ausbringungsmenge}}{\textbf{Einsatzmenge}}$$

Autorentext

Aufgaben

1. Berechne die Eigenkapitalrentabilität von Eckberts Unternehmen „Call a Rüherei" (M4–M6).
2. Erläutere, wie sich mit den in M6 genannten Kennzahlen überprüfen lässt, ob das Unternehmen erfolgreich das Wirtschaftlichkeitsprinzip verfolgt hat.
3. Erläutere, wie sich „Outsourcing" auf die Aktivseite der Bilanz (M3), auf den Gewinn (M5) und die Eigenkapitalrentabilität (M6) auswirken kann.
4. Überlege, warum die Eigenkapitalrentabilität eine wichtige Kennzahl für Aktionäre ist (M6).
5. Begründe, welche Posten der Bilanz dich als Kreditgeber für eine GmbH oder AG besonders interessieren würden. Beziehe dazu auch dein Wissen über die Haftung von Unternehmen dieser Rechtsformen mit ein.

Zusammenfassung 3

Das Rechnungswesen als Grundlage unternehmerischen Handelns

Aufgaben des Rechnungswesen

Das **Rechnungswesen** überprüft unter anderem, ob das Unternehmen bei der Verfolgung des ökonomischen Prinzips erfolgreich war, also ob die Entscheidungen wirklich zu einer „wirtschaftlichen“ Nutzung von Produktionsfaktoren geführt haben. Die Zahlen des Rechnungswesens dienen dem Unternehmer dazu, **Überblick und Kontrolle** über sein Unternehmen zu behalten, um beispielsweise einen kostendeckenden Preis für seine Produkte kalkulieren zu können. Nach außen hin dienen die Zahlen des Rechnungswesens der **Rechenschaft**, z. B. gegenüber den Anteilseignern und den Steuerbehörden.

Aufbau der Bilanz
M2, M3

Die **Bilanz** stellt die **Kapitalverwendung (Vermögen – Aktiva)** der **Kapitalherkunft (Kapital – Passiva)** gegenüber. Die Positionen der Aktivseite sind nach dem Grad ihrer **Liquidität** geordnet: Unten stehen die Vermögensgüter, die am „flüssigsten“ sind. Die Passivseite ist nach der **Fristigkeit** des Kapitals gegliedert: Unten steht also das Kapital, das dem Unternehmen nur kurzfristig zur Verfügung steht. Nach diesen Gliederungsprinzipien lässt sich die Bilanz auch in **Blöcke** einteilen. Auf der Aktivseite beinhaltet das **Anlagevermögen** die Vermögensgüter, die über längere Zeit im Unternehmen verbleiben, während das **Umlaufvermögen** die Güter umfasst, die schnell wieder verkauft, verbraucht oder verarbeitet werden. Die Passivseite gliedert sich nach der rechtlichen Stellung der Kapitalgeber in **Eigen- und Fremdkapital**.

Erfolgsrechnung
M5

In der **Erfolgsrechnung** (Gewinn- und Verlustrechnung) wird dem **Ertrag** des Unternehmens (z. B. Umsatzerlöse) der **Aufwand** (z. B. Personalaufwand) gegenübergestellt. Aus der Differenz zwischen Aufwand und Ertrag ergibt sich der **Gewinn** bzw. der **Verlust**.

Rentabilität und Produktivität
M6

Die Kennzahlen für **Rentabilität** und **Produktivität** überprüfen, ob die unternehmerischen Entscheidungen wirklich nach dem ökonomischen Prinzip erfolgt sind. Dabei vergleicht die **Eigenkapitalrentabilität** das eingesetzte Eigenkapital mit dem erzielten Gewinn. Die **Produktivität** vergleicht mengenmäßigen Input und Output.

Sammlung wichtiger Paragrafen

Bürgerliches Gesetzbuch (BGB)

§ 1 Beginn der Rechtsfähigkeit
Die Rechtsfähigkeit des Menschen beginnt mit der Vollendung der Geburt.

§ 2 Eintritt der Volljährigkeit
Die Volljährigkeit tritt mit der Vollendung des 18. Lebensjahres ein.

§ 104 Geschäftsunfähigkeit
Geschäftsunfähig ist:

1. wer nicht das siebente Lebensjahr vollendet hat,
2. wer sich in einem die freie Willensbestimmung ausschließenden Zustand krankhafter Störung der Geistestätigkeit befindet, sofern nicht der Zustand seiner Natur nach ein vorübergehender ist.

§ 105 Nichtigkeit der Willenserklärung
(1) Die Willenserklärung eines Geschäftsunfähigen ist nichtig.

(2) Nichtig ist auch eine Willenserklärung, die im Zustand der Bewusstlosigkeit oder vorübergehenden Störung der Geistestätigkeit abgegeben wird.

§ 106 Beschränkte Geschäftsfähigkeit Minderjähriger
Ein Minderjähriger, der das siebente Lebensjahr vollendet hat, ist nach Maßgabe der §§ 107 bis 113 in der Geschäftsfähigkeit beschränkt.

§ 107 Einwilligung des gesetzlichen Vertreters
Der Minderjährige bedarf zu einer Willenserklärung, durch die er nicht lediglich einen rechtlichen Vorteil erlangt, der Einwilligung seines gesetzlichen Vertreters.

§ 108 Vertragsschluss ohne Einwilligung
(1) Schließt der Minderjährige einen Vertrag ohne die erforderliche Einwilligung des gesetzlichen Vertreters, so hängt die Wirksamkeit des Vertrags von der Genehmigung des Vertreters ab.

(2) Fordert der andere Teil den Vertreter zur Erklärung über die Genehmigung auf, so kann die Erklärung nur ihm gegenüber erfolgen; eine vor der Aufforderung dem Minderjährigen gegenüber erklärte Genehmigung oder Verweigerung der Genehmigung wird unwirksam. Die Genehmigung kann nur bis zum Ablauf von zwei Wochen nach dem Empfang der Aufforderung erklärt werden; wird sie nicht erklärt, so gilt sie als verweigert.

(3) Ist der Minderjährige unbeschränkt geschäftsfähig geworden, so tritt seine Genehmigung an die Stelle der Genehmigung des Vertreters.

§ 110 Bewirken der Leistung mit eigenen Mitteln
Ein von dem Minderjährigen ohne Zustimmung des gesetzlichen Vertreters geschlossener Vertrag gilt als von Anfang an wirksam, wenn der Minderjährige die vertragsmäßige Leistung mit Mitteln bewirkt, die ihm zu diesem Zweck oder zu freier Verfügung von dem Vertreter oder mit dessen Zustimmung von einem Dritten überlassen worden sind.

§ 145 Bindung an den Antrag
Wer einem anderen die Schließung eines Vertrags anträgt, ist an den Antrag gebunden, es sei denn, dass er die Gebundenheit ausgeschlossen hat.

§ 146 Erlöschen des Antrags
Der Antrag erlischt, wenn er dem Antragenden gegenüber abgelehnt oder wenn er nicht diesem gegenüber nach den §§ 147 bis 149 rechtzeitig angenommen wird.

§ 147 Annahmefrist
(1) Der einem Anwesenden gemachte Antrag kann nur sofort angenommen werden. Dies gilt auch von einem mittels Fernsprechers oder einer sonstigen technischen Einrichtung von Person zu Person gemachten Antrag.

(2) Der einem Abwesenden gemachte Antrag kann nur bis zu dem Zeitpunkt angenommen werden, in welchem der Antragende den Eingang der Antwort unter regelmäßigen Umständen erwarten darf.

§ 148 Bestimmung einer Annahmefrist
Hat der Antragende für die Annahme des Antrags eine Frist bestimmt, so kann die Annahme nur innerhalb der Frist erfolgen.

§ 149 Verspätet zugegangene Annahmeerklärung
Ist eine dem Antragenden verspätet zugegangene Annahmeerklärung dergestalt abgesendet worden, dass sie bei regelmäßiger Beförderung ihm rechtzeitig zugegangen sein würde, und musste der Antragende dies erkennen, so hat er die Verspätung dem Annehmenden unverzüglich nach dem Empfang der Erklärung anzuzeigen, sofern es nicht schon vorher geschehen ist. Verzögert er die Absendung der Anzeige, so gilt die Annahme als nicht verspätet.

§ 150 Verspätete und abändernde Annahme
(1) Die verspätete Annahme eines Antrags gilt als neuer Antrag.

(2) Eine Annahme unter Erweiterungen, Einschränkungen oder sonstigen Änderungen gilt als Ablehnung verbunden mit einem neuen Antrag.

§ 182 Zustimmung
(1) Hängt die Wirksamkeit eines Vertrags oder eines einseitigen Rechtsgeschäfts, das einem anderen gegenüber vorzunehmen ist, von der Zustimmung eines Dritten ab, so kann die Erteilung sowie die Verweigerung der Zustimmung sowohl dem einen als dem anderen Teil gegenüber erklärt werden.

(2) Die Zustimmung bedarf nicht der für das Rechtsgeschäft bestimmten Form.

(3) Wird ein einseitiges Rechtsgeschäft, dessen Wirksamkeit von der Zustimmung eines Dritten abhängt, mit Einwilligung des Dritten vorgenommen, so finden die Vorschriften des § 111 Satz 2, 3 entsprechende Anwendung.

§ 184 Rückwirkung der Genehmigung

(1) Die nachträgliche Zustimmung (Genehmigung) wirkt auf den Zeitpunkt der Vornahme des Rechtsgeschäfts zurück, soweit nicht ein anderes bestimmt ist.

(2) Durch die Rückwirkung werden Verfügungen nicht unwirksam, die vor der Genehmigung über den Gegenstand des Rechtsgeschäfts von dem Genehmigenden getroffen worden oder im Wege der Zwangsvollstreckung oder der Arrestvollziehung oder durch den Insolvenzverwalter erfolgt sind.

§ 280 Schadensersatz wegen Pflichtverletzung

(1) Verletzt der Schuldner eine Pflicht aus dem Schuldverhältnis, so kann der Gläubiger Ersatz des hierdurch entstehenden Schadens verlangen. Dies gilt nicht, wenn der Schuldner die Pflichtverletzung nicht zu vertreten hat.

(2) Schadensersatz wegen Verzögerung der Leistung kann der Gläubiger nur unter der zusätzlichen Voraussetzung des § 286 verlangen.

(3) Schadensersatz statt der Leistung kann der Gläubiger nur unter den zusätzlichen Voraussetzungen des § 281, des § 282 oder des § 283 verlangen.

§ 281 Schadensersatz statt der Leistung wegen nicht oder nicht wie geschuldet erbrachter Leistung

(1) Soweit der Schuldner die fällige Leistung nicht oder nicht wie geschuldet erbringt, kann der Gläubiger unter den Voraussetzungen des § 280 Abs. 1 Schadensersatz statt der Leistung verlangen, wenn er dem Schuldner erfolglos eine angemessene Frist zur Leistung oder Nacherfüllung bestimmt hat. Hat der Schuldner eine Teilleistung bewirkt, so kann der Gläubiger Schadensersatz statt der ganzen Leistung nur verlangen, wenn er an der Teilleistung kein Interesse hat. Hat der Schuldner die Leistung nicht wie geschuldet bewirkt, so kann der Gläubiger Schadensersatz statt der ganzen Leistung nicht verlangen, wenn die Pflichtverletzung unerheblich ist.

(2) Die Fristsetzung ist entbehrlich, wenn der Schuldner die Leistung ernsthaft und endgültig verweigert oder wenn besondere Umstände vorliegen, die unter Abwägung der beiderseitigen Interessen die sofortige Geltendmachung des Schadensersatzanspruchs rechtfertigen.

(3) Kommt nach der Art der Pflichtverletzung eine Fristsetzung nicht in Betracht, so tritt an deren Stelle eine Abmahnung.

(4) Der Anspruch auf die Leistung ist ausgeschlossen, sobald der Gläubiger statt der Leistung Schadensersatz verlangt hat.

(5) Verlangt der Gläubiger Schadensersatz statt der ganzen Leistung, so ist der Schuldner zur Rückforderung des Geleisteten nach den §§ 346 bis 348 berechtigt.

§ 323 Rücktritt wegen nicht oder nicht vertragsgemäß erbrachter Leistung

(1) Erbringt bei einem gegenseitigen Vertrag der Schuldner eine fällige Leistung nicht oder nicht vertragsgemäß, so kann der Gläubiger, wenn er dem Schuldner erfolglos eine angemessene Frist zur Leistung oder Nacherfüllung bestimmt hat, vom Vertrag zurücktreten.

(2) Die Fristsetzung ist entbehrlich, wenn

1. der Schuldner die Leistung ernsthaft und endgültig verweigert,

2. der Schuldner die Leistung zu einem im Vertrag bestimmten Termin oder innerhalb einer bestimmten Frist nicht bewirkt und der Gläubiger im Vertrag den Fortbestand seines Leistungsinteresses an die Rechtzeitigkeit der Leistung gebunden hat oder

3. besondere Umstände vorliegen, die unter Abwägung der beiderseitigen Interessen den sofortigen Rücktritt rechtfertigen.

(3) Kommt nach der Art der Pflichtverletzung eine Fristsetzung nicht in Betracht, so tritt an deren Stelle eine Abmahnung.

(4) Der Gläubiger kann bereits vor dem Eintritt der Fälligkeit der Leistung zurücktreten, wenn offensichtlich ist, dass die Voraussetzungen des Rücktritts eintreten werden.

(5) Hat der Schuldner eine Teilleistung bewirkt, so kann der Gläubiger vom ganzen Vertrag nur zurücktreten, wenn er an der Teilleistung kein Interesse hat. Hat der Schuldner die Leistung nicht vertragsgemäß bewirkt, so kann der Gläubiger vom Vertrag nicht zurücktreten, wenn die Pflichtverletzung unerheblich ist.

(6) Der Rücktritt ist ausgeschlossen, wenn der Gläubiger für den Umstand, der ihn zum Rücktritt berechtigen würde, allein oder weit überwiegend verantwortlich ist oder wenn der vom Schuldner nicht zu vertretende Umstand zu einer Zeit eintritt, zu welcher der Gläubiger im Verzug der Annahme ist.

§ 433 Vertragstypische Pflichten beim Kaufvertrag

(1) Durch den Kaufvertrag wird der Verkäufer einer Sache verpflichtet, dem Käufer die Sache zu übergeben und das Eigentum an der Sache zu verschaffen. Der Verkäufer hat dem Käufer die Sache frei von Sach- und Rechtsmängeln zu verschaffen.

(2) Der Käufer ist verpflichtet, dem Verkäufer den vereinbarten Kaufpreis zu zahlen und die gekaufte Sache abzunehmen.

§ 434 Sachmangel

(1) Die Sache ist frei von Sachmängeln, wenn sie bei Gefahrübergang die vereinbarte Beschaffenheit hat. Soweit die Beschaffenheit nicht vereinbart ist, ist die Sache frei von Sachmängeln,

1. wenn sie sich für die nach dem Vertrag vorausgesetzte Verwendung eignet, sonst

2. wenn sie sich für die gewöhnliche Verwendung eignet und eine Beschaffenheit aufweist, die bei Sachen der gleichen Art üblich ist und die der Käufer nach der Art der Sache erwarten kann.

Zu der Beschaffenheit nach Satz 2 Nr. 2 gehören auch Eigenschaften, die der Käufer nach den öffentlichen Äußerungen des Verkäufers, des Herstellers (§ 4 Abs. 1 und 2 des Produkthaftungsgesetzes) oder seines Gehilfen insbesondere in der Werbung oder bei der Kennzeichnung über bestimmte Eigenschaften der Sache erwarten kann, es sei denn, dass der Verkäufer die Äußerung nicht kannte und auch nicht kennen musste, dass sie im Zeitpunkt des Vertragsschlusses in gleichwertiger Weise berichtigt war oder dass sie die Kaufentscheidung nicht beeinflussen konnte.

(2) Ein Sachmangel ist auch dann gegeben, wenn die vereinbarte Montage durch den Verkäufer oder dessen Erfüllungsgehilfen unsachgemäß durchgeführt worden ist. Ein Sachmangel liegt bei einer zur Montage bestimmten Sache ferner vor, wenn die Montageanleitung mangelhaft ist, es sei denn, die Sache ist fehlerfrei montiert worden.

(3) Einem Sachmangel steht es gleich, wenn der Verkäufer eine andere Sache oder eine zu geringe Menge liefert.

§ 437 Rechte des Käufers bei Mängeln

Ist die Sache mangelhaft, kann der Käufer, wenn die Voraussetzungen der folgenden Vorschriften vorliegen und soweit nicht ein anderes bestimmt ist,

1. nach § 439 Nacherfüllung verlangen,

2. nach den §§ 440, 323 und 326 Abs. 5 von dem Vertrag zurücktreten oder nach § 441 den Kaufpreis mindern und

3. nach den §§ 440, 280, 281, 283 und 311a Schadensersatz oder nach § 284 Ersatz vergeblicher Aufwendungen verlangen.

§ 439 Nacherfüllung

(1) Der Käufer kann als Nacherfüllung nach seiner Wahl die Beseitigung des Mangels oder die Lieferung einer mangelfreien Sache verlangen.

(2) Der Verkäufer hat die zum Zwecke der Nacherfüllung erforderlichen Aufwendungen, insbesondere Transport-, Wege-, Arbeits- und Materialkosten zu tragen.

(3) Der Verkäufer kann die vom Käufer gewählte Art der Nacherfüllung unbeschadet des § 275 Abs. 2 und 3 verweigern, wenn sie nur mit unverhältnismäßigen Kosten möglich ist. Dabei sind insbesondere der Wert der Sache in mangelfreiem Zustand, die Bedeutung des Mangels und die Frage zu berücksichtigen, ob auf die andere Art der Nacherfüllung ohne erhebliche Nachteile für den Käufer zurückgegriffen werden könnte. Der Anspruch des Käufers beschränkt sich in diesem Fall auf die andere Art der Nacherfüllung; das Recht des Verkäufers, auch diese unter den Voraussetzungen des Satzes 1 zu verweigern, bleibt unberührt.

(4) Liefert der Verkäufer zum Zwecke der Nacherfüllung eine mangelfreie Sache, so kann er vom Käufer Rückgewähr der mangelhaften Sache nach Maßgabe der §§ 346 bis 348 verlangen.

§ 441 Minderung

(1) Statt zurückzutreten, kann der Käufer den Kaufpreis durch Erklärung gegenüber dem Verkäufer mindern. Der Ausschlussgrund des § 323 Abs. 5 Satz 2 findet keine Anwendung.

(2) Sind auf der Seite des Käufers oder auf der Seite des Verkäufers mehrere beteiligt, so kann die Minderung nur von allen oder gegen alle erklärt werden.

(3) Bei der Minderung ist der Kaufpreis in dem Verhältnis herabzusetzen, in welchem zur Zeit des Vertragsschlusses der Wert der Sache in mangelfreiem Zustand zu dem wirklichen Wert gestanden haben würde. Die Minderung ist, soweit erforderlich, durch Schätzung zu ermitteln.

(4) Hat der Käufer mehr als den geminderten Kaufpreis gezahlt, so ist der Mehrbetrag vom Verkäufer zu erstatten. § 346 Abs. 1 und § 347 Abs. 1 finden entsprechende Anwendung.

§ 516 Begriff der Schenkung

(1) Eine Zuwendung, durch die jemand aus seinem Vermögen einen anderen bereichert, ist Schenkung, wenn beide Teile darüber einig sind, dass die Zuwendung unentgeltlich erfolgt.

(2) Ist die Zuwendung ohne den Willen des anderen erfolgt, so kann ihn der Zuwendende unter Bestimmung einer angemessenen Frist zur Erklärung über die Annahme auffordern. Nach dem Ablauf der Frist gilt die Schenkung als angenommen, wenn nicht der andere sie vorher abgelehnt hat. Im Falle der Ablehnung kann die Herausgabe des Zugewendeten nach den Vorschriften über die Herausgabe einer ungerechtfertigten Bereicherung gefordert werden.

§ 828 Minderjährige

(1) Wer nicht das siebente Lebensjahr vollendet hat, ist für einen Schaden, den er einem anderen zufügt, nicht verantwortlich.

(2) Wer das siebente, aber nicht das zehnte Lebensjahr vollendet hat, ist für den Schaden, den er bei einem Unfall mit einem Kraftfahrzeug, einer Schienenbahn oder einer Schwebebahn einem anderen zufügt, nicht verantwortlich. Dies gilt nicht, wenn er die Verletzung vorsätzlich herbeigeführt hat.

(3) Wer das 18. Lebensjahr noch nicht vollendet hat, ist, sofern seine Verantwortlichkeit nicht nach Absatz 1 oder 2 ausgeschlossen ist, für den Schaden, den er einem anderen zufügt, nicht verantwortlich, wenn er bei der Begehung der schädigenden Handlung nicht die zur Erkenntnis der Verantwortlichkeit erforderliche Einsicht hat.

§ 832 Haftung des Aufsichtspflichtigen

(1) Wer kraft Gesetzes zur Führung der Aufsicht über eine Person verpflichtet ist, die wegen Minderjährigkeit oder wegen ihres geistigen oder körperlichen Zustands der Beaufsichtigung bedarf, ist zum Ersatz des Schadens verpflichtet, den diese Person einem Dritten widerrechtlich zufügt. Die Ersatzpflicht tritt nicht ein, wenn er seiner Aufsichtspflicht genügt oder wenn der Schaden auch bei gehöriger Aufsichtsführung entstanden sein würde.

(2) Die gleiche Verantwortlichkeit trifft denjenigen, welcher die Führung der Aufsicht durch Vertrag übernimmt.

§ 854 Erwerb des Besitzes

(1) Der Besitz einer Sache wird durch die Erlangung der tatsächlichen Gewalt über die Sache erworben.

(2) Die Einigung des bisherigen Besitzers und des Erwerbers genügt zum Erwerb, wenn der Erwerber in der Lage ist, die Gewalt über die Sache auszuüben.

§ 903 Befugnisse des Eigentümers

Der Eigentümer einer Sache kann, soweit nicht das Gesetz oder Rechte Dritter entgegenstehen, mit der Sache nach Belieben verfahren und andere von jeder Einwirkung ausschließen. Der Eigentümer eines Tieres hat bei der Ausübung seiner Befugnisse die besonderen Vorschriften zum Schutz der Tiere zu beachten.

§ 929 Einigung und Übergabe

Zur Übertragung des Eigentums an einer beweglichen Sache ist erforderlich, dass der Eigentümer die Sache dem Erwerber übergibt und beide darüber einig sind, dass das Eigentum übergehen soll. Ist der Erwerber im Besitz der Sache, so genügt die Einigung über den Übergang des Eigentums.

§ 985 Herausgabeanspruch

Der Eigentümer kann von dem Besitzer die Herausgabe der Sache verlangen.

§ 986 Einwendungen des Besitzers

(1) Der Besitzer kann die Herausgabe der Sache verweigern, wenn er oder der mittelbare Besitzer, von dem er sein Recht zum Besitz ableitet, dem Eigentümer gegenüber zum Besitz berechtigt ist. Ist der mittelbare Besitzer dem Eigentümer gegenüber zur Überlassung des Besitzes an den Besitzer nicht befugt, so kann der Eigentümer von dem Besitzer die Herausgabe der Sache an den mittelbaren Besitzer oder, wenn dieser den Besitz nicht wieder übernehmen kann oder will, an sich selbst verlangen.

(2) Der Besitzer einer Sache, die nach § 931 durch Abtretung des Anspruchs auf Herausgabe veräußert worden ist, kann dem neuen Eigentümer die Einwendungen entgegensetzen, welche ihm gegen den abgetretenen Anspruch zustehen.

Strafgesetzbuch (StGB)

§ 19 Schuldunfähigkeit des Kindes

Schuldunfähig ist, wer bei Begehung der Tat noch nicht vierzehn Jahre alt ist.

Jugendgerichtsgesetz (JGG)

§ 1 Persönlicher und sachlicher Anwendungsbereich

(1) Dieses Gesetz gilt, wenn ein Jugendlicher oder ein Heranwachsender eine Verfehlung begeht, die nach den allgemeinen Vorschriften mit Strafe bedroht ist.

(2) Jugendlicher ist, wer zur Zeit der Tat vierzehn, aber noch nicht achtzehn, Heranwachsender, wer zur Zeit der Tat achtzehn, aber noch nicht einundzwanzig Jahre alt ist.

§ 3 Verantwortlichkeit

Ein Jugendlicher ist strafrechtlich verantwortlich, wenn er zur Zeit der Tat nach seiner sittlichen und geistigen Entwicklung reif genug ist, das Unrecht der Tat einzusehen und nach dieser Einsicht zu handeln. Zur Erziehung eines Jugendlichen, der mangels Reife strafrechtlich nicht verantwortlich ist, kann der Richter dieselben Maßnahmen anordnen wie der Familien- oder Vormundschaftsrichter.

§ 105 Anwendung des Jugendstrafrechts auf Heranwachsende

(1) Begeht ein Heranwachsender eine Verfehlung, die nach den allgemeinen Vorschriften mit Strafe bedroht ist, so wendet der Richter die für einen Jugendlichen geltenden Vorschriften der §§ 4 bis 8, 9 Nr. 1, §§ 10, 11 und 13 bis 32 entsprechend an, wenn

1. die Gesamtwürdigung der Persönlichkeit des Täters bei Berücksichtigung auch der Umweltbedingungen ergibt, dass er zur Zeit der Tat nach seiner sittlichen und geistigen Entwicklung noch einem Jugendlichen gleichstand, oder
2. es sich nach der Art, den Umständen oder den Beweggründen der Tat um eine Jugendverfehlung handelt.

(2) § 31 Abs. 2 Satz 1, Abs. 3 ist auch dann anzuwenden, wenn der Heranwachsende wegen eines Teils der Straftaten bereits rechtskräftig nach allgemeinem Strafrecht verurteilt worden ist.

(3) Das Höchstmaß der Jugendstrafe für Heranwachsende beträgt zehn Jahre.

Sammlung nützlicher Internetadressen

Wirtschaftliches Handeln der privaten Haushalte

www.arbeitsagentur.de (Bundesagentur für Arbeit; vielfältige Informationen und Hilfen zum Thema Berufswahl)

www.bdb.de (Bundesverband deutscher Banken; Geld- und Finanztipps)

www.checked4you.de (Online-Jugendmagazin der Verbraucherzentrale Nordrhein-Westfalen; ansprechende Seite mit nützlichen Informationen zu den Themen Geld, Handy, Klamotten, Computer, Musik usw.)

www.geldmuseum.de (virtuelles Geldmuseum der deutschen Bundesbank; gut aufbereitet)

www.girlsday.de (Zukunftstag für Mädchen)

www.iab.de (Institut für Arbeitsmarkt und Berufsforschung)

www.oekotest.de (Die Zeitschrift Ökotest prüft Produkte unter ökologischen Aspekten)

www.orientiere-dich.de (Seite mit Informationen zu verschiedenen Berufen und Studiengängen)

www.schulbank.de (Schulseite des Bundesverbandes deutscher Banken; mit zahlreichen Wirtschaftsnachrichten und Sonderthemenseiten speziell für Schüler)

www.stiftung-warentest.de (Internetseite der Stiftung Warentest; unabhängige Qualitätstests von Produkten)

www.studienwahl.de (Informationen zur Studien- und Berufswahl der Bund-Länder-Kommission für Bildungsplanung und Forschungsförderung (BLK))

www.verbraucherministerium.de (Bundesministerium für Verbraucherschutz, Ernährung und Landwirtschaft)

Rechtliches Handeln der privaten Haushalte

www.abc-recht.de (Rechtsratgeber zu vielen Themen, mit Urteilen und Begriffserklärungen)

www.bundesverfassungsgericht.de (Bundesverfassungsgericht)

http://dejure.org (Gesetzesdatenbank, sämtliche Gesetze online mit Suchmaschine)

www.123recht.de (Rechtsportal mit Nachrichten und Informationen rund ums Recht)

www.jugendschutz.net (Seite der Länder zum Thema Jugendschutz im Internet)

www.ratgeberrecht.de (Rechtsportal der ARD, Thema Recht im Alltag, Lexikon, Gerichtsurteile)

www.sueddeutsche.de/wissen/special/552/70482/ (Sonderseite der Süddeutschen Zeitung mit einem Rechtslexikon, Urteilen und Fällen)

www.wr-unterricht.de/ (umfangreiche Materialsammlung zum Thema Wirtschaft und Recht)

Wirtschaftliches und rechtliches Handeln im Unternehmen

www.bda-online.de (Bundesverband der Deutschen Arbeitgeberverbände (BDA); aktuelle Wirtschaftsinformationen)

www.bmwi.de (Bundesministerium für Wirtschaft und Technologie; Wirtschaftsinformationen u.a. zur Existenzgründung)

www.chancenfueralle.de (Seite der Initiative Neue Soziale Marktwirtschaft e.V.; mit vielen Wirtschaftsinfos und einem Wirtschaftslexikon)

www.diw.de/deutsch/produkte/publikationen/school/ (Zeitschrift DIW@School des Deutschen Instituts für Wirtschaftsforschung Berlin mit verständlich geschriebenen Beiträgen zu Wirtschaftsthemen)

www.dgb.de (Seite des Deutschen Gewerkschaftsbundes, mit Informationen zu Interessen und Rechten von Arbeitnehmern, Link zur Seite der DGB-Jugend)

www.iwkoeln.de (Institut der deutschen Wirtschaft Köln, mit den Publikationen iwd und Wirtschaft und Unterricht)

www.wirtschaftswiki.de (Wirtschaftslexikon der Zeitung Handelsblatt)

Register

Die zentralen Fundstellen der Begriffe sind **fett** gedruckt. Hier steht der Begriff in einem wichtigen Zusammenhang oder wird eingehend erläutert.